AF567401

Ohad Hemo

Jenseits der Grünen Linie

Ein Israeli berichtet aus den palästinensischen Gebieten

Ohad Hemo

JENSEITS DER GRÜNEN LINIE

Ein Israeli berichtet aus den palästinensischen Gebieten

Aus dem Hebräischen
von Barbara Linner

Ch.Links VERLAG

Editorische Notiz

Häufig werden hebräische und arabische Begriffe oder Namen bei Übersetzungen ins Deutsche mit der im Englischen verwendeten Schreibweise wiedergegeben. In diesem Buch wird dagegen eine dem Deutschen angepasste Schreibweise verwendet. Ausnahmen erfolgen bei Personen, die mit einer selbstgewählten (oder anders eingebürgerten) Schreibweise ihres Namens bekannt sind. Der Apostroph zwischen zwei Vokalen steht für den arabische Buchstaben »ajin«. In runden Klammern stehen Erläuterungen des Autors, in eckigen solche der Übersetzerin.

Die Originalausgabe erschien 2020 unter dem Titel
Pnei haschetach – ha-palestinim me-bifnim bei Keter Books, Ben-Schemen.

Auch als ebook erhältlich

Die Deutsche Nationalbibliothek verzeichnet diese Publikation in der Deutschen Nationalbibliografie; detaillierte bibliografische Angaben sind im Internet über www.dnb.de abrufbar.

Ch. Links Verlag ist eine Marke der Aufbau Verlage GmbH & Co. KG

www.christoph-links-verlag.de
Prinzenstraße 85, 10969 Berlin
Umschlaggestaltung: zero-media.net, München,
unter Verwendung eines Fotos aus dem Flüchtlingslager Bureij im Gazastreifen vom 27. Oktober 2015, das während der Auseinandersetzungen zwischen palästinensischen Protestierern und der israelischen Armee aufgenommen wurde (© mauritius images / ZUMA Press, Inc. / Alamy)
Satz: Nadja Caspar, Ch. Links Verlag
Karten: Peter Palm, Berlin
Druck und Bindung: Druckerei F. Pustet, Regensburg
Gedruckt auf säurefreiem, chlorfrei gebleichtem Papier

ISBN 978-3-96289-148-0

Inhalt

Prolog
7

Im eisernen Griff: der Gazastreifen
17

Ein blauer Mann in einer grünen Welt: die Hamas
55

Min dschuwwa: sicherheitsrelevante Häftlinge
105

Die schwarze Fahne: der Islamische Dschihad
131

Ströme von Milch und Honig: Selbstmordattentate
155

Das sinkende Schiff: die Fatah
173

Gassen des Zorns: die Flüchtlingslager
199

Ein Leben zwischen zwei Welten: Kollaborateure
227

Rückkehr zu 1987: Resümee einer Reise
259

Glossar
291

Karten
298

Für meinen Vater

Der Mensch, für den das Feld seine zweite Natur war
und die Menschlichkeit – die erste.

Prolog

Wir gingen durch die engen Gassen Dheischehs südlich von Bethlehem, nicht weit von Jesus' Geburtsort. Es ist eines der größten palästinensischen Flüchtlingslager im Westjordanland. Die Häuserwände sind mit Graffiti bedeckt, die zwischen naiv und provokativ rangieren, Bilder von Kindern, die Ballons fliegen lassen, sind ebenso zu sehen wie Illustrationen von Gewehren und Porträts von Schahids [islamische Märtyrer für den Heiligen Glaubenskrieg]. Wir waren schon seit vielen Jahren befreundet, Muhammad Ja'far und ich. Er gilt als führender Vertreter der PLO in Dheischeh und spricht fließend Hebräisch, ein Andenken an seine Vergangenheit als Häftling im israelischen Gefängnis während der beiden Intifadas. Ich selbst bin ein israelischer Journalist, der schon seit fast zwei Jahrzehnten in den besetzten Gebieten ein und aus geht und der israelischen Öffentlichkeit, die seit Jahren keinen Fuß hierher setzt, als Auge und Ohr dient.

»Könnte es sein«, stichelte ich, »dass ihr gar nicht mehr so wichtig seid? Während sich bei euch immer noch alles um den Konflikt mit uns dreht, hat sich Israel längst weiterentwickelt. Die arabische Welt hat sich uns geöffnet, die Golfstaaten, der Sudan, Marokko unterzeichnen Friedensabkommen, die Normalisierung greift um sich – womöglich habt ihr einfach den Zug verpasst.«

Muhammad blickte mich an und deutete dann auf einen barfüßigen, etwa vier Jahre alten Jungen, der in der armseligen Gasse herumstrolchte.

»Siehst du ihn?«, erwiderte er. »Dieser Junge, Ohad, ist viel relevanter für dein Leben und das Leben der Israelis als jeder Emir oder Scheich aus den Emiraten oder Bahrain, der mit euch ein Friedensabkommen unterzeichnet. Alles Geld der Welt wird euch nichts nützen, wenn dieser Junge weiter in Armut und Elend unter der Besatzung lebt.«

»Und inwiefern ist er relevanter?«, hakte ich nach.

»Wenn dieser Junge beschließt, sich einen Sprengstoffgürtel um den Bauch zu schnallen oder sich eine Waffe zu nehmen, und einen Anschlag verübt, dann wird euch kein Millionär aus den Emiraten helfen können«, sagte er. »Und daher, löst erst einmal den Konflikt mit uns, euren Nachbarn, denn solange der nicht gelöst ist, werdet ihr keine wirkliche Ruhe haben und auch nicht aufhören, ein Fremdkörper im Nahen Osten zu sein.«

Diese einfache Wahrheit bringt derzeit die Geschichte des israelisch-palästinensischen Konflikts am besten auf den Punkt. Jahrzehntelang stand diese Auseinandersetzung im Brennpunkt des Interesses, das der Nahe Osten hervorrief, und ihre Ausläufer waren in fast jeder Ecke der Region und darüber hinaus wahrzunehmen. Doch der Arabische Frühling 2011 ließ dieses Interesse allem Anschein nach schwinden. Staaten fielen auseinander, Bürgerkriege brachen aus, radikale islamische Gruppierungen entstanden und bestimmten die internationale Agenda, und die Konfrontation zwischen den Giganten Sunniten und Schi'iten rückte in den Vordergrund. All das führte dazu, die komplizierten Beziehungen zwischen Israel und den Palästinensern weniger relevant erscheinen zu lassen. Ist das tatsächlich so?

Immer noch bilden diese Beziehungen eine der zentralen tektonischen Platten, die im Nahen Osten in Bewegung sind, und die seismischen Wellen breiten sich über die Grenzen des historischen Landes Israel oder Palästina aus. Auch heute befeuert dieser Konflikt diverse antiwestliche Gruppierungen in der arabischen und muslimischen Welt.

Doch 2022 unterscheidet sich die Lebenswirklichkeit in den besetzten Gebieten drastisch von der, die ich vor fast zwei Jahrzehnten erlebt habe. Es ist schwierig, den Moment auszumachen, wo die Veränderung begann. Wie bei einem riesigen Schiff verlief der Kurswechsel langsam, fast unmerklich. Die katastrophalen Ergebnisse der Zweiten Intifada, die Desillusionierung über die Selbstverwaltungsinstitutionen in Gaza und im Westjordanland, die Entfremdung von ihnen, dazu die schleichende Verzweiflung darüber, dass keine Aussicht auf Veränderung besteht – das alles hat das Schiff von seiner Richtung abgebracht und, wie mir scheint, auf einen neuen Kurs gesetzt, der eigentlich ein alter ist.

Der erste bedeutsame Wendepunkt war natürlich das Jahr 1993, als der Weg zur staatlichen Souveränität gebahnt wurde – nicht mit Waffengewalt, sondern durch Verhandlungen, die mit einem mutigen Händedruck endeten. Durch die Unterzeichnung des Osloer Friedensvertrags und die Etablierung der Palästinensischen Autonomiebehörde wurde eine palästinensische Teil-Unabhängigkeit eingeleitet. Dann jedoch brach die Zweite Intifada aus, deren Erkennungsmerkmal der Sprenggürtel war, und der Traum vom palästinensischen Staat, der in greifbarer Nähe zu sein schien, rückte in weite Ferne.

Innerhalb von sieben Jahren hatten die Palästinenser zwei große strategische Entscheidungen getroffen – einmal entschieden sie sich für den Frieden und einmal für den Krieg. Seit jedoch die Zweite Intifada ihr Ende gefunden hat, trifft auf beiden Seiten niemand mehr eine Entscheidung. Alle scheinen sich einig zu sein, dass der Frieden zu viele Gefahren birgt und der Krieg einen zu hohen Preis hat.

Doch es wäre ein Irrtum zu denken, dass die Beziehungen zwischen Israel und den Palästinensern an einem toten Punkt eingefroren wären. Im Laufe der letzten zwei Jahrzehnte haben sich auf beiden Seiten weitreichende Veränderungen ergeben. Dieses Buch möchte einen frischen und ungewöhnlichen Blick auf die Entwicklungen bieten, die sich auf palästinensischer Seite abspielen.

Das Jahr 2021 wird auch wegen eines Ereignisses in Erinnerung bleiben, das für die Beziehungen zwischen Israel und dem Gazastreifen von historischer Bedeutung ist: die Operation *Schomer chomot* (»Schutzschild«), wie es in Israel genannt wird, oder *Krav cherev jeruschalajim* (»Operation Jerusalem-Schwert«), wie die Palästinenser es nennen, oder auch einfach »der vierte Gazakrieg«, wie ich es bezeichne. Es war für beide Seiten so zerstörerisch wie die übrigen Militäraktionen der letzten eineinhalb Jahrzehnte in Gaza. Und doch war etwas neu.

In den Kämpfen, die am 10. Mai 2021 ausbrachen, wollten die Machthaber im Gazastreifen zum ersten Mal ihren Einflussbereich erweitern und eröffneten eine Front aufgrund von Ereignissen, die sich fern von ihrem 365-Quadratkilometer-Territorium abspielten: die schweren Auseinandersetzungen im Ostjerusalemer Stadtteil Scheich Jarrah und auf dem Tempelberg seit Anfang des Monats. Israel wurde ultimativ aufgefordert, seine Sicherheitskräfte von der al-Aqsa-Moschee und aus dem Viertel zurückzuziehen; fünf Raketen, die der militärische Flügel der Hamas auf Jerusalem abschoss, sollten der Forderung Nachdruck verleihen. Ein Signal, dass die Hamas nicht nur in Gaza, sondern auch in anderen Teilen des Landes Veränderungen erreichen wollte.

Ein besonderer Erfolg des elftägigen Feldzugs bestand in den Augen der Palästinenser darin, dass zum ersten Mal seit Jahren von verschiedenen Punkten aus gleichzeitig agiert wurde. Gaza kämpfte, Tausende junge Leute im Westjordanland stellten sich, genauso wie ihre Altersgenossen in Ostjerusalem, den israelischen Sicherheitskräften entgegen, und vom Libanon aus wurden Raketen abgeschossen. Doch der wichtigste Schauplatz der Auseinandersetzung lag, erstmals seit Oktober 2000, innerhalb des Staates Israel. Einige Tausend Palästinenser, israelische Staatsbürger, kamen den Aufrufen aus Gaza nach und beteiligten sich an gewalttätigen Protesten in den Städten des Landes mit gemischter Bevölkerung. Steine wurden geworfen, Brandsätze geschleudert, vereinzelt wurden Juden gelyncht, Synagogen angezündet und mehr. Der palästinensische Kampf um Jerusalem versetzte ganze Sektoren in Aufruhr, die über Jahre ruhig geblieben waren. So entstand das Gefühl, die Palästinenser vereinigten sich und forderten gemeinsam die übermächtige Herrschaft der Israelis heraus.

In den Monaten nach dem Krieg ging der Stern der Hamas auch im Westjordanland auf. Laut palästinensischen Umfragen im September 2021 wollten 56 Prozent der Palästinenser, auch im Westjordanland, Isma'il Hanija, Chef des Politischen Büros der Hamas, als palästinensischen Präsidenten. Nur 34 Prozent befürworteten eine Fortsetzung der Amtszeit von Muhammad Abbas, Vorsitzender der Fatah und der Palästinensischen Autonomiebehörde. Das war ein Ergebnis der Hochstimmung nach den Erfolgen in der Auseinandersetzung, zusammen mit der Enttäuschung und dem Zorn über die Autonomiebehörde, die die Wahlen verschoben hatte. Es wäre der erste Urnengang in den besetzten Gebieten seit fünfzehn Jahren gewesen.

Wieder bewies sich, dass es trotz der Dezimierung der Hamasbasis im Westjordanland durch Israel und die Palästinensische Autonomiebehörde, trotz der Verhaftungen und Knebelung aller, die mit der islamischen Organisation in Zusammenhang gebracht wurden, etwas gibt, das schwer auszurotten ist – und das ist die Verwurzelung in den Herzen.

Mein Herz raste vor Angst. Schweißtropfen liefen über meinen Rücken, während ich aufs Gaspedal trat. »Wenn mir hier was passiert, wäre das wirklich ein Klischee: zu Tode gekommen in Erfüllung seiner Aufgabe auf einer verlassenen Straße nahe Hebron«, versuchte ich im Stillen einen Scherz. Doch die Situation war alles andere als lustig. Hin und wieder warf ich einen bangen Blick auf das Fahrzeug hinter mir. Die vier Insassen verfolgten unser Auto, daran bestand kein Zweifel.

Als ich ein paar Minuten vorher am Rand des Städtchens Jata, südlich von Hebron und fernab jeder israelischen Siedlung, einen Schriftzug fotografiert hatte, hatten sie angehalten. Sie waren nicht zufällig dort unterwegs, offensichtlich hatte sie jemand informiert, dass im A-Gebiet, das unter der Herrschaft der Palästinensischen Autonomiebehörde steht, ein israelisches Fernsehteam eingetroffen war – ein ganz und gar nicht alltägliches Ereignis. Es gab noch etwas, das nicht an einen Zufall glauben ließ: die charakteristischen Bärte der vier Männer und die Aufkleber mit Koransuren an dem Wagen. Sie zeugten davon, wo sie emotional und organisatorisch zu Hause waren – irgendwo zwischen Hamas und Islamischem Dschihad.

»Sie haben uns nicht feindselig angeschaut, sondern eher neugierig«, versuchte ich mich und den Kameramann, der mit mir im Auto saß, zu beruhigen, während wir die leeren Sandstraßen entlangsausten, um aus der Gegend wegzukommen. Irgendwann verbreiterte sich die Straße, und der Wagen mit den vier jungen Männern überholte uns. Gleich danach blinkten sie und stoppten fast in der Mitte der Straße.

Ich hatte keine andere Wahl, als sofort anzuhalten. »Was sollte sie davon abhalten, uns umzubringen?«, dachte ich entsetzt.

Alle Insassen des Wagens stiegen aus und schritten auf uns zu. Die Berge rundherum schienen auf mich einzustürzen. Einer der Männer machte ein Handzeichen, dass wir das Fenster öffnen sollten. Zögernd leistete ich Folge, auf das Schlimmste gefasst. Doch in seinem Blick lag etwas, das vermuten ließ, dass er nicht die Absicht hatte, uns etwas anzutun. Er beugte sich zu mir hinunter, lächelte und fragte in gutem Hebräisch: »Kann man ein Selfie mit dir machen, Kumpel?«

Die aufgestaute Spannung löste sich mit einem Schlag.

»Ich stelle fest, man sieht hier die Nachrichten auf Kanal 2« [israelischer Nachrichtenkanal, wurde 2017 zu Kanal 12], lachte ich befreit und zugleich überrascht von der Wendung der Geschichte.

»Nein, wir kennen dich noch aus dem Gefängnis. Wir haben dich dort fast jeden Abend gesehen«, lautete die Antwort.

Eine Unterhaltung entspann sich, in deren Verlauf ich erfuhr, dass die Wageninsassen Hamasmitglieder und trotz ihres jugendlichen Alters alle ehemalige Häftlinge waren.

»Glaub es oder nicht«, sagte der Älteste unter ihnen, »aber wir kommen gerade von einem Treffen mit eurem Mann vom Schabak [israelischer Inlandsnachrichtendienst] zurück. Er wollte wissen, ob wir mit den Anschlägen und *muqawama* (›Widerstand‹) aufgehört haben.«

»Und habt ihr aufgehört?«, fragte ich neugierig.

»Klar«, antworteten sie fast im Chor. »Wir wollen jetzt unsere Ruhe und ein normales Leben. Euer Schabak und unser *muchabarat* [palästinensischer Nachrichtendienst / Geheimdienst] lassen uns keine Luft zum Atmen. Ehrlich gesagt, wir haben diesen Mist hinter uns gelassen. Wir wollen leben.«

Sollte ich beschreiben, was eine unmittelbare Begegnung mit der rätselhaften Welt jenseits des Sperrzauns ausmacht, die für viele in Israel jenseits der sieben Berge liegt, so wäre das Treffen auf der abgelegenen Sandstraße südlich der Region Har Hevron ein ausgezeichneter Ausgangspunkt dafür. Hier trafen keine Repräsentanten von irgendetwas oder wandelnde Klischees unter Laborbedingungen aufeinander und verhielten sich vorhersehbar, nach bestimmten Gesetzmäßigkeiten, sondern es war ein Kontakt zwischen echten Menschen. Nach der in Israel verbreiteten Vorstellungswelt ist jedes Zusammentreffen mit vier jungen Hamasanhängern und Ex-Häftlingen von vornherein unstatthaft, es wäre von gegenseitigem Hass geprägt und könnte leicht in Gewalt ausarten. Nebenbei bemerkt, dürften das auf palästinensischer Seite viele spiegelbildlich betrachten. Doch vor Ort, in der Realität, erlebe ich immer wieder, dass die Welt komplexer ist, Vorurteile aufbricht und vor allem ständig Überraschungen bereithält.

Was dieses zufällige Treffen kennzeichnete, war hauptsächlich Neugierde und Interesse. Die vier jungen Männer wollten immer mehr über Israel erfahren und darüber, wie sich die Haltung der israelischen Gesellschaft gegenüber den Palästinensern entwickelte. Sie fragten nach meiner Arbeit in den besetzten Gebieten und wollten wissen, welche Lösung ich mir für den Konflikt vorstellen könnte. Als ich meine Meinung über den Terror äußerte, den ihre Organisation ausübt, hörten sie mir aufmerksam zu, hielten dem aber all die Schwierigkeiten entgegen, die Israel vor ihnen auftürmte. Ausführlich schilderten sie, welche Konsequenzen der »Frevel der Besetzung«, wie sie es nannten, hatte.

Kurz bevor wir uns trennten, luden sie mich ein, sie in ihrem Dorf zu besuchen. Und so traf ich einige Wochen später, ausgerüstet mit einer Kamera, zu einem Besuch dort ein. Wie viele der Ansiedlungen im Hebroner Gebiet wird das Dorf dem Einflussbereich der Hamas zugerechnet. Ich arbeitete zu der Zeit an einer Filmreportage über die Veränderung des Terrors – »Von Selbstmordterroristen zu Messerstechern« –, und meine Gastgeber nahmen mich zu einer Familie mit, deren Sohn zu Beginn der Zweiten Intifada einen Selbstmordattentäter losgeschickt hatte und zu dreimal lebenslänglich verurteilt worden war. Die grünen Fahnen und Poster mit den Konterfeis von Hamasführern an den Wänden neben den Bildern des inhaftierten Sohnes ließen keinen Zweifel, wem die Hausbewohner politisch nahestanden. Im Interview versuchte ich herauszufinden, aus welchen Motiven eine Familie stolz darauf ist, drei Generationen von Gefängnisinsassen hervorgebracht zu haben. Bei niemandem hörte ich ein Fragezeichen heraus, was den eingeschlagenen Weg anging – gewalttätiger Kampf und Terroranschläge.

Einige Zeit danach konnte ich in Israel einen Arbeitsbesuch in einer der Haftanstalten für sicherheitsrelevante Häftlinge [Terminus für Palästinenser aus den besetzten Gebieten, die Terroristen/Terrorverdächtige sind, mit Urteil oder ohne oder in Administrativhaft] für mich arrangieren. In dem Moment, in dem ich durch die elektrische Tür des Trakts mit den Hamashäftlingen schritt, sah ich in den Augen eines vollbärtigen Gefangenen, der zufällig in der Nähe stand, einen Funken des Erkennens aufleuchten. Er trat auf mich zu, blieb ganz dicht vor mir stehen. Die Situation hatte etwas Bedrohliches.

»Erkennen Sie mich?«, fragte er auf Hebräisch.

»Nein. Kennen wir uns?«, fragte ich zurück.

»Ich bin der Mann, der die *amalija* (›Aktion‹; gemeint ist: Terroranschlag) bei Halhul durchgeführt hat. Sie haben eine Reportage über mich gemacht vor ein bis eineinhalb Jahren. Sie waren bei meiner Familie zu Hause. Erinnern Sie sich jetzt?«

Ich nickte. Seine Erwiderung werde ich nie vergessen. »Sie haben das Wasser getrunken, das mein Vater Ihnen angeboten hat. Sie haben auch das Essen gegessen, das meine Mutter für Sie gekocht hat. Wie konnten Sie es wagen, mich einen Terroristen zu nennen?« Den letzten Satz spuckte er wütend aus, drehte sich auf dem Absatz um und entfernte sich rasch.

Ein interessanter Kreis hatte sich geschlossen. Es scheint nur eine kleine Anekdote zu sein, doch sie genügt, um ein Licht auf das Minenfeld zu werfen, in dem ich mich bewege, seit ich im Jahr 2003 über die besetzten Gebiete zu berichten begann. In einer Welt, in der die Narrative von Israelis und Palästinensern weit auseinanderklaffen, in der es so wenige Tatsachen und derart viele Interpretationen gibt, die auf beiden Seiten ganz unterschiedlich ausfallen, ist die Titulierung des lebenslänglich Gefangenen, der den Terroranschlag in Halhul verübt hat, Ausdruck einer grundlegenden Meinungsverschiedenheit zwischen den Kampfparteien. Die große Mehrheit der israelischen Öffentlichkeit wird ihn

»Terrorist« nennen, während nahezu alle Palästinenser »Kämpfer« sagen werden. Wenn zwei Gesellschaften ein so unterschiedliches Ethos, so entgegengesetzte Auffassungen von der Wirklichkeit haben, ist der Spagat zwischen ihnen alles andere als einfach.

Deshalb ist und bleibt die Berichterstattung über die palästinensische Welt in Gaza und im Westjordanland eine Herausforderung für mich. Lange Jahre hat der Charakter der Arbeit meinen Journalistenkollegen und mir in den besetzten Gebieten eine Art Immunität verliehen. Wir werden zumeist als »ex-territorial« betrachtet – als unparteiische, wenn auch nicht neutrale Beobachter, die über die Situation aus einer gewissen Distanz und nach den Regeln professioneller Fairness berichten. Weil ich mich an diese Regeln halte, konnte ich über viele Jahre unbeackerte Felder erschließen und Orte betreten, in die wohl kaum ein Israeli jemals seinen Fuß gesetzt hat. Ich bin stets mit Begeisterung an die Arbeit gegangen. Sie war, und ist immer noch, eine wundervolle Gelegenheit, dieses wichtige Thema aus erster Hand und vor allem ohne jeden Filter zu erforschen. Ich habe mich ganz bewusst bemüht, frei von vorgefassten Meinungen an die Menschen heranzugehen und eventuelle Vorurteile so weit wie möglich beiseitezuschieben.

Gerade die Tatsache, dass ich ein Israeli bin, der als Partner, Rivale oder sogar Feind verstanden wird, hat den Großteil der Gespräche in dem Buch außergewöhnlich aufrichtig und offen gemacht. Viele der hier interviewten Palästinenser haben es schwer, ihre Stimme in der Orwell'schen Realität, in der sie leben, zu Gehör zu bringen. In mir sehen sie einen objektiven und vor allem vertrauenswürdigen Kanal, um ihren Alltag zu schildern. Auch in den schwierigsten Phasen von Terroranschlägen und Gewalt, von Tod und Zerstörung auf beiden Seiten, wenn es schien, dass die beiden Völker auf diesem kleinen Stückchen Land nicht koexistieren können, ließ ich mich nicht davon abhalten, in die Welt jenseits der Grünen Linie hinüberzugehen, die Empfindungen und Stimmen dort in mich aufzunehmen, aufmerksam zuzuhören, nach Veränderungen zu suchen und all das in Israel zu verbreiten.

Für viele in Israel und in der Welt sind die besetzten Gebiete wie eine Black Box und die Bewohner eine Art »große Unbekannte« – eine homogene, fremde und vor allem unverständliche Gruppe. »Was wollen sie denn?« – wie oft habe ich diesen Satz im Laufe meines Lebens gehört. Daher soll dieses Buch eine Art »Führer der Unschlüssigen« (Maimonides) für die palästinensische Welt sein. Ich erzähle aus einem vollkommen persönlichen Blickwinkel, dabei stütze ich mich auf Begegnungen, Gespräche und manchmal auf außergewöhnliche Kontakte und Freundschaften, die im Laufe von fast zwei Jahrzehnten geknüpft wurden. Ein Teil der Gespräche dürfte geradezu einmalig sein – ich habe mit Hamasmitgliedern geredet, die mit großer Offenheit über die Veränderungen sprechen, die ihre Organisation durchläuft, mit Häftlingen, die für den Mord an Israelis zu lebenslänglichem Gefängnis verurteilt wurden, mit palästinensischen Arbeitern, die in Israel arbeiten, um das tägliche Brot nach Hause zu bringen.

Ich möchte mit diesem Buch den Lesern verständlicher machen, was auf den palästinensischen Schauplätzen geschieht – nicht, indem ich die Menschen dort als Kollektiv beschreibe, vielmehr versuche ich, die palästinensische Gesellschaft gewissermaßen in ihre Einzelteile zu zerlegen und herauszubekommen, was deren innere Antriebe sind und auf welche Impulse von außen sie reagieren.

Es gibt einen Grund, warum ich dieses Buch gerade jetzt veröffentliche – ich möchte davor warnen, dass sich die Möglichkeit einer Zwei-Staaten-Lösung, also eines souveränen palästinensischen Staats neben dem Staat Israel, schon sehr bald unwiderruflich erledigt haben wird. Während der israelische Siedlungsbau seit Jahren floriert und mittlerweile nahezu eine halbe Million Israelis jenseits des Grenzzauns lebt, unternehmen nach meinem Verständnis weder die israelische noch die palästinensische Führung irgendwelche Schritte, um die Etablierung eines unabhängigen palästinensischen Staats in die Wege zu leiten. Auf palästinensischer Seite hat das Desillusionierung, Verzweiflung und Hoffnungslosigkeit hervorgerufen, immer mehr Menschen wünschen sich daher die Beseitigung der Grünen Linie, die Abwicklung der Palästinensischen Autonomiebehörde und de facto die Errichtung eines einzigen Staatsgebildes zwischen Jordan und Mittelmeer – mit allen damit verbundenen Risiken.

Im eisernen Griff: der Gazastreifen

Es war auf dem Höhepunkt der Operation *Zuk eitan* (»Starker Fels«), dem Gaza-Krieg von 2014. Zwischen zwei Sendungen entdeckte ich eine ungewöhnliche Freundschaftsanfrage, die bei Facebook auf mich wartete. Die Identität der Person war mir sofort bekannt, doch ich bezweifelte die Authentizität des Accounts. Immerhin bietet einem nicht jeden Tag ein Mitglied des Politischen Büros der Hamas – der Spitze der Organisation – und Vertrauter des Führers Chalid Masch'al virtuelle Freundschaft an. Eine kurze Nachfrage bei einem weiteren palästinensischen Kontakt ergab jedoch, dass der Facebook-Account echt war.

Nachdem ich die Freundschaftsanfrage angenommen hatte, tauschte ich Nachrichten mit dem Mann aus. Dabei gingen wir rasch von Arabisch zu Hebräisch über, was zunächst nicht verwunderlich war bei jemandem, der viele Jahre im israelischen Gefängnis verbracht hatte und die Sprache gut beherrschte. Irgendwann fragte ich ihn nach seiner Telefonnummer, und zu meiner Überraschung gab er sie mir. Die Vorwahl 974 ließ keinen Zweifel daran, an welchem Ort er sich aufhielt: Qatar, das kleine, reiche Fürstentum, das der Hamas finanziellen Rückhalt gewährte – und nicht nur das.

Ich rief an. Gleich zu Beginn sagte er mir, dass er für dieses Gespräch eine Sondergenehmigung erhalten habe, damit er über mich der israelischen Öffentlichkeit eine Botschaft vermitteln konnte, gerade jetzt während des Kriegs. Nach einer kurzen Fernsehkritik, die mir und meinen Kollegen in den diversen Sendern galt und vom Qualitätsbewusstsein unserer Zuschauer in Qatar zeugte, bat er mich, in Zukunft nicht zu versuchen, Kontakt zu ihm aufzunehmen, da es sich um ein einmaliges Gespräch handele. Damit kam er zu seiner Botschaft.

»Hören Sie, wenn ihr Israelis im Augenblick an die Hamas denkt, denkt ihr an das Rückkehrrecht, daran, dass wir die Flüchtlinge zurückbringen und uns Jerusalem nehmen wollen. Ich weiß, ihr seid sicher, dass wir euch vernichten, euch ins Meer werfen wollen. Das erklärt einen Gutteil eurer Aggressivität. Also: nein. Was momentan stimmt, ist, dass wir von euch verlangen, Gaza für die Welt zu öffnen. Hebt die Belagerung auf, die ihr verhängt habt, als wir an die Macht gekommen sind. Öffnet die Verkehrswege zu Wasser und zu Land, lasst uns einen Hafen und einen Flughafen errichten – und da hat das Land Ruhe zehn Jahre [Richter 3.11/5.31, im Original: 40 Jahre].«

Das Ende des Satzes verblüffte mich: das hohe Niveau des Hebräischen, die Kenntnis der jüdischen Quellen und vor allem die Tatsache, dass das, was hier auf den Tisch gelegt wurde, im Prinzip ein expliziter Vorschlag für eine Feuerpause zwischen der Hamas und Israel war.

Um das Gaza der letzten Jahre zu verstehen, lohnt es sich, auf die Logik einzugehen, die mir in diesem Gespräch auseinandergesetzt wurde. Seit die Hamas im Juni 2007 die Herrschaft erlangt hat, also seit eineinhalb Jahrzehnten, ist der Gazastreifen völlig von der Welt abgeschnitten, sogar vom Westjordanland. Nur zwei Passagen für Personen führen hinein und hinaus: der Erez-Übergang im Norden, der das Territorium mit Israel verbindet, und der Rafah-Übergang im Süden – das einzige Tor nach Ägypten. Der eine wird – ebenso wie der hauptsächlich für den Warenverkehr vorgesehene Übergang Kerem Schalom – von Israel kontrolliert, der andere von Ägypten.

Über ein Jahrzehnt lang war die Ein- und Ausreise nach und von Gaza verboten, außer in dringenden humanitären Fällen. Wer dort wohnte, konnte den Streifen nicht verlassen, auch wenn er wollte. Heute ist der Rafah-Übergang zwar häufig offen, doch die Kosten einer Ausreise nach Ägypten – falls sie überhaupt erlaubt wird – übersteigen die Verhältnisse eines Großteils der Bevölkerung. Denn die Gebühren dafür betragen um die 2000 Dollar, sie fließen direkt in die Kassen der Hamas und der Ägypter.

Während der gleichen Periode stoppte Israel den Warenexport aus dem Gazastreifen zu den beiden für das Gebiet wichtigsten Märkten – Israel und das Westjordanland – fast völlig. Erst seit Kurzem lebt das Exportgeschäft wieder auf. Gleichzeitig saßen die Zehntausenden Arbeiter aus Gaza, die schon jahrzehntelang in Israel arbeiteten und die Räder der Wirtschaft zu Hause mit ihren Löhnen am Laufen hielten, mit einem Mal fest, da sie an der Einreise nach Israel gehindert wurden.

Aus der Sicht Israels endete die eigene Verantwortung für den Gazastreifen mit der Autonomie, dem Abzug der letzten Soldaten und Zivilisten aus dem Gebiet und der Stationierung der israelischen Armee an der internationalen Grenze. Doch Israel hält noch immer Gazas Sauerstoffschlauch in der Hand. Nur der Abbruch der Belagerung, sagen sie einem in Gaza, wird langfristig Ruhe bringen. Das war 2014 in dem Telefongespräch mit dem führenden Hamasfunktionär der Fall und ist es heute noch mehr.

Eine verlorene Generation

»Du erstickst«, sagte mein Gesprächspartner und imitierte einen Asthmaanfall. »Du kriegst keine Luft, und du kannst nirgendwohin fliehen. Alles sperrt dich ein. Also flüchtest du dich an den einzigen Ort, an dem man in Gaza atmen kann.« Er musste nicht erklären, was er meinte. Vor Jahren hat Arafat eine Redewendung geprägt, weil er zu sagen pflegte: »Wer mir nicht gefällt, wird das Meer von Gaza trinken«. Ironischerweise wurde der Orkus, in den der Gründungsvater die Feinde Gazas schicken wollte, zur einzigen Zuflucht für die jungen Einwohner Gazas – eine ganze Generation flieht vor der erstickenden Realität ausgerechnet dorthin.

Es war im Spätsommer 2019, wir saßen in einem Café in einer der Städte des Westjordanlands. Ganz offensichtlich fühlte sich Marwan fremd hier. Er war 32, gebildet, stammte aus der gehobenen Mittelschicht Gazas. Sein Arabisch war reich und blumig, seine Ideenwelt reichte weit über die Grenzen der klaustrophobischen 365 Quadratkilometer Gazas hinaus. Er lebte erst seit drei Monaten hier, nachdem er eine einmalige Einreisegenehmigung der israelischen Behörden für einen Besuch im Westjordanland genutzt hatte, um zu bleiben.

Damit wurde er jedoch zu einem Palästinenser mit illegalem Aufenthaltsstatus in einer palästinensischen Stadt, die nicht seine eigene ist: Seine Bewegungsfreiheit ist eingeschränkt, er kann seinen Zufluchtsort nicht verlassen, da er sonst vielleicht von der israelischen Armee aufgegriffen und nach Gaza ausgeliefert würde; er kann kein Bankkonto eröffnen, und es ist schwierig für ihn, Arbeit zu finden oder sich zu entfalten. Wie ich jedoch im Laufe der Unterhaltung erfuhr, ist aus seiner Sicht alles besser als das Leben unter der Herrschaft der Hamas.

Als wir das Café betraten, raunte ich ihm zu, dass es gut wäre, wenn wir einen Tisch fänden, an dem man uns nicht so leicht belauschen konnte. Er lachte. »Du vergisst, mit wem du hier bist. Versuchst du im Ernst, jemandem aus Gaza Vorsichtsmaßnahmen beizubringen?!«

Im Jahr 2018 erreichte die allgemeine Arbeitslosenquote in Gaza eine Rekordhöhe von 52 Prozent. Gut ein Jahr später, im Februar 2020, teilte das Nationale Komitee zur Durchbrechung der Belagerung mit, dass die Quote bei Jugendlichen auf 70 Prozent geklettert sei – die trübe Gegenwart für junge Frauen und Männer, ohne Hoffnung auf eine bessere Zukunft. Je länger ich mich mit Marwan unterhielt, desto klarer standen mir die Menschen hinter diesen Zahlen und ihr trauriges Los vor Augen.

»Fast jeder in meinem Alter, den ich kenne, sitzt zu Hause. Lauter junge Leute, die einen Universitätsabschluss haben und keine Arbeit finden.« Mitte 2020 waren 72 Prozent der Junkakademiker im Gazastreifen arbeitslos. »Man findet sie an drei Orten: am Meer, zu Hause oder bei den nichtstaatlichen Organisationen (NGO), die bereit sind, sie zu nehmen«, erzählte er. »Viele junge Leute arbeiten dort freiwillig, um ihren Lebenslauf aufzuhübschen und sich so Vorteile im Kampf um die wenigen bezahlten freien Stellen zu verschaffen. Ganz Gaza ist ein Lebenslauf geworden«, lachte er und machte eine Geste, als hielte er eine Menge Papierseiten in den Händen. »Weißt du, wenn das Westjordanland für Gaza geöffnet würde, würden wir es mit Leichtigkeit erobern. Die Leute aus Gaza haben eine hohe Arbeitsmoral. Sie fürchten sich nicht vor schwerer Arbeit.«

In dem Café lief angenehme Musik, jemand bewegte sich dazu im Takt hin und her. Da fiel Marwan etwas ein. »Ich habe nie in einer Disco getanzt«, sagte er. »Ich hatte noch nie eine Freundin. Ich bin kein religiöser Mensch, und ich trinke gerne Alkohol, aber dreimal darfst du raten – in Gaza gibt es keinen Alkohol, seit die Hamas an der Macht ist. Überhaupt keinen. Hier und da haben wir es mal geschafft, ein paar Flaschen einzuschleusen, hauptsächlich 2014 im Krieg. Wir haben die wenigen Ausländer, die hereinkamen, gebeten, für uns Alkohol zu schmuggeln, weil wir wussten, dass sie während des Kriegs keiner kontrolliert.«

Die Einwohner des Gazastreifens sind bekannt für ihre Pfiffigkeit und ihren Unternehmungsgeist, sie wissen aus jeder Situation das Beste zu machen. Deshalb war ich nicht überrascht, als mir Marwan erzählte, dass er und seine Freunde angefangen hatten, selbst Alkohol zu brennen. »Wir haben es mit YouTube-Videos gelernt, das Problem war bloß, dass immer ein ungefähr 95-prozentiger Alkohol dabei herauskam. Nach einem Schluck war der Abend gelaufen, aber vielleicht war das gerade gut so.«

»Zeig mir Gaza doch mal, als ob du mich dorthin mitnehmen würdest«, bat ich ihn, denn zu diesem Zeitpunkt waren vierzehn Jahre vergangen, seit ich zuletzt dort gewesen war. Ich wollte Gaza durch seine Bewohner erspüren, durch diejenigen, die nicht das Glück gehabt hatten, auf die andere Seite des Grenzzauns zu gelangen, sondern die sich immer noch diesseits davon befinden und sich fast so vorsichtig wie in Nordkorea verhalten, sich fürchten, am Telefon offen zu reden, und auch bei kurzen persönlichen Begegnungen am Erez-Kontrollposten, in den Städten des Westjordanlands oder Israels Krankenhäusern wortkarg bleiben. »Erzähl mir von eurem Alltag. Was macht ihr dort den ganzen Tag?«

»Wir schlagen die Zeit hauptsächlich zu Hause tot, im Internet. Und ersticken. So entstehen die schlimmsten Probleme. Woanders in der Welt gründen Leute in dem Alter schon Familien, und bei uns sitzen sie noch mit Mama und Papa daheim. Ein Teufelskreis von Arbeitslosigkeit, Frust und Geldmangel. Die Eltern sehen, wie ihre Söhne untätig herumhängen. Normalerweise werden sie böse auf sie und drängen sie, sich eine Arbeit zu suchen. Das erzeugt Spannung und Ärger, dicke Luft. Und die Spannung bricht überall aus, in der Familie, bei fremden Menschen auf der Straße.

Ein Teil der jungen Leute lässt sich am Ende dazu verleiten, sich der Hamas oder den anderen Organisationen anzuschließen. Dort bekommen sie eine Funktion und vor allem eine Beschäftigung und ein Gehalt. Aber die schwierige Ausgangslage kann einen auch dazu bringen, andere, konstruktivere Wege einzuschlagen. Indem man sich hinsetzt, nachdenkt und andere als die gängigen Schlüsse zieht, wie sich die Situation für einen selbst lösen lässt. So habe ich es gemacht.«

»Und wie ist die Situation in Bezug auf Frauen? Wie lernt man sich kennen? Wie entstehen Beziehungen?«

»Auch das ist kompliziert«, antwortete er. »Ich, zum Beispiel, bin in eine Privatschule gegangen. Schon von der ersten Klasse an wurden wir zusammen mit Mädchen unterrichtet. Aber die meisten Kinder bei uns lernen getrennt in den staatlichen Schulen und treffen das andere Geschlecht zum ersten Mal an der Universität. Diese Begegnungen sind eine Katastrophe. Die Männer schauen die Frauen an, als seien sie Außerirdische, die vom Himmel gefallen sind. Die Jungen aus Gaza-Stadt sind dabei noch das geringere Problem. Stell dir mal die Jungen aus dem Süden vor, aus Chan Junis oder Rafah, die mit einer konservativen Stammesmentalität aufgewachsen sind. Sie wissen wirklich gar nichts über Frauen. Vom ersten Augenblick an denken sie an nichts anderes als Sex. Sie machen Frauen zum Objekt, sehen in ihnen ›Sexmaschinen‹, auf die sie einen Besitzanspruch zu haben glauben. Und wenn die Kultur des Islam im Hintergrund steht, macht es das sogar noch schlimmer.«

Müsste man Marwans Generation im Gazastreifen auf einen Begriff bringen, könnte man sie die »Generation der Gewalt« nennen. Diese jungen Leute haben bereits drei bewaffnete Auseinandersetzungen mit Israel erlebt – in Gaza spricht man von Kriegen – und daneben Gewalt und Willkürherrschaft im Inneren.

»Ich habe an einem Ort gelebt, der 24 Stunden am Tag unter Gewalt leidet – von den eigenen Leuten und von außen«, sagte Marwan. »Stell dir nur einmal vor, was das der zarten Seele eines kleinen Mädchens oder kleinen Jungen antut.«

»Welcher Krieg war denn der schlimmste für euch?«, fragte ich.

»Der Krieg 2014. Das Ausmaß der Zerstörung war grauenhaft. Überall sind Häuser eingestürzt und Fenster zersprungen. Aber wir Leute aus Gaza lernen schnell und haben unsere Selbstschutzmaßnahmen verbessert. Wir haben zum Beispiel die Vorhänge an die Fenster geklebt, damit die Glassplitter nicht herumfliegen, gleichzeitig haben wir die Fenster offen gelassen, um den Druck der Explosionen zu mindern. Überall im Haus fanden wir Erdklumpen und Gras, die reingeflogen waren, als eure Kampfflugzeuge uns bombardierten. Du musst dir mal die Wucht der Bombardements vorstellen. Das Problem war, dass dieser Krieg ewig gedauert hat. 51 Tage lang habe ich das Haus nicht verlassen, außer während der humanitären Feuerpausen, und dann auch bloß, um Konserven und Zigaretten zu kaufen.«

Weil man in Gaza selten jemanden trifft, der so fließend Englisch spricht wie er, so erzählte mir Marwan, erhielt er Angebote, als Übersetzer für ausländische Journalisten zu arbeiten, die im Zuge der Operation *Zuk eitan* nach Gaza strömten. Doch sein Vater legte ein Veto dagegen ein.

»Ich habe meinem Vater gesagt, dass sie mir hundert Dollar pro Tag angeboten haben. Er wollte es nicht einmal hören. Auf gar keinen Fall werde er mir erlauben, aus dem Haus zu gehen, meinte er. Es sei einfach zu gefährlich.

Damals musste ständig einer wach sein, wir machten also Schichten. Ich blieb in den Nächten auf, während meine Eltern schliefen, und in der Früh lösten sie mich ab. Das Radio lief die ganze Zeit. Wenn verkündet wurde, dass es ein Bombardement in der Nähe geben könnte, habe ich meine Eltern immer ganz sanft aufgeweckt, damit sie sich nicht so erschreckten. Mit den Kindern in der Familie spielten sie bei uns immer verschiedene Spiele zur Beruhigung. Sie sagten ihnen zum Beispiel, dass es draußen ein großes Festival mit Feuerwerk gäbe – das sei der Grund für den Lärm. Sie haben Geschichten und Märchen erfunden, um sie zu beruhigen und ihnen eine Parallelwelt vorzugaukeln.«

»Und haben sie es geglaubt?«

»Meistens nicht. Die etwas älteren Kinder haben es kapiert. Wenn deine Eltern sich panisch verhalten, wenn dein Vater weint, wenn sich die gesamte Sippe versammelt, um beieinander zu sein, um mit dem Irrsinn draußen klarzukommen, ist es schwer, nichts zu verstehen. Während des Kriegs haben meine Freunde und ich die ganze Zeit miteinander geredet, um uns auf dem Laufenden zu halten und uns darüber zu informieren, wo aktuell die Zentren der Bombardierungen lagen.

Du weißt ja, bevor eure Armee Gebäude bombardiert, ruft sie an und warnt einen. Wir haben irgendwann angefangen, uns gegenseitig hochzunehmen. Haben einen Freund angerufen und mit verstellter Stimme gesagt: ›Schalom, hier spricht Captain Soundso von der israelischen Armee. Wir warnen Sie, dass Ihr Haus in wenigen Minuten bombardiert wird.‹ Wer solche Anrufe bekam, ist meistens panisch nach draußen geflüchtet, nur um dort auf seine Freunde zu treffen, die dasaßen und sich vor Lachen gekugelt haben. Das hat viel Panik ausgelöst und Desinformationen verbreitet, die viel Ärger gemacht haben.

Mein erstes Mobiltelefon habe ich gekriegt, als ich in der sechsten Klasse war. Du denkst sicher, dass das ein bisschen früh ist oder Luxus. Und anderswo auf der Welt würde das vielleicht auch stimmen – aber nicht in Gaza. Denn dadurch, dass ich nun telefonisch erreichbar war, konnten meine Eltern wissen, wo ich bin, wenn es israelische Angriffe gab. Nach dem ersten Krieg (Operation *Oferet jezuka,* »Gegossenes Blei«, 2008–2009), als ich schon erwachsen war, bekam ich eine schwere Angstattacke. Meine Muskeln haben sich völlig verkrampft, woraufhin sie mir die Leistengegend mit Olivenöl massierten und dabei Koransuren rezitierten. Das ist bei uns in Gaza ein sehr verbreitetes Hausmittel zur Behandlung von seelischen Problemen und Stress. Nach jeder Eskalation mit euch blühen die Geschäfte mit solchen Mitteln.«

»Du schilderst die Auswirkungen der Bombardements auf Gaza«, warf ich ein. »Ich möchte daran erinnern, dass das ein Spiegelbild der

Situation im Süden Israels ist. Auch bei uns ist unter dem Raketenbeschuss eine vollständig traumatisierte Generation aufgewachsen.«

»Ich hab' gewusst, dass du das sagen wirst«, lächelte Marwan. »Dann will ich dich mal überraschen. Ich gehöre zu einer Gruppe von über hundert jungen Leuten aus Gaza, die eine gemeinsame Vision haben: eine zivile Gesellschaft und eine andere Führung in Gaza. Aus den ganzen Eskalationsrunden seit 2018 haben wir die Konsequenz gezogen, den Israelis auf der anderen Seite des Zauns, die die ganzen Raketen abkriegen, zu helfen. In den letzten Monaten haben wir über Facebook mit Menschen aus dem Süden von Israel kommuniziert und versucht, ihnen unsere Erfahrungen weiterzugeben, die wir beim Umgang mit Raketen gesammelt haben. Vorher, als der Kontakt gerade angebahnt war, haben wir zu unseren Leuten gesagt: Wenn ihr zum ersten Mal Nachrichten austauscht, könnt ihr fluchen. Lasst alles raus. Beim zweiten fragt ihr schon nach dem Namen des Menschen, den ihr vor euch habt, und beim dritten Mal versucht ihr, seine Hobbys herauszufinden. Denn das ist der einzige Weg, die Mauer einzureißen.«

Diese Geschichte überraschte mich tatsächlich. »Wenn man unter solchen Umständen lebt wie ihr, ist es nicht selbstverständlich, keinen Hass zu entwickeln«, sagte ich.

»Ausgerechnet der Krieg hat mir Zeit zum Nachdenken gegeben«, erwiderte er. »Ich bin mit dem Bewusstsein auf die Welt gekommen, dass Israel der große Feind ist, der Satan, der mich töten will. In den langen Stunden, die ich im Krieg zu Hause verbringen musste, habe ich mich in eure Thora vertieft. Mir ist klargeworden, dass ihr nicht meine Feinde seid. Gott befiehlt euch nicht, irgendjemanden zu töten. Das sagt auch die Generation meiner Eltern, die sich noch an das gemeinsame Leben mit euch erinnern kann. Bis heute behaupten sehr viele aus dieser Generation in Gaza, dass Israel völlig anders ist, als die Hamas es darzustellen versucht. Die meisten von unseren älteren Leuten haben richtig Sehnsucht nach euch, nach den Achtzigerjahren, nach den Tagen, als ihr in Gaza regiert habt. Sie erzählen, dass unter der israelischen Verwaltung Ordnung herrschte, man sich respektierte und die Gesetze

Gültigkeit hatten. Sie sagen, dass die jüdische Herrschaft besser war als die arabische.

Es ist eine Tragödie, dass meine Generation keine Gelegenheit hatte, andere Israelis kennenzulernen als Politiker und Generäle. Ich glaube, eine echte Veränderung wird sich von unten nach oben vollziehen, nicht von oben nach unten. Wenn sich ganz normale Menschen von beiden Seiten begegnen und eine persönliche Verbindung zwischen ihnen entsteht. Um uns wirklich gegenseitig kennenzulernen, müssen wir uns beim Sport, in der Kunst und Musik treffen – auf jedem anderen Feld als dem Schlachtfeld.«

»Und wie hat man bei der Hamas auf euren Kontakt mit Israelis reagiert?«, fragte ich, um auf die zweite, die innere Seite der Gewalt in Gaza zu sprechen zu kommen.

»Zu einer der Bürgerversammlungen, die wir organisiert haben, haben wir eine Einladung in drei Sprachen aufgesetzt: Arabisch, Englisch und Hebräisch. Außerdem haben wir, was Zufall war, blaue Hemden angezogen. Das hat sie an die Farbe der israelischen Fahne erinnert und reichte aus ihrer Sicht, um mich und ein paar meiner Freunde wegen verbotener Normalisierung des Verhältnisses zu Israel zu verhaften und ins Gefängnis zu werfen.

Weißt du, die Hamas umklammert Gaza mit *hadid wa-nar,* das heißt mit Eisen und Feuer. Es gibt kein Entkommen, auch nicht in den sozialen Netzwerken. Nimm zum Beispiel Facebook: Wer es wagt, dort Kritik an der Hamas zu liken oder selbst welche zu posten, erhält fast sofort einen Telefonanruf. Beim ersten Mal reden sie ganz ruhig, stellen sich als Mitglieder des militärischen Nachrichtendienstes vor und bitten einen höflich darum, den Post zu löschen und auf kritische Äußerungen zu verzichten. Nach dem zweiten Post laden sie einen schon zu einem Termin vor, zur Warnung und Drohung. Auf dieser Stufe verstummen die meisten kritischen Stimmen von selber. Die Mutigen, die weiter gegen die Hamas anschreiben, werden verhaftet und gefoltert.

Ich habe Leute gesehen, die völlig verängstigt, auch mit einer posttraumatischen Belastungsstörung aus dem Gefängnis kamen. Ein

Mensch ohne starke psychische Basis kann daran zerbrechen. Ich kenne persönlich welche, die sich seit der Haft zu Hause einschließen, jede Kommunikation mit der Außenwelt vermeiden, vor jedem Geräusch erschrecken. Und bei den wenigen, die die Gefängnishaft überlebt haben und sich immer noch kritisch äußern – da könnte die Hamas schon zur Waffe des Jüngsten Gerichts greifen: die Ehre einer nahestehenden Frau, Mutter oder Schwester, schänden.«

Ich erinnerte mich an ein Gespräch mit einem anderen Mann aus Gaza, der im berüchtigten Gefängnis Maschtal Haft und Folter am eigenen Leib erlebt hatte. »Ihre Methode ist Einschüchterung«, erzählte er mir damals. »Sie haben mich in den Verhörraum gebracht, mit verbundenen Augen auf einen Stuhl gestellt und mir einen Strick um den Hals gelegt. Der Ermittler drohte, den Stuhl wegzutreten, wenn ich nicht gestehen würde, dass ich gegen die Interessen der Hamas handle.«

Alles andere als ein Einzelfall. Im Lauf der Jahre habe ich unzählige Geschichten und Zeugnisse aus erster Hand über das schwierige Alltagsleben im Gazastreifen unter der Herrschaft der Hamas gehört, über Angst, Drohungen, Haft und Folter. Jeder einzelne Bericht lässt die Orwell'sche Realität in Gaza lebendig werden.

»Inwieweit gibt es in Gaza überhaupt Kritik an der Hamas?«, fragte ich.

»Es gibt sie, und sie wird immer stärker«, antwortete Marwan. »Die Angstschwelle sinkt zunehmend. Die Leute fürchten sich kaum noch davor, verhaftet zu werden. Wenn zum Beispiel jemand Bekanntes verhaftet wird, schäumen die sozialen Netze über, und alle rufen nach seiner Freilassung.« Wie jeder Exilant, der mit dem Internet förmlich verwachsen ist, um mit der Heimat verbunden zu bleiben und sich auf dem Laufenden zu halten, begann mir auch Marwan zur Bekräftigung seiner Worte begeistert massenhaft Posts zu zeigen, zitierte fast auswendig daraus.

Die sozialen Netzwerke haben natürlich Auswirkungen auf viele Lebensbereiche. Eine davon ist, dass die jungen Leute in Gaza, ebenso wie ihre Brüder im Westjordanland, erkennen mussten, dass sie nicht im Fokus des allgemeinen Interesses stehen.

»Zu unserer Überraschung haben wir entdeckt, dass Gaza nicht das Zentrum der Welt ist«, sagte Marwan. »Wir haben begriffen, dass wir niemanden wirklich interessieren. Die Welt hat ihre eigenen Probleme. Und jetzt überzeug mal einen beinamputierten Jungen, der am Zaun verletzt worden ist, dass er sein Bein für einen erhabenen Wert, für die Heimat zum Beispiel, verloren hat. Das ist fast unmöglich. Und dann fängt der Frust an, sich nach innen zu richten.«

Seine Worte erinnerten mich daran, dass im Westjordanland trotz diverser Provokationen von beiden Seiten und Phasen der Spannung schon seit Jahren Ruhe herrscht. Das dürfte unter anderem daran liegen, dass die jungen Leute dort verstanden haben, dass die palästinensische Frage nicht mehr so viel Aufmerksamkeit erregt wie in der Vergangenheit und dass sich das internationale Interesse auf andere Gebiete verlagert hat. Diese Einsicht hat Auswirkungen auf die Bereitschaft, gegen Israel zu protestieren und sich selbst zu gefährden – das Verhältnis von Kosten und Nutzen des eigenen Handelns wird inzwischen anders beurteilt.

Bei vielen jungen Menschen in Gaza gibt es einen weiteren Faktor, der der Bereitschaft, sich zu opfern, abträglich ist: die krasse Diskrepanz zwischen den Lebensbedingungen für die Hamaselite und denen für die Masse des Volkes. Dieses Phänomen ist unter theokratischen Regimen mit totalitären Zügen weit verbreitet, und es ist nicht weiter überraschend, dass in den letzten Jahren immer mehr Stimmen in Gaza kritisieren, es würden zwei verschiedene und nicht gleichberechtigte Gesellschaften geschaffen: eine dünne Herrschaftsschicht, die Zugang zu allen Annehmlichkeiten hat, und ihr gegenüber die gesamte übrige Bevölkerung. Die Kritik kann sich am Generator entzünden, der in den Häusern reicher Hamasvertreter täglich 24 Stunden läuft, während andere keinen Strom haben, daran, dass Verletzte von den »Rückkehrmärschen« eine viel bessere ärztliche Behandlung und Rehabilitationsmaßnahmen erhalten, wenn sie aus Hamasfamilien kommen, oder an der gewaltsamen Aneignung diverser Besitztümer und an noch mehr solcher Geschichten.

»Vor Kurzem haben wir erlebt, wie die Hamas in den sozialen

Netzwerken harsch kritisiert wurde«, erzählte mir Marwan. »Der Sohn eines sehr hohen Hamasfunktionärs, Anas Radwan heißt er, hat auf Facebook eine Einladung zu seiner Geburtstagsparty gepostet mit Foto, auf dem er lächelt. Das Schicksal wollte es, dass sich gerade zu der Zeit zwei Jugendliche aus Rafah wegen ihrer schwierigen wirtschaftlichen Lage umgebracht haben. Facebook lief vor ätzenden Kommentaren von Leuten aus Gaza über. Wir haben keine Angst mehr. Weißt du, in den Sechziger- und Siebzigerjahren wurde ein palästinensischer Kämpfer *fida'i* genannt (›der sich opfernde Kämpfer im Feindesland‹), danach *muqawwam* (›Kämpfer für die nationale Befreiung‹), dann wurde er zum *mudschahid* (›religiösen Kämpfer‹), und heute nennen wir sie in Gaza unter uns *awalad asch-scharmuta,* ›Hurensöhne‹ – das ist die Wahrheit.«

Die Ermüdung und den mangelnden Glauben an das alte, zumeist korrumpierte politische Parteiensystem, das weder eine Zukunftsperspektive noch überhaupt ein Änderungsversprechen anbietet, spürte ich schon seit Jahren vor allem im Westjordanland, aber auch in Gaza. Trotzdem fiel es mir schwer, eine ernstzunehmende Graswurzelbewegung zu entdecken, die auf eine politische Revolution hinarbeitete. Bis jetzt. Durch Marwan und seine Gefährten in Gaza erhielt ich Einblicke in eine Welt, die mich elektrisierte, weil in ihr geradezu Revolutionäres vor sich ging. Wer wie diese jungen Leute unter der Knute eines autoritären Regimes lebt, braucht eine Menge visionären Mutes, um auf die Idee zu kommen, die Regierung auszuwechseln. Natürlich an der Wahlurne.

»Wir sind die zukünftige Führung dieses Volks«, erklärte Marwan. »Wir bauen schon jetzt Beziehungen zu Israel und Israelis auf. Wir ermutigen unsere israelischen Kameraden, weiterzumachen, sich durchzusetzen, damit wir alle in Zukunft an den Hebeln der Macht sitzen. Ich bereite mich jetzt schon darauf vor, lerne von euch. Ich habe ein Interesse daran, in diesem Moment mit dir zusammenzusitzen, Ohad, dich zu überzeugen, dass ich in Ordnung bin, dass du einen Partner in Gaza hast, der gegen Blutvergießen und Kriege ist, dass du keine Angst zu haben brauchst.«

Diese Vision habe ich auch von G., einem anderen jungen Mann aus Gaza, gehört. »Wir wissen, dass die Lösung nicht von Israel, Ägypten oder aus Ramallah kommen wird. Sie kann nur von innen kommen, und deshalb machen wir uns für die Wahlen bereit, sofern sie abgehalten werden, *inschallah.* Unsere Arbeit findet in erster Linie an der Basis statt – in jedem möglichen Rahmen erklären wir, wie komplex und wie wenig schwarz und weiß die Realität ist, wozu auch gehört, selbst Verantwortung zu übernehmen und damit aufzuhören, reflexhaft Israel die Schuld für alles Mögliche zu geben. Wir sind in vielen Schulen aktiv. Arbeiten mit Lehrerteams zusammen, öffnen den Kindern Fenster in die weite Welt. Manchmal unterhalten wir uns über Skype mit jungen Leuten von überall auf der Erde. Unsere große Herausforderung ist der Lehrplan in Gaza, dessen integraler Bestandteil der Hass auf die Juden und der Imperativ, sie zu töten, ist. Außerhalb der Schule finden wir Kinder, die auch für etwas anderes aufnahmebereit sind – schließlich hören auch sie von ihren Eltern, dass Israel nicht der Teufel ist, den man in Gaza an die Wand zu malen versucht.«

Gegen Ende des Gesprächs mit Marwan hob er sein Mobiltelefon in die Höhe und tat so, als fotografiere er mich. »Der Bürger in Gaza muss ein Bild von dir sehen, wo du in Badehose mit einem Getränk in der Hand am Strand sitzt und das Leben genießt«, erklärte er. »Sie müssen einen Israeli sehen, der keine Uniform trägt. Das ist das Image, das das Eis brechen wird.

Ich kämpfe gegen Korruption, versuche, eine Basis für eine echte Demokratie aufzubauen. Die meisten Menschen in Gaza wollen Frieden und sind gegen die Hamas. Aber die Hamas und die israelische Regierung machen faktisch gemeinsame Sache, um das zu hintertreiben. Ihr stärkt die Hamas, die Abriegelung stärkt sie – sonst hätte sie ein echt großes Problem. Die Hamas ist der Fatah ähnlich geworden, in Gruppen und Richtungen gespalten. Wenn ihr sie in Ruhe lasst, werdet ihr merken, dass sie dabei sind, sich von innen heraus zu zerstören.«

Das unterirdische Gaza

Die Geschichte Gazas kann man auch anhand der Stadt erzählen, die im letzten Jahrzehnt unter der roten Sanderde entstanden ist. Während bei anderen Städten die Entstehungszeit oft im Nebel liegt, ist bei dieser Stadt leicht festzustellen, wann sie errichtet – oder eigentlich: gegraben – wurde, nämlich etwa 3500 Jahre nach der Erbauung der oberirdischen Stadt.

Den Anstoß zu ihrer Erweiterung nach unten gab Ende 2008 und Anfang 2009 die Operation *Oferet jezuka* oder »der erste Gaza-Krieg«, wie sie in Gaza sagen. Es war das erste Mal, dass die Palästinensergebiete mit der ganzen Stärke einer modernen Armee konfrontiert waren, und die Verluste bei den eigenen Kämpfern waren dementsprechend. Etwa 700 Aktivisten der Hamas und Mitglieder ihrer Sicherheitskräfte wurden im Laufe der Operation getötet, darunter auch ranghohe Funktionäre. Die Übermacht der israelischen Luftwaffe war uneingeschränkt, weder ihren Bomben noch ihren Informationssystemen hatte die palästinensische Seite etwas entgegenzusetzen.

Die traumatisierte Stadt war gezwungen, Lehren daraus zu ziehen. Wenige Monate nach Beendigung der Operation erzählte mir ein Freund aus Gaza von einem neuen Phänomen, das er mit eigenen Augen beobachtet hatte. »Verschiedene Stellen in Gaza waren plötzlich mit blauen Zeltplanen verdeckt, die irgendwer über Nacht angebracht hatte. Am Anfang haben wir gar nicht verstanden, was das sollte. Ein Teil dieser Orte wirkte wie Baustellen. Gerüchte gingen um, dass die Hamas für das Aufhängen der Planen verantwortlich sei und dass man darunter anfangen würde, Tunnel in bisher ungekannter Größenordnung zu graben.«

Zu welchem Zweck man die Planen angebracht hatte, war klar: Man wollte verhindern, dass Israel mit seinen elektronischen Beobachtungsgeräten das strategische Mittel kartierte, das man sich ausgedacht hatte, um die restliche Führung der Hamas und die Mitglieder ihres bewaffneten Arms zu schützen. Es sollte ihnen ermöglichen, sich während einer Konfrontation frei zu bewegen, ohne entdeckt zu werden, nach Israel hinüber zu schießen und während eines Bodenkriegs auch überraschend dort aufzutauchen und zu versuchen, Soldaten der israelischen Armee zu entführen. Wie der Vietkong in Vietnam oder auch die Hisbollah, die sich beim Kampf gegen die israelische Armee im zweiten Libanonkrieg zweieinhalb Jahre davor auf ein Netz von Bunkern und unterirdischen Kanälen gestützt hatte – wegen seiner Lage von den Israelis »Naturschutzgebiete« genannt –, so begann Gaza, sich zu untertunneln.

War der Anfang noch unbeholfen, ging es bald viel professioneller zu. Das nationale Projekt nahm Fahrt auf, und ein Großteil der finanziellen Mittel, die nach Gaza flossen, wurde dafür investiert. Männer wie Muhammad Def, der oberste Befehlshaber der Hamasarmee, oder Marwan Issa, sein Stellvertreter, überwachten das Projekt persönlich. Nach israelischen Schätzungen waren zeitweise etwa 1000 Arbeiter direkt mit dem Graben der Tunnel beschäftigt. Jemand in Gaza erzählte mir, dass ein großer Teil der Arbeiter blutjung sei, Kinder aus armen, der Hamas nahestehenden Familien, die nun täglich in drei Schichten gruben und für die Verhältnisse in Gaza einen guten Lohn erhielten. Laut einigen Zeugenberichten aus Gaza verband man den Grabenden oftmals die Augen, bevor man sie zu den zahlreichen Tunnelgrabungsstellen beförderte, damit sie deren Lage nicht verraten konnten.

Eines Abends erhielt ich einen Anruf von N., einem Freund aus Gaza, der mit seiner Familie in einem teuren Viertel wohnt, das an das Hauptquartier der Hamas anschließt. Ganz nebenbei erzählte er, er habe er am Morgen, als er mit seinen Kindern auf dem Weg in die Schule war, entdeckt, dass jemand während der Nacht ein Gelände neben ihrem Haus mit galvanisierten Blechen abgesperrt und Überwachungskameras aufgestellt hatte. Er wollte etwas herumschnüffeln, um herauszufinden, was da vor sich ging, doch zwei Bewaffnete traten auf ihn zu und drohten, ihn zu verhaften, wenn er sich nicht sofort entferne.

»Das Gelände ist nahe an der Schule meiner Kinder, und ich habe nicht verstanden, was sie dort machen. Nach einer kurzen Recherche allerdings ist bei mir der Groschen gefallen – sie haben einen Tunnel in meiner Straße gegraben.«

Er hielt sich nicht länger bei dem Thema auf, aus seiner Sicht war es eine kleine Anekdote am Rande. Mir hatte sie jedoch einmal mehr eine konkrete Vorstellung von der Ohnmacht vermittelt, die ein Teil der Bürger Gazas gegenüber ihrer furchteinflößenden und unzugänglichen Regierung empfindet. Ich erinnerte mich an die Worte eines Bekannten aus Gaza, wonach die Hamas anfangs wohl dafür gesorgt hat, jeden Hinweis auf die Zugänge zu den Tunneln zu verheimlichen, dass es sich aber heute, vor allem bei solchen, die unter dicht besiedelten urbanen Gebieten liegen, zum Teil um ein offenes Geheimnis handelt.

»Denn was wirklich wichtig ist, sind ja die Verzweigungen, in welche Richtungen die Tunnel führen, und das«, sagte er mit einem Lächeln, das übers Telefon hörbar war, »weiß nur Allah.«

Ein Großteil der Kommando- und Kontrolltunnel unter Gazas Erde führt beispielsweise von Moscheen zu Militärbasen der Hamas. Alle haben mehrere Zugänge, einige sogar Aufenthaltsräume, die mit Stromaggregaten, Sprechanlagen und mehr ausgestattet sind. Die Gesamtlänge der Tunnel kennt man nicht. Manche Schätzungen auf beiden Seiten der Grenze sprechen von Dutzenden Kilometern, andere sogar von Hunderten. Im Konfliktfall sollen diese Tunnel fünf Einheiten der Hamasarmee Unterschlupf gewähren können, was Tausenden von Kämpfern entspräche. Kein Mensch kennt ihre genaue Zahl, aber in Israel nimmt man an, dass sie zwischen zwanzig- und dreißigtausend liegt.

Eine zweite Sorte von Tunneln ist offensiver Natur, sie werden gebaut, um die Grenze nach Israel überqueren zu können. Mitunter verlaufen sie in einer Tiefe von mehreren Dutzend Metern und erreichen im Extremfall eine Länge von drei Kilometern. Schätzungen zufolge dauert das Graben eines durchschnittlichen Tunnels über ein Jahr und kostet Millionen Dollar. Die klassische militärische Konfrontation zu Wasser, zu Land und in der Luft hat sich in Gaza somit auch in die vierte Ebene ausgedehnt – in den Erduntergrund.

Die Anschläge, die über die neugebauten Tunnel verübt wurden, gelten bis heute als der bedeutendste Erfolg der Hamas während der nächsten großen israelischen Militäroperation *Zuk eitan* 2014. Als weitere Teilerfolge verbuchte man in Gaza, dass die Hamas gegenüber der israelischen Kriegsmaschinerie fast zwei Monate lang durchgehalten hatte, dass sie die Kühnheit besaß, bis nach Gusch Dan, den Ballungsraum um Tel Aviv herum, hinüberzuschießen, und schließlich, dass es ihr gelungen war, Zehntausende Israelis aus dem Gebiet des Landes Israel (dem Gazagürtel) zu verjagen, es fast leerzufegen, wie die Hamasführer der Bevölkerung Gazas gegenüber behaupteten.

Sofort nach diesem Krieg beeilten sich Sprecher des politischen und des militärischen Arms der Hamas, die Öffentlichkeit Gazas – und nebenbei auch israelische Ohren – an einem Teil der Lehren, die sie aus dem Geschehen gezogen hatten, teilhaben zu lassen. So verkündeten sie, für zukünftige Konfrontationen habe sich die Organisation das Ziel gesetzt, den Kampf auf das Gebiet des Feindes zu verlagern. Das war nicht das erste Mal, dass ein Element aus der Kampftheorie der israelischen Armee den Weg nach Gaza fand. In diesem Fall handelte es sich um ein wesentliches Prinzip der Sicherheitsdoktrin Israels, wonach die israelische Armee das Kampfgeschehen schon in den ersten Stunden eines Kriegs auf Feindesgebiet verlagern sollte, hauptsächlich wegen der begrenzten territorialen Tiefe des eigenen Landes.

Auf die Angriffe aus den Tunneln – die »Waffe des Jüngsten Gerichts« – antwortete Israel mit dem Bau einer unterirdischen Barriere, die den Gazastreifen einfassen und so das wichtigste strategische Mittel der Hamas beschneiden sollte. Offenbar zeigt diese Reaktion Wirkung: Nach aktuellen israelischen Erkenntnissen investiert die Hamas weniger in den Bau grenzüberschreitender Tunnel als in der Vergangenheit.

Es gibt noch eine weitere Sorte von Tunneln – diejenigen, die dem Gazastreifen lange Jahre als Lebensader dienten: die Schmugglertunnel zum Sinai. Auf dem Höhepunkt ihres Betriebs im Jahr 2013 schätzte man in Israel, dass etwa 1200 Tunnel unter der Philadelphi-Passage verliefen, dem israelischen Sicherheitskorridor am Grenzzaun zu Gaza. Diese Tunnel sind die ältesten, durch sie wurde fast alles von Ägypten nach Gaza geschmuggelt, angefangen bei Waffen und Munition über verschiedenste Ausrüstungsgegenstände, Nahrungsmittel, Benzin und Gas bis hin zu Menschen und Autos. In Gaza erzählt man sich, die

Hamas habe zeitweise sogar Tunnel verpachtet und Betreiberrechte für 300 Dollar verkauft, daneben eine Provision von 30 Prozent auf alle Waren kassiert, die nach Gaza eingeführt wurden. Es war eine Win-Win-Situation für alle.

Doch dann wurde im Juli 2013 der ägyptische Präsident Mohammed Mursi, ein führender Vertreter der Muslimbruderschaft, abgesetzt, und die ägyptische Armee ließ die Tunnel zerstören oder zuschütten. Denn die Tunnelindustrie diente denen, die damals als die Feinde des ägyptischen Volkes betrachtet wurden: den palästinensischen Muslimbrüdern, sprich, der Hamas. »Du wirst heute kaum mehr Schmuggeltunnel finden, höchstens einige Dutzend«, sagte mir jemand aus Gaza, der ein Experte für Rafahs unterirdische Stadt war. »Man schleust dort Medikamente, Drogen und Waffen, mehr nicht. Die Party ist vorbei.«

Das trojanische Pferd

Wer im Gazastreifen nach dem Jahr 2000 geboren wurde, wie 40 Prozent der Bevölkerung, kennt es nicht anders: Bewaffnete Hamasmitglieder haben das Sagen, und die grünen Fahnen der Bewegung wehen seit jeher über den Plätzen und Regierungsgebäuden. Für die Jungen ist Gaza schlicht gleich Hamas. Dass hier einmal die Palästinensische Autonomiebehörde regiert hat, ist nur noch eine dumpfe, ferne Erinnerung, und die Zeiten, in denen der Fatahpolitiker Muhammad Dahlan de facto über Gaza herrschte, klingen für sie wie ein seltsames Märchen.

Jahrelang habe ich versucht zu verstehen, wie es dazu gekommen ist – wie es einer militanten Oppositionsbewegung möglich war, mit solcher Leichtigkeit die Herrschaft über das Gebiet an sich zu reißen, es innerhalb von 48 Stunden zu erobern, ohne eine sonderlich beeindruckende Armee, ohne allzu viele Opfer; wie es ihr gelang, ihre unangefochtene Autorität durchzusetzen und innerhalb kurzer Zeit die Erinnerung an die vorherige Herrschaft zu tilgen – und den Gazastreifen in ein unlösbares Problem und eine tickende Bombe zu verwandeln.

Das auslösende Geschehen trug sich im Juni 2007 zu. Eine der seltenen Binnenperspektiven darauf gewährte mir Abu Baschar. Ich lernte ihn Jahre nach dem Umsturz in Ramallah kennen. Dort hatte er sich niedergelassen, es zu seinem festen Wohnort, wenn auch nicht zu seinem Zuhause gemacht, »denn Gaza kann man nicht ersetzen«, wie er sagte. Wir begegneten uns, als ich eine Aufschrift an einem der Hotels von Ramallah fotografierte, in denen früher die Fatahmitglieder aus Gaza gewohnt hatten, die in die faktische Hauptstadt der Palästinensischen Autonomiebehörde geflohen waren. Er saß in der Lobby, massig, mit Schnurrbart, in seinem Gesicht mischten sich Entschlossenheit und Bitterkeit. Als er mich sah, gab er mir mit den Augen ein kaum sichtbares Zeichen, zu ihm herüberzukommen. Er trat rasch auf mich zu, drückte meine Hand und mit einem hastigen »Rufen Sie mich an« entfernte er sich. In meiner Hand entdeckte ich einen kleinen Zettel mit einer Telefonnummer.

Noch am selben Abend begab ich mich zu einer Adresse in Ramallah, die er mir am Telefon genannt hatte. Erst dort stellte er sich vor: Er war Offizier der »Präsidentengarde«, einer Eliteeinheit der Palästinensischen Autonomiebehörde. Gleich zu Beginn unserer Unterhaltung erzählte er mir, er habe, als die Hamas die Macht im Gazastreifen übernahm, zusammen mit zwei Kameraden aus der Präsidentengarde versucht, zu Fuß in Richtung des Erez-Übergangs zu entkommen. Als sie sich der Sperre näherten – mit seinen Worten: »dem Ausgangstor aus der Hölle« –, gerieten die drei in einen der vielen Hinterhalte der Hamas, die gelegt worden waren, um die fliehenden Fatahmitglieder und Sicherheitsoffiziere der Palästinensischen Autonomiebehörde abzufangen und hart zu bestrafen. Es kam zu einer Schießerei mit den Milizionären der Hamas, bei der seine Kameraden auf der Stelle getötet wurden. Abu Baschar erlitt Verletzungen, doch es gelang ihm zu flüchten und den Erez-Übergang zu erreichen.

»Ich möchte Ihnen erzählen, wie Gaza innerhalb von Tagen zerschmettert wurde«, fuhr er aufgeregt fort. Es war ersichtlich, dass er seit Jahren geduldig darauf gewartet hatte, sein Herz auszuschütten. »Jemand muss dieses Versagen dokumentieren, aber hier im Westjordanland ist es allen gleichgültig, niemanden kümmert es.« Was er mir erzählte, ist höchst aufschlussreich, denn es ist ein Zeugnis aus erster Hand darüber, nach welchen Mechanismen ein Umsturz abläuft – in diesem Fall einer, der sich noch Jahre danach auf das gesamte Gebiet auswirken sollte.

Er begann mit den bekannten Ereignissen – dem Tod des Fatahführers Jassir Arafat im Jahr 2004, dem Rückzug Israels aus Gaza 2005 und dem Sieg der Hamas bei den Wahlen 2006. Das unselige Zusammenspiel dieser drei Faktoren stärkte die Selbstsicherheit und die Begehrlichkeiten der Hamas und brachte sie dazu, die Herrschaft über Gaza für sich einzufordern.

»Die Hamas hat Gaza von innen her zersetzt«, sagte er erregt. Als ich ihn fragte, ob er damit *da'wa* meine, die von der Muslimbruderschaft geprägte Missionierungstätigkeit, mit der die Hamas in die Gesellschaft zu wirken versucht und um Anhänger wirbt, wischte er meine Worte beiseite.

»Ich rede von operativer Aktion. Sie haben sich jahrelang listig auf diesen Augenblick vorbereitet. Leute aus ihrem militärischen Arm haben unsere Apparate infiltriert, das Allerheiligste der Palästinensischen Autonomiebehörde. Wie trojanische Pferde sind sie in das Amt für präventive Sicherheit, unseren Schabak sozusagen, und die anderen Sicherheitsorgane eingedrungen. Sie haben uns von innen ausspioniert, ihrer Führung in Echtzeit Informationen übermittelt, wussten zu jeder Zeit über unsere Absichten Bescheid und waren uns immer einen Schritt voraus. Vergessen Sie nicht – die Hamas ist hierarchisch organisiert und äußerst diszipliniert, wie es sich für Muslimbrüder gehört. Zum Beispiel hat *al-kutla al-islamija* [›der islamische Block‹], die Studentenorganisation der Hamas bei uns in Gaza, in der Vergangenheit ihre Leute in Fitnessstudios geschickt, um sie zu gesunden, starken Männern zu machen. So haben sie sich vorbereitet.«

»Vorbereitet worauf?«, fragte ich.

»Auf die Eroberung der Macht. Ihr in Israel habt noch nicht mal ansatzweise begriffen, was für eine verschworene Einheit sie sind. Sie müssen verstehen, wie das funktioniert – ihr Nachwuchs trifft sich mindestens fünf Mal am Tag in der Moschee. Nach den Gebeten bleiben die jungen Männer oft noch dort, um zusammen zu lernen. Die Bindungen werden stärker, das Gefühl von Gleichgesinntheit und Zusammenhalt vertieft sich, und so brechen sie in den Kampf auf. Zu guter Letzt sind sie von religiösen, islamischen Motiven getrieben, die uns in der Fatah gefehlt haben. Denn was hält einen Menschen 51 Tage lang in einem Tunnel, wie im Krieg 2014, außer religiöser Wahnsinn?«

Der durch Geschlossenheit erreichten Macht der Hamas stand die ganze Zeit, wie in einem Spiegelbild, die Schwäche der Fatah gegenüber. Im Laufe des langen Abends in Baschars Haus begriff ich, wie die Gespaltenheit und Schwäche der damals noch herrschenden Partei in Gaza, die fehlende Solidarität unter ihren Mitgliedern und die zögerlichen Direktiven aus Ramallah zur Zerstörung der Fatah und der PLO geführt hatten.

»Ein paar Monate vor dem Umsturz fingen die Leute von der Hamas an, die Häuser von Offizieren der Fatah-Sicherheitsapparate und der Tanzim [Miliz der Fatah] zu umzingeln und sie am helllichten Tag zu liquidieren«, erzählte Baschar. »Meistens hat niemand von den Sicherheitskräften einen Finger gerührt, um seinen Kameraden zu helfen, auch wenn sie umgehend über das Geschehen informiert wurden. Nur in einem Fall, als die Hamas das Haus eines Fatahoffiziers mit Namen Mansur Schala'il aus dem Norden des Gazastreifens umzingelte, bekam ich den Befehl von Muhammad Dahlan, ihn um jeden Preis zu retten.

Wir brachen mit dreißig Bewaffneten auf und schossen uns den Weg zum Haus frei. Er hatte sich zusammen mit seiner Familie im ersten Stock verschanzt und machte Licht, um uns zu zeigen, wo er sich befand. Als es uns gelungen war, die Belagerung um das Haus zu durchbrechen, und wir hineinstürmten, stießen wir im Erdgeschoss auf Hamasleute, die dabei waren, Sprengstoff zu legen, um das Haus samt seinen Bewohnern in die Luft zu jagen. Wären wir fünf Minuten später gekommen, wäre das Haus schon in die Luft geflogen gewesen. In Gaza herrschte Anarchie, jeder von uns konnte ein Ziel für die Hamas sein. Es war beängstigend.«

»Hört sich wie die Gaza-Version von *Der Pate* an«, grinste ich, doch in seinem Gesicht regte sich kein Muskel.

»Einmal bombardierten sie den Amtssitz des Präsidenten mit Granatwerfern. Wir entdeckten, dass sie aus der islamischen Universität schossen. Uns war bekannt, dass es sich um ein Bollwerk des militärischen Flügels der Hamas handelte, dass er dort Kampfgerät versteckte, sein derzeitiges Hauptquartier hatte und von dort aus den Kampf gegen uns führte. Nach vielem Hin und Her erhielten wir die Erlaubnis zum Angriff. Das passierte kurze Zeit vor dem Umsturz. Wir hatten uns akribisch vorbereitet und beschossen den Ort flächendeckend. Als der harte Kampf zu Ende war, fanden wir dort ungeheure Mengen von Munition mitsamt Raketen, aber das ließ bei keinem von uns ein rotes Licht aufleuchten.

Im Vorfeld war unter anderem vermutet worden, dass sich Gilad Schalit auf dem Universitätsgelände befand, weshalb wir den Befehl erhalten hatten, ihn ausfindig zu machen. Bei der Suche nach ihm haben wir alles auf den Kopf gestellt. Ich kann Ihnen mit Gewissheit sagen: Zu der Zeit wurde er nicht dort festgehalten. Und obwohl sie die ganze Zeit unsere Leute angriffen, erhielten wir glasklare Befehle aus Ramallah, die uns untersagten, zurückzuschlagen oder das Leben von Hamasführern zu gefährden. Sie bombardierten unsere Hauptquartiere, die Zivilverwaltung, den Stab der Streitmacht 17 [Hauptteil der palästinensischen Präsidentengarde, besteht aus Elitetruppe und Leibwächtereinheit], aber wir hatten Befehl, die Lage nicht zu verschärfen. In Ramallah sagten sie ›Palästinensisches Blut ist die rote Grenze‹.

Im Juni erreichte uns die Information, dass man sich bei der Hamas auf die große Schlacht vorbereite. Wir fanden heraus, dass sie vom Haus Isma'il Hanijas im Flüchtlingslager Schati aus Mörsergranaten in Richtung Amtssitz des Präsidenten schossen. Ich bettelte um die Genehmigung, Hanijas Haus unter Beschuss zu nehmen. Gleichzeitig bat ich darum, das Gebiet Zabada bombardieren zu dürfen, wo große Einheiten der Hamas und der ›Islamischen Armee‹ (eine radikale salafistische Organisation, die von al-Qa'ida und später vom IS inspiriert wurde) konzentriert waren. Die Genehmigung kam nicht.

Am entscheidenden Tag fielen unsere Kommandanturen eine nach der anderen in ihre Hände. Ich war im Amtssitz des Präsidenten, als die Berichte darüber eintrafen und dass Fatahleute in Scharen flüchteten. Das Sicherheitshauptquartier fiel, danach der Rest der Kommandanturen, ebenso der Stab der Streitmacht 17. Von überall her strömten geschlagene Offiziere der Fatah zu uns, insgesamt fanden 2700 Männer im Bereich des Amtssitzes Zuflucht. Es war die Hölle. Eine Reihe von Kämpfern zog die Uniformen aus und flüchtete weiter, andere weinten. Irgendwann hörten wir, dass sich vier Schiffe der Küste näherten. Anfangs dachten wir, es handele sich um Schiffe der Hamas, die vom Meer aus angreifen sollten, also schossen wir auf sie. Eines davon versank. Erst dann erfuhren wir, dass es Schiffe waren, die man geschickt hatte, um die restliche Führung der Fatah und die Kader, die noch in Gaza waren, herauszuholen.«

Als er zur Schilderung der letzten Schlacht kam, wirkte er aufgewühlt.

»Ein Bollwerk blieb – der Amtssitz des Präsidenten. Alle ranghohen Kommandeure waren verschwunden, und wir blieben ohnmächtig zurück. Wir wussten nicht, was aus ihnen geworden war. Als wir unsere Männer zählten, stellten wir fest, dass wir nur noch 300 waren, belagert von Hamaskämpfern. Ich rief in Ramallah an. ›Abu Mazen (Mahmud Abbas) befiehlt euch, keinen Angriff gegen die Hamas zu unternehmen – handelt ausschließlich zur Selbstverteidigung und haltet das Hauptquartier‹, wurde mir gesagt, und ich hätte fast geweint vor Frustration.

An dem Punkt zog ich die Uniform aus, legte das Gewehr nieder, rüstete mich mit einer Pistole aus und ging nach draußen. Die Gerüchte über Hinrichtungen von Fatahmitgliedern und Schüsse in die Beine hatten uns vorher schon erreicht, so dass ich mich auf das Schlimmste gefasst machte. An Arafats Hubschrauberlandeplatz sah ich Dutzende verstörte Mütter, die ihre Söhne suchten – Offiziere der Fatah. Es war schrecklich.

Als ich die Straße entlangging, stieß ich plötzlich auf einen Kontrollposten der Hamas. Ich tat so, als sei ich ein Geschäftsmann, der am Telefon redete, und es gelang mir zu passieren.

Aus Ramallah schickte man mir eine SMS, dass sie am Erez-Übergang auf mich warteten. Ich telefonierte mit einem Bekannten vom militärischen Flügel der Hamas und flehte ihn an, mich zu retten. Er sagte, er könne nicht. Am Ende brach ich mit zwei Kameraden zu dem Fußmarsch von neun Kilometern nach Erez auf. Auf dem Weg gerieten wir in eine Schießerei mit Mitgliedern einer Hamaseinheit, denen wir verdächtig erschienen. Die beiden, die mit mir zusammen waren, wurden getötet, aber mir gelang es zu entkommen. Ich erreichte Erez verwundet, aber immerhin war ich am Leben geblieben.«

Damit beendete er seine Schilderung, vollkommen erschöpft. Und ich konnte mich nur wundern, auf welchem Silbertablett Gaza der Hamas serviert worden war.

Nach dieser flammenden Anklage fiel mir ein Besuch ein, den ich in der Endphase des Umsturzes in einem Haus in Ramallah gemacht hatte. Die acht Bewohner, alle Anfang bis Mitte zwanzig, gehörten der Fatah und den palästinensischen Sicherheitsorganen an und waren aus Gaza entkommen. Einer nach dem anderen traten sie aus ihren Zimmern und versammelten sich im Salon. Ein Teil humpelte auf Krücken, andere saßen in Rollstühlen. Sie erzählten mir, wie sie während des Umsturzes aufgegriffen und durch die Straßen Gazas gezerrt worden waren. Als Rache für ihr Eintreten gegen die Hamas hatte man ihnen in die Beine geschossen.

Die Geschichte von einem ist mir besonders in Erinnerung geblieben. Ruhig, ohne einen Funken Selbstmitleid, schilderte er, wie der militärische Flügel der Hamas ihn nahe des Strandes erwischt hatte, wie er über den Boden geschleift wurde, während ihm eine Menschenmenge Tritte versetzte und auf ihm herumtrampelte. Und dann kamen die Schüsse. »Sie stellten auf Automatik und schossen mir in die Kniescheibe, bis mein Bein ein klebriger Brei aus Blut und Fleisch war.«

In der Chronik der kurzen Geschichte der Palästinensischen Autonomiebehörde haben diese Ereignisse eine außerordentliche Bedeutung: die grausamen Standgerichte, das Lynchen und Exekutieren von Gegnern, die man von Dächern oder aus hohen Stockwerken stürzte oder in die Knie schoss. All das ließ die Samen keimen für den glühenden Hass zwischen der Fatah und der Hamas, zwischen Gaza und dem Westjordanland, zwischen dem islamischen Fundamentalismus und der Nationalbewegung, die um den zukünftigen Charakter der palästinensischen Identität rangen.

Als Abu Baschar von der permanenten Spannung erzählte, die zwischen den Hamasmitgliedern und den Fatahoffizieren bestand, von der Angst und dem Hass, den er und seine Kameraden gegenüber der Hamas empfanden, erinnerte ich mich an einen Vorfall, der sich Anfang 2006 ereignet hatte, als ich mit meinem Team für eine Reportage im Flüchtlingslager Schati im Norden des Gazastreifens eine Wandschrift filmte. Die Banalität der armseligen Fassade des Hauses verstärkte nur die Wirkung des Anblicks, der mich drinnen erwartete: Hinter der Eingangstür lagen, wie in einer Ausstellung, Dutzende Geschosse in diversen Größen ausgebreitet, von Granatwerfermunition bis hin zu Raketen in Menschengröße. Auf dem Boden der angrenzenden Küche standen Wannen, in denen sich ein Material befand, das wie Mehl aussah. Eine menschliche Hand rührte in der Mischung, als sei es ein gewöhnlicher Teig.

Es war ein merkwürdiges Gefühl, die Herstellung von Sprengstoff zu beobachten, der in ferner oder nicht so ferner Zukunft auf israelischen Städten landen sollte. Ringsherum standen die Arbeiter, als handele es sich um eine Schuhproduktionsstätte, allerdings mit einem Unterschied: Fast alle hatten ihre Gesichter verhüllt. Sie waren Aktivisten einer kleinen, der Hamas nahestehenden Organisation namens Abu-Risch-Brigaden.

»Bei uns Palästinensern pflegen die Alten zu sagen: ›Wer seine Waffe im Stich lässt, ist wie einer, der seine Frau im Stich lässt‹,« sagte Abu Abdallah al-Hissa, der Kommandeur der Organisation, zu mir.

Wir beendeten die Aufnahmen, packten unsere Ausrüstung zusammen und verließen das Raketenwerk. Keine fünf Minuten später hielt mit quietschenden Bremsen ein schwarzer Jeep dicht bei dem Auto, in dem wir fuhren. Vier Männer mit verhüllten Gesichtern sprangen blitzschnell heraus, umringten uns und richteten Kalaschnikows auf jeden Einzelnen.

Das kalte Metall des Waffenlaufs an meiner Schläfe bemerkte ich, dass mein Gazaer Kameramann die Hand nach seiner Pistole ausstreckte. Ich war wie gelähmt vor Angst. Früher einmal hatte er versprochen, er werde lieber sterben als zuzulassen, dass ich unter seiner Bewachung entführt würde. Wenn er es schafft, die Pistole zu ziehen, gibt es ein Massaker, dachte ich entsetzt.

Mit letzten Kräften ergriff ich gewaltsam seine Hand und hielt sie fest. Rundherum war Geschrei im Arabisch des Gazastreifens zu hören. Ich werde entführt, schoss es mir durch den Kopf, und mir wurde bewusst, dass ich kaum noch Luft bekam.

Nach kurzer Zeit, die mir wie eine Ewigkeit vorkam, stieg ein fünfter Mann mit unverhülltem Gesicht aus dem Jeep. Als er einen meiner Begleiter erblickte, herrschte er seine Leute an, sie sollten sich beruhigen und die Waffen herunternehmen. Wir waren gerettet. Ich begriff zwar nicht, was passiert war, aber ich hatte auch nicht mehr die Energie zu fragen. Später wurde mir klar, dass die Bewaffneten einer Einheit angehörten, die sich die »Todeskommandos von Nabil Tammus« nannte, nach dem palästinensischen Geheimdienstoffizier, dessen Leute unter anderem für die Verhaftung und Folterung von bewaffneten Hamasmitgliedern in Gaza verantwortlich waren.

»Wir haben euch von dem Moment an beobachtet, in dem ihr den Raketenbetrieb verlassen habt«, wurde uns gesagt. »Wir dachten, ihr seid Hamasleute.« Das Schlusswort setzte der Fahrer unseres Wagens, der leise, wie zu sich selbst, sagte: »Unser Glück, dass wir's nicht sind.«

Ein ehemaliger hoher Funktionär der Palästinensischen Autonomiebehörde hat die emotionalen Abgründe zwischen der Fatah und der Hamas in der bestmöglichen Form ausgedrückt. Als wir in seinem Büro in Ramallah saßen, fragte ich ihn, wie er die Beziehung zwischen den beiden Organisationen sehe. Er antwortete mit einem Gleichnis.

»Zwei Scheichs gingen im Wald auf die Jagd. Der eine schoss auf eine Taube. Sofort verkündete er stolz: ›Ich habe sie getroffen‹. Sein Gefährte erwiderte: ›Du hast sie nicht getroffen.‹ Die beiden fingen an zu streiten, und als Folge davon brach ein Sippenkrieg aus. Nach Jahren des Blutvergießens gelang es ihnen, eine Versöhnung herbeizuführen und untereinander Frieden zu stiften.

Später reisten zwei Enkel der Scheichs ins Ausland zum Studieren, der eine nach London, der andere nach Paris. Sie erhielten eine hervorragende westliche Bildung und kamen beide mit einem Doktortitel nach Hause. Das Schicksal wollte es, dass die beiden in ebenjenen Wald gerieten, und sie begannen, über die Geschichte zu reden.

›Weißt du noch, wie primitiv wir früher waren?‹, sagte der eine. ›Unsere Großväter haben sich gestritten – du hast getroffen, nicht getroffen … Was spielt das denn für eine Rolle?! So ist das Blutvergießen entstanden, und unser Dorf wurde zerstört.‹

›Du sprichst die Wahrheit‹, erwiderte sein Gefährte, ›aber nur der Ordnung halber – dein Großvater hat die Taube nicht getroffen.‹

›Natürlich hat er sie getroffen‹, entgegnete der erste. ›Willst du behaupten, dass mein Großvater gelogen hat?‹

Und so fingen sie an, miteinander zu streiten.

Verstehen Sie?«, lächelte mein Gesprächspartner. »Auch heute streiten die Doktoren der Hamas und der Fatah miteinander und reden in der Sprache einer Stammesmentalität. Das ist unser Grundsatzproblem.«

Der »gute Zaun«

Seit seiner Errichtung markiert der Zaun für die Einwohner Gazas einen Tabubereich. Wie die rot-gelben Schilder, die vor Minenfeldern warnen, so steckt auch der Zaun um das Gebiet die Grenzen zwischen Leben und Tod ab. Wer sich ihm nähert, riskiert den Tod, ist lebensmüde. Diese aufgezwungene Grenzbefestigung, aus Israels eigener Angst und als Abschreckung errichtet, ist über Jahre hinweg respektiert worden. Jenseits des Zauns liegt das verbotene Land, an das sich nur die Älteren erinnern, dem man sich nicht nähert, das man bestenfalls sieht. Und wie es mit solchen Konzepten häufig passiert – sie brechen auf einen Schlag zusammen.

Der Tag der Erde 2018, der »Große Rückkehrmarsch«, wie man ihn in Gaza nennt, wird immer dafür im Gedächtnis bleiben, dass damals die Schranke der Angst durchbrochen wurde. Bei der Planung des Marsches wurde bewusst an etwas angeknüpft, das zwanzig Jahre zuvor an der syrisch-israelischen Grenze auf dem Golan ausprobiert worden war und den ultimativen Albtraum Israels verkörperte: massive Demonstrationen von Zivilisten, Menschenmassen, die an den Grenzzaun strömen und versuchen, ihn zu überwinden und nach Israel einzudringen. Im Vorfeld des Marsches hatte die Hamas die Einwohner Gazas und vor allem die Flüchtlinge ermutigt, an den Zaun zu kommen. Die messianische Rhetorik ließ keinen Raum für Zweifel: »Ihr kehrt nach Hause zurück, zu euren Dörfern in *falastin,* zu eurer Erde, von der ihr in dem großen Krieg vertrieben wurdet. Siebzig Jahre lang habt ihr gewartet, und jetzt wird es geschehen.«

Weshalb geschah es ausgerechnet jetzt? Was brachte Zehntausende Menschen dazu, beharrlich jede Woche, bei jedem Wetter, zum Zaun zu kommen und an einer Zeremonie teilzunehmen, die geradezu weihevollen Charakter annahm, wobei sich die Mutigen der Grenzbefestigung bis auf Greifweite näherten und damit ihr Leben riskierten? Die interessanteste Erklärung, die ich bis heute dafür gefunden habe, ist, dass es eine direkte Verbindung zwischen den Rückkehrmärschen, die unabhängig von der Hamas in der Zivilgesellschaft begannen, und einem scheinbar völlig anderen Ereignis gibt, das sich ein knappes Jahr davor fernab von Gazas Grenzen abspielte und dramatische Auswirkungen hatte: der Magnometer-Protest in Ostjerusalem.

Er war im Juli 2017 ausgebrochen, nachdem Israel Metalldetektoren am Eingang zum Tempelberg installiert hatte. Die Bedeutung der Proteste liegt darin, dass die palästinensische Öffentlichkeit zum ersten Mal seit Jahrzehnten den süßen Geschmack eines Siegs über Israel kosten konnte. Man hatte das Allerheiligste, die al-Aqsa-Moschee, gegen den so verstandenen israelischen Versuch verteidigt, den Status quo auf dem Tempelberg zu verändern. Gelungen war dies durch einen Protest, der Zehntausende Ostjerusalemer mitriss und von religiösen und nationalen Emotionen befeuert wurde.

Während der zehn Tage, die der Protest währte, demonstrierten die Ostjerusalemer Entschlossenheit und eine außerordentliche Organisationsfähigkeit. Man setzte von Beginn an auf zivile Massenproteste und nicht auf Gewalt, die sowohl Israel provoziert als auch die internationale Öffentlichkeit abgeschreckt hätte. Am Ende knickte Israel ein und nahm den Beschluss zurück. Seit der Ersten Intifada hatten die Palästinenser keinen Sieg dieser Art erlebt, und die Botschaft, die von Jerusalem ausging, kam in Gaza sehr wohl an.

Diese Stärkung eines Volkskampfkonzepts bezeugt dem Anschein nach das große Versagen der Hamas bei der zivilen Führung des Gazastreifens, zu dem noch der jahrelang nachhallende Misserfolg hinzukommt, das Westjordanland für sich zu gewinnen. Nach über einem Jahrzehnt an der Macht gab die Hamas zu, dass sie nicht in der Lage war, Gaza ordentlich zu verwalten. Das überrascht nicht angesichts der unmöglichen Bedingungen, unter denen sie agierte, umgeben von zwei jeweils auf ihre Art feindlich gesinnten Mächten – Ägypten und Israel. Wie verwaltet man einen abgeschlossenen, belagerten Ort mit einer Bevölkerung von circa 2,1 Millionen Menschen? Wie stellt man die Lebensgrundlagen für einen Landstrich sicher, in dem jährlich 54 000 Menschen geboren werden? Wie versorgt man sie mit einem Dach über dem Kopf, Nahrung, einem Einkommen und Infrastruktur, das oberste und fundamentalste Gebot im Gesellschaftsvertrag zwischen einer Regierung und den Regierten?

Der Auslöser für den Ausbruch der großen Krise war eine dramatische Verringerung der monatlichen Zahlung aus Ramallah (die sich im Jahr auf 1,4 Milliarden Dollar belief und über Mahmud Abbas' Tisch ging) an die Zehntausenden Angestellten der Autonomiebehörde in Gaza. Das Geld ging zur Neige, eine humanitäre Krise stand vor der Tür und Gazas Stromschalter wurde auf ein Minimum heruntergedreht. Man kann nur versuchen sich vorzustellen, wie es einer Familie gelingt, mit vier Stunden Strom am Tag zu leben. Was steht in der Dringlichkeitsordnung höher? Die Wäsche? Das Aufladen von Mobiltelefonen? Warmes Wasser? Und was passiert, wenn der Strom ausgerechnet mitten in der Nacht wiederkommt?

»In Gaza hört man 24 Stunden am Tag ein Summen. Das ist nicht das Summen der israelischen Drohnen, die über deinem Kopf schweben, sondern das Geräusch der Generatoren«, sagte mir einmal jemand.

»Dann kauf dir doch auch einen, und das Stromproblem ist gelöst«, schlug ich vor.

»Um Strom über einen Generator zu beziehen, braucht man eine Genehmigung von der Hamas, die natürlich Geld kostet«, erwiderte er. »Es ist auch die Hamas, die das Solaröl aus Ägypten importiert und über Steuern daran verdient. Kurz gesagt, man beutet uns von allen Seiten aus.«

Um den extrem heißen Sommer im Gazastreifen zu überstehen, fanden die Leute eine kreative Lösung. Auf dem Höhepunkt der Krise im Sommer 2018 füllte sich der Mittelmeerstrand jeden Abend mit Tausenden Menschen, die Matratzen mitbrachten und dort schliefen – sie genossen sozusagen gratis eine natürliche Klimaanlage. In der Früh kehrten sie nach Hause zurück.

»Auf dem Weg zum Meer kommen an jeder Kreuzung Bettler an dein Auto und flehen um einen Schekel«, erzählte mir ein ortsansässiger Freund. »Ich erkenne Gaza kaum mehr wieder, dieses Phänomen ist noch nie in solchen Massen aufgetreten.«

Im Gazastreifen wurde auch erzählt, dass infolge der wirtschaftlichen Lage die Prostitution stark angestiegen sei und in Extremfällen Männer ihre Frauen verkuppelten, um nicht hungern zu müssen.

Um den täglichen Problemen, der Armut und dem Elend zu entkommen, halfen sich die jungen Leute mit einer Form des Eskapismus. »Die erprobte Methode bei Problemen ist Tramadol, ein Schmerzmittel«, erzählte mir Marwan. »Die Hamas selber importiert diese chemische Droge über die Tunnel, weil der Handel damit viel Geld einbringt. Manchmal schwärzen die Dealer, die Hamasleute sind, selbst die Abnehmer an. Wer gefasst wird, bekommt eine Strafe von 500 Schekel, ein Vermögen für unsere Verhältnisse. Sie verkaufen also und bestrafen, ein Teufelskreis, der nur dazu dient, der Hamas Geld einzubringen, aber noch wichtiger: das Volk zu narkotisieren. Denn wenn das Volk nicht schläft, steht es gegen sie auf.«

Auch Marihuana ist sehr verbreitet in Gaza. »Natürlich rauchen die Frauen«, erzählte mir Smahar, eine Freundin aus Gaza, am Telefon. »Sie machen das in ihren vier Wänden, mit Mann und Familie. Das ist strikt geheim bei uns.«

Sie ist eine junge, gebildete Frau, mit der ich seit einiger Zeit in Kontakt bin. Ihre Geschichte ist erstaunlich und erklärt sich vor allem durch ihre Herkunft – sie ist die Tochter eines hohen Religionsvertreters im Norden des Gazastreifens. Sie hat jedoch beschlossen, den Weg ihres Vaters zu verlassen, und begehrte gegen ihn und die gesellschaftlichen Konventionen auf. Zurzeit arbeitet sie, wie sie selbst sagt, daran, die Gesellschaft Gazas auf ihre Weise zu verbessern.

»Die Zeit ist noch nicht reif, um meine Geschichte zu erzählen«, sagte sie zu mir. »Es ist noch zu gefährlich.«

Und ich dachte, wie viel Mut es von ihr erfordert hatte, in dem patriarchalischen und religiösen Gaza den Hidschab abzulegen, feministische Auffassungen zu vertreten und das politische und religiöse Establishment ringsumher herauszufordern. Über ihren Vater wollte sie nichts Näheres preisgeben, daher fragte ich sie, was denn die populären Gesprächsthemen unter den Frauen in Gaza seien.

»In den letzten zwei Jahren drehen sich die Gespräche fast ausschließlich um eines: Auswanderung. Es ist immer der gleiche Text«, gab sie zur Antwort. »Die unverheirateten Frauen und die Mütter schlagen sich bei einer Wohnzimmerunterhaltung mit der Frage herum, wie man den großen Traum verwirklichen kann – hinauszukommen. Manchmal reden einige von ihnen offen darüber, wie viel Geld sie für die Familie oder nur für eins ihrer Kinder sparen konnten, das vorangehen und die Basis im Ausland für die anderen vorbereiten soll.«

Neben Auswanderungsträumen gibt es ein weiteres Phänomen: junge Leute, die den Zaun überqueren und nach Israel flüchten. Wenn sie gefasst und nach Gaza zurückgebracht werden, verhaftet sie die Hamas und wirft sie ins Gefängnis. »Wenn man die Tore Gazas öffnen würde, bliebe kein einziger Mensch dort, um auf bessere Verhältnisse zu warten« – wie oft habe ich diesen Satz in den letzten Jahren am Erez-Übergang gehört, dem einzigen Ort, wo es heutzutage möglich ist, Einwohner Gazas zu treffen. In der Tat ist die Emigration aus Gaza zu einem bedeutenden Phänomen geworden. Zehntausende Menschen haben das Land in den letzten Jahren über Kairo, die Hauptdurchgangsstation, verlassen. Hauptziel ist Istanbul, das Tor zu Europa, allerdings häufen sich in letzter Zeit Berichte von Emigranten, die sich in der Türkei nicht mehr wohlfühlen, vor allem wegen der dort herrschenden Wirtschaftskrise.

»Und eine junge Frau wie Sie, wohin können Sie ausgehen, um sich zu amüsieren?«, fragte ich Smahar und erhielt eine ziemlich nostalgische Antwort.

»Vor dem Umsturz der Hamas 2007 gab es hier Bars, Discos. Man konnte mit der Familie ausgehen und Alkohol in einem der Klubs oder Hotels trinken. Aber seit die Hamas die Macht übernommen hat, ist alles geschlossen. Die einzigen Zufluchtsorte, die es für Frauen gibt, sind Schwimmbäder. Eine Gruppe von Frauen kann für ein, zwei Tage ein Schwimmbad mieten und dort ungestört Alkohol trinken. Abgesehen davon – alles *haram* [relig. verboten]. Ich persönlich habe das Gefühl, dass Gaza nicht mehr der Platz ist, an den ich gehöre. Ich schütte mich mit Arbeit zu, versuche, diesem traurigen Ort seelisch zu entfliehen.«

Es ist schwierig, über das Telefon ein vollständiges Bild von Gaza zu erhalten. Auf der anderen Seite der Verbindung ist die Furcht vor dem Großen Bruder immens. Jeder, der verdächtig ist, Kontakt mit der Außenwelt zu haben, ist in Gefahr. Es kann einem kaum entgehen, wie sorgfältig die Gesprächspartner drüben ihre Worte wählen. Ich höre beinahe, wie die Zahnräder im Kopf klicken, wie das Gehirn sicherstellt, dass einen der Mund nicht in Gefahr bringt. Und Smahar brachte sich in Gefahr. Sie erzählte von der Verzweiflung, die sie umgibt.

»Die Gazaer sind menschliche Zeitbomben, die jeden Augenblick explodieren können. Voller Frust über die Hamas. Es gibt auch ganze Familien, große Sippen, deren Söhne von der Hamas getötet wurden, und sie warten auf den Moment, in dem sie sich rächen können.«

Wir sprachen über die Massendemonstrationen, die 2019 im Flüchtlingslager Dschabalija und in Deir al-Balah ausbrachen und ähnlich rasch wie der Arabische Frühling auf weitere Orte übergriffen. Tausende Menschen stellten sich auf den Straßen den Sicherheitskräften der Hamas entgegen, um ihren Protest auszudrücken, hauptsächlich gegen die wirtschaftliche Lage. Doch Smahar versuchte zu präzisieren:

»Es war nicht nur wegen der Wirtschaft. Es ging auch um die Meinungsfreiheit und gegen die Herrschaft der Angst. Die Hamas drängt uns alle gegen die Wand.«

Die Wirtschaftskrise wurde zum fruchtbaren Nährboden, auf dem die Rückkehrmärsche gediehen. Die Hamas hatte weiter nach Auswegen gesucht und sogar ausgelotet, ob irgendjemand anderes daran interessiert wäre, die Zivilverwaltung Gazas zu übernehmen. Der erste Kandidat war der ehemalige hohe Fatahfunktionär Muhammad Dahlan, doch er kam letztlich nicht ernsthaft in Betracht, da er nicht über genügend Wirtschaftskompetenz verfügte, um die Last der Verantwortung für die Einwohner Gazas tragen zu können. Danach wurden die Versöhnungsgespräche zwischen Gaza und der Palästinensischen Autonomiebehörde wieder aufgenommen, doch sie scheiterten abermals.

Und wie ein Start-up wurde eine neue Politik geboren, die darauf abzielte, Gaza auf die internationale Agenda zurückzubringen und – nicht weniger wichtig – auf die Israels. Es begann als ziviler Widerstand, im palästinensischen Sprachgebrauch »Volkskampf« genannt, der zunächst versuchte, die Ostjerusalemer Protestformen nachzuahmen. Doch sehr schnell kam es zu gewalttätigen Angriffen auf den Zaun, häufig mit Sprengstoff, Handgranaten, Brandsatzflaschen und anderem. In einem Großteil der Fälle wurden solche Aktionen von Angehörigen diverser Milizen in Gaza angeführt, die versuchten, den Zaun zu beschädigen und im Schutz des Aufruhrs nach Israel einzudringen.

In der Hamas wurden junge Leute und vor allem Mütter ermutigt, an den Zaun zu kommen, sogar gegen Bezahlung, da letztere ihre Kinder mitzubringen pflegten. Ein großer Teil der 240 Autobusse, die in Gaza in Betrieb sind, wurde zugunsten des neuen Projekts verstaatlicht. Fahrern, die es wagten, sich zu weigern, wurde gedroht, man werde ihre Wagen beschlagnahmen.

»Warum kommt ihr hierher?« Ich bat einen Kameramann aus Gaza, der für unseren Kanal 12 filmte, meine Frage an die jungen Leute weiterzugeben, die hier jede Woche gegenüber dem Kibbuz Zikim demonstrierten, ausgerüstet mit Fahnen und Lautsprechern für eine weitere Nacht der Gewalt am Zaun.

»Ich bin dreimal am Bein verletzt worden und habe drei Freunde verloren«, erzählte einer der jungen Männer.

»Und du kommst immer noch her?«

»Ja. Ich kann nicht wie eine Frau zu Hause sitzen, das passt nicht. Um ehrlich zu sein, ich hoffe zu sterben, ein Schahid zu werden.«

Es lässt sich schwerlich übersehen, dass es einen Zusammenhang gibt zwischen der Präsenz am Zaun einerseits und der Arbeitslosigkeit, Armut und Verzweiflung über die düstere Zukunft andererseits.

»Wir werden die Juden so lange aufmischen, bis sie eine Lösung für uns finden, die Übergänge aufmachen und uns Arbeit beschaffen.«

Je länger die Demonstrationen anhielten, desto mehr Verletzte gab es, hauptsächlich mit Schusswunden in den Gliedern. Eine meiner Quellen in Gaza sagte mir, er sei vollkommen entsetzt gewesen, als er das Krankenhaus Schifa aufsuchte und, so seine Worte, Hunderte an Armen und Beinen Verletzte sah, die alle Ecken des Krankenhauses füllten. Auf den Korridoren des Krankenhauses ebenso wie in Gazas Rehakliniken hatten die Alten ihren Platz für die Jungen geräumt.

Das Auge der Kamera von Kanal 12, das durch eine der Polikliniken in Gaza schwenkte, entdeckte hauptsächlich Ernüchterung und Verbitterung. Die Euphorie, die auf den Demonstrationen geherrscht hatte, war auf dem Boden der Realität zersplittert. Das wichtigste strategische Kapital der Hamas sind die jungen Menschen, die ihre Gesundheit für die Bewegung geopfert haben. Und genau die fingen an, laut infrage zu stellen, ob es das Ganze wert sei. Die sozialen Netzwerke füllten sich mit Klagen von Verletzten und ihren Familienangehörigen darüber, dass sie keine ordentliche Behandlung erhielten.

»Wer uns an den Zaun geschickt hat, ist verantwortlich für unsere Verwundung und dafür, dass wir eine Behandlung bekommen, in Israel oder im Ausland«, sagte Ajad Kahlun, einer der Verletzten, vor unserer Kamera und beklagte sich: »Nur die mit Beziehungen (zur Hamas) erhalten eine anständige Behandlung, und uns behandeln sie wie Tiere.«

»Die Hamasregierung ist für unsere Lage verantwortlich«, erklärte sein Freund Muhammad Sa'ida aus dem Tufach-Viertel. Er hatte mit dreiundzwanzig geheiratet und sein Elternhaus verlassen, sich jedoch vor Kurzem gezwungen gesehen, mit seiner Frau wieder zu seinen Eltern zu ziehen, nachdem sein Geld ausgegangen war und das Paar aus der gemieteten Wohnung geworfen wurde.

»Ich war ein Patriot, ich bin auf die Rückkehrmärsche gegangen und verletzt worden. Seitdem hat kein Mensch nach mir geschaut oder sich um mich gekümmert. Seit meiner Verwundung bin ich arbeitslos. Ich habe nicht mal Geld, um Windeln für das Kind zu kaufen. Ich habe 700 Schekel als Entschädigung bekommen, und das war's.«

Wie die Zweite Intifada kostet auch die Schlacht am Zaun in Gaza Geld. Gemäß der Entschädigungstabelle erhält ein Leichtverwundeter eine einmalige Zuwendung von 200 Dollar, ein Schwerverwundeter 500 Dollar und die Familie eines Getöteten 3000 Dollar. Das Geld kommt übrigens aus dem Iran, mit anderen Worten: Die Schi'a schickt die Sunna an den Zäunen in den Tod.

»Der Arabische Frühling hat bei uns in den besetzten Gebieten angefangen, ein Jahrzehnt bevor er im übrigen Nahen Osten ausgebrochen ist«, sagte mir ein Arbeiter aus Gaza, als wir kürzlich am Erez-Übergang zusammenstanden und uns in Ruhe auf Arabisch unterhielten, während wir darauf warteten, dass seine Tasche aus dem Durchleuchtungsapparat herauskam, damit er einen weiteren Tag in Israel arbeiten konnte. »Die Zweite Intifada war die erste Frühlingsschwalbe.«

»Und wie ist es möglich, dass es in Gaza nicht weiterging?«, fragte ich verwundert. »Gerade erst, im Dezember 2019, wurde doch eine Umfrage veröffentlicht, wonach nur 41 Prozent der Einwohner Gazas die Hamas unterstützen. Die Lebenswirklichkeit im Gazastreifen ist so hart – wie kommt es, dass der al-Katiba-Platz in Gaza kein Tahrir-Platz wie in Kairo wurde?«

»Für einen Umsturz braucht man ein Fundament, und die Hamas hat es geschafft, sämtliche elementaren Grundlagen dafür zu vernichten, vor allem die der Fatah.«

»Und was ist mit spontanen Volksdemonstrationen?«

»Das wird nicht passieren. Sie würden uns erschießen, ohne mit der Wimper zu zucken. Die Hamas macht keine Gefangenen«, antwortete er flüsternd. »Von dort wird keine Lösung kommen.«

»Woher dann?«, fragte ich.

»Lasst uns leben. Öffnet die Tore. Ermöglicht der Menge von Gaza, nach Israel hinüberzugehen, mit Genehmigung natürlich. Lasst uns Geld verdienen, damit wir uns ernähren können, und etwas aufbauen. Investiert internationales Geld in die Wiederherstellung Gazas, die Abriegelung nährt bloß die Extremisten. Die Hamas. In dem Moment, in dem du was zu verlieren hast, bist du gegen Kriege. Ihr werdet sehen, wie die Hamas abstürzt, wenn Gaza floriert. Schaut unsere Brüder im Westjordanland an. Seit eineinhalb Jahrzehnten haben sie dort Ruhe. Ihr habt es mit Kriegen probiert, ihr habt bombardiert, getötet, wir haben euch getötet – es hat nicht funktioniert. Vielleicht wird es Zeit, etwas anderes zu versuchen?!«

Ein blauer Mann in einer grünen Welt: die Hamas

Wer nicht schon sein Leben lang Fan eines Sportvereins ist, dem wird es schwerfallen, dieses Gefühl nachzuvollziehen: die Intensität und Euphorie, wenn man auf der Tribüne steht und von Menschen umringt ist, die weder Namen noch Identität haben, aber von dem gleichen Ziel und der gleichen Liebe wie man selbst durchdrungen sind. In so einem Augenblick fühlt man sich wie eine Zelle im Leib eines großen Organismus, allmächtig, unbesiegbar. Wenn sich die Stimme, die aus der eigenen Kehle dringt, mit den anderen Stimmen zum Klang eines gewaltigen Gebets und urtümlichen Echos vereint, erhält diese metaphysische Einheit bereits physischen Ausdruck.

Das waren die Empfindungen, die ich an jenem Freitagmittag in Hebron spürte, kurze Zeit nach der Operation *Zuk eitan.* Einige Minuten vorher war das Mittagsgebet in der al-Hussein-Moschee zu Ende gegangen, die ersten Gläubigen kamen heraus und versammelten sich auf dem Platz vor dem Gebäude. Bald wurde aus dem Tröpfeln eine Flut, aus allen Teilen Hebrons ergoss sich ein Strom von Menschen auf den Platz.

Alle hatten einen gemeinsamen Nenner: Sie waren extreme Islamisten. Es gab dort Mitglieder des Islamischen Dschihads, die ihre schwarzen Fahnen schwenkten, oder der salafistischen Befreiungspartei, deren Ansichten an das Kalifat des IS in seinem ersten Stadium abzüglich der mörderischen Gewalt erinnern. Aber die überwiegende Mehrheit unter den Tausenden Teilnehmern der Versammlung – zu erkennen daran, dass sie größtenteils den charakteristischen Bart und grüne Tücher trugen, die Zeichen des Islams – waren Hamasmitglieder.

Selbst im protesterfahrenen Hebron hatte man diesem Ereignis geradezu mit angehaltenem Atem entgegengesehen: eine Solidaritätsdemonstration für Gaza, die mit einem lautstarken Protest vor den Häusern der jüdischen Bevölkerung Hebrons enden sollte. Nichts daran war selbstverständlich. Seitdem die Hamas im Sommer 2007 die Macht im Gazastreifen übernommen hatte, führte die Palästinensische Autonomiebehörde einen Verfolgungsfeldzug gegen die Mitglieder der Bewegung im Westjordanland. Zu den zahlreichen Repressionsmaßnahmen gehörte auch das Verbot, sich zu organisieren und zu demonstrieren – eine Politik, die jahrelang strikt durchgesetzt wurde. Wer beim Demonstrieren im Namen der Hamas ertappt wurde, fand sich sofort im Gefängnis wieder. Das gleiche Schicksal ereilte denjenigen, der als symbolischen Akt die grüne Fahne der Hamas schwenkte.

Es war daher mehr als erstaunlich, die riesige grüne Menschenschlange zu erleben, die sich nun die Hauptstraße von Hebron entlangwälzte. Vorneweg marschierten die Männer, darunter bärtige Scheichs, Arm in Arm, neben ihnen Jungen mit flammenden Augen, in Tücher gehüllt, die die Aufschriften *Hamas* oder *al-kutla al-islamija* (der Studentenblock der Hamas an den Universitäten) trugen. Die mutigsten unter ihnen liefen mit Tüchern oder Fahnen der Izz-ad-Din-al-Qassam-Brigaden herum, dem militärischen Flügel der Hamas und Quelle ihres Stolzes. Im Westjordanland wird ihr Name nicht ausgesprochen. Hier und dort identifizierte ich ein bekanntes Gesicht, einen Parlamentarier oder Politiker, der mit der Teilnahme an der Demonstration sein Leben aufs Spiel setzte.

Und dann sah ich auch Nizar. Einige Tage davor hatten wir bei ihm zu Hause Tee getrunken. Im Lauf des Gesprächs hatte er mir erzählt, dass er sich in einem emotionalen Ablösungsprozess von der Bewegung befinde. Daher war ich überrascht, als ich ihn allein zwischen den Demonstranten marschieren sah. Er schwenkte nicht die Arme, brüllte keine Parolen. Sein Blick war gesenkt, und er war damit beschäftigt, schnell voranzuschreiten – unter diesen Umständen ein regelrechter Akt des Protestes. Als er mich sah, signalisierte er mir mit den Augen eine kaum sichtbare Begrüßung und brach sofort den Blickkontakt ab. Ich hatte keinen Zweifel, dass er fürchtete, andernfalls würde jemand bemerken, dass wir uns kannten.

Später sollte er mir erzählen, dass er trotz der Spannungen zwischen ihm und der Bewegung und des ketzerischen Gedankenguts, das sich schon in seinem Kopf eingenistet hatte, nicht in der Lage gewesen war, der Demonstration fernzubleiben, nicht mit den Menschen zu marschieren, die wie er auf die Islamschule in Hebron gegangen waren, die seine Kameraden in den Studentenzellen der Hamas gewesen waren und ebenfalls in israelischen Gefängnissen gesessen und ihre Haft neben denen verbüßt hatten, die später ranghohe Hamasmitglieder werden sollten, und von ihnen Lehre und Glauben eingesaugt hatten.

Den hinteren Teil der Demonstration bildete die Frauenabteilung – Hunderte von ihnen marschierten dort. Die meisten waren verschleiert, ein Teil trug einen schwarzen oder weißen Niqab, durch den nur die Augen spähten. Eine Gruppe junger Frauen trug Pappkartonmodelle von Qassam- oder M75-Raketen, der große Stolz der Hamas. »*Chajbar, chajbar,* ihr Juden, Muhammads Armee wird noch zurückkehren«, schrieen die Massen mit heiseren Kehlen, eine Anspielung darauf, dass die jüdische Bevölkerung im Land das gleiche Schicksal ereilen sollte wie ihre Brüder im Altertum, die Angehörigen des Stammes der Chajbar auf der arabischen Halbinsel, die vom Propheten Muhammad erobert wurden. »Allah ist unser Ziel, der Gesandte unser Vorbild, der Koran unsere Verfassung, Dschihad unser Weg, der Tod auf dem Weg Allahs unser höchstes Trachten« – auch der berühmte Spruch der Muslimbruderschaft war neben Liedern zu hören, die die Selbstmordanschläge glorifizierten. Im Gehen flüsterte mir ein palästinensischer Journalistenkollege zu, die Demonstration sei voller Spione der Palästinensischen Autonomiebehörde.

»Schau mal zu den Fenstern und Dächern«, sagte er. »Siehst du die Kameraobjektive, die von dort runterspähen? Alles wird dokumentiert und gefilmt. Jeder, der an diesem Marsch teilnimmt, wird im ersten Schritt eine *istida'a* (Vorladung zur Befragung oder zum Verhör) von den palästinensischen Sicherheitsorganen erhalten und nachher dann von eurem *muchabarat* [hier gemeint: der israelische Schabak].«

Erstaunlich, offenbar wusste jeder einzelne von den Tausenden, die mich umringten, ganz genau, welch hohen persönlichen Preis er zu zahlen haben würde. Und trotzdem wollten sie hier Präsenz zeigen, verkündeten ihre Wahrheit, forderten die Herrschaft der Palästinensischen Autonomiebehörde offen heraus, erklärten freimütig ihre Absichten gegenüber Israel – und alles im Namen Allahs und im Namen der Hamas, seiner Stellvertreterin auf Erden.

Die Menschenmasse setzte ihren Marsch auch angesichts der massiven palästinensischen Sicherheitskräfte fort, die sie von Kopf bis Fuß gerüstet in der Verlängerung der Hauptstraße nahe dem Manara-Platz von Hebron erwarteten. Zu meiner Überraschung schreckte auch der Anblick der Gewehrläufe die Demonstranten nicht ab. Sie marschierten einfach weiter.

Was folgte, war grauenerregend. Ich hörte zwar nicht den Befehl, doch die Folgen bekam ich sofort zu spüren. Eine schwere Salve wurde innerhalb weniger Sekunden nach dem Befehl über die Köpfe der Marschierenden abgeschossen. Das überraschte wohl kaum einen der Demonstranten, schließlich hatte fast jeder von ihnen in den Gefängnissen der Palästinensischen Autonomiebehörde gesessen und hatte die Gewalttätigkeit der Regierungsmacht am eigenen Leib erfahren. Sie dürften sich vollkommen darüber im Klaren gewesen sein, was die palästinensischen Sicherheitskräfte mit denjenigen machen würden, die aus ihrer Sicht *die* Feinde waren.

Die Gewalt eskalierte. Palästinensische »Infiltranten« mit verhüllten Gesichtern, Mitglieder der Sicherheitsorgane, die mit Knüppeln und Pistolen bewaffnet waren, griffen aus dem Innern der Demonstration an, stürmten aus Fahrzeugen, die in der Nähe standen, und aus den Treppenhäusern und Eingängen der Gebäude und Geschäfte, die uns umgaben. Es war ein perfekter Hinterhalt. Innerhalb von Sekunden stob der riesige Menschenhaufen panisch in alle Richtungen auseinander. Das Heulen der Sirenen vermischte sich mit Angst- und Schmerzensschreien. Die Männer mit den verhüllten Gesichtern schlugen auf Hamasleute ein, die das Pech gehabt hatten, ihnen in die Hände zu fallen.

Mein Kameramann und ich flüchteten zu einem nahen Treppenhaus, während ein Typ von den palästinensischen Sicherheitskräften hinter uns herrannte. Er war schnell. Es gelang ihm, mich mit einer Hand zu packen und mir seine Pistole an den Kopf zu drücken. *»Ana sahafi, sahafi!«* (»Ich bin Journalist, Journalist!«), hörte ich mich hysterisch schreien.

Aus den Augenwinkeln sah ich, wie Nizar, mein Bekannter von der Hamas, entschlüpfte, um sich in eine benachbarte Gasse zu retten. Ein älterer Mann, der wie ein verwundetes Tier aussah, versuchte, seinem *maktub* [von oben festgeschriebenes Schicksal] zu entfliehen, dem Schicksal, das von dem Moment an feststand, in dem er sich entschlossen hatte, zu dem Aufmarsch zu gehen. Nachdem der Sicherheitsmann von mir abgelassen hatte, wollte ich nur noch flüchten, der blutenden Stadt entkommen, dem Lärm der Schüsse, der immer wieder aufflammte, der Hauptstraße, die sich mit einem Schlag geleert hatte, den Blutflecken auf dem Boden und dem Krieg, der nicht meiner war.

Der Versuch, mich aus Hebron davonzustehlen, misslang. An einer improvisierten Straßensperre des palästinensischen Nachrichtendienstes wurde ich verhaftet. Die Kassetten mit unserem bösartigen Filmmaterial hatte ich zwar in meine Unterhose gesteckt, doch sie wurden bei einer Leibesvisitation entdeckt und beschlagnahmt. Alles Bitten und Drohen half nichts – vor meinen ungläubigen Augen zerriss ein palästinensischer Offizier die Spulen und damit die Dokumentation dessen, was an andere totalitäre Regime im Nahen Osten erinnerte. Ich hatte sozusagen eine Fortbildungslektion in Sachen Meinungsfreiheit, Pressefreiheit und grundlegende Menschenrechte auf der anderen Seite des Zauns erhalten.

Dieses Ereignis war weitaus mehr als die Auflösung einer illegalen Demonstration. Es war Teil der vehementen Auseinandersetzungen um den Charakter der palästinensischen Identität. Vor meinen Augen waren die beiden Pole zusammengestoßen – auf der einen Seite die säkulare palästinensische Nationalbewegung, die jahrelang das Volk exklusiv angeführt hatte, und auf der anderen die islamische Strömung, die ihren Widerpart seit Gründung der Hamas 1987 herausforderte und zu Fall bringen wollte. An jenem Mittag wurde das Zentrum von Hebron zur Arena von *fitna,* eines furchteinflößenden Bruderkriegs.

Und auch wenn sich all das scheinbar weit von Israel entfernt abspielte, hat es doch gravierende Auswirkungen auf das Land.

Die Spannungen zwischen der Fatah, der traditionellen Vertreterin der palästinensischen Nationalbewegung, und den Islamisierungsbewegungen, in vorderster Linie die Hamas, bestanden seit Jahren, doch wurden sie nur innerhalb anerkannter Grenzen ausgetragen. Es sah so aus, als achteten sowohl die nationalen Säkularen als auch die Religiösen darauf, dass die Konfrontation mit Israel an der Spitze der Prioritätenliste blieb. Jedenfalls galt das bis Juni 2007. Die handstreichartige Übernahme der Macht im Gazastreifen durch bewaffnete Kämpfer der Hamas, der fünfzehn Monate Auseinandersetzungen zwischen den Lagern vorausgegangen waren, hatte Auswirkungen weit über Gazas Grenzen hinaus.

»Wir haben damals zwar Gaza gewonnen, aber das Westjordanland verloren, und für viele von uns ist das Westjordanland viel wichtiger«, sagte mir später jemand von der Hamas.

In den Kreisen der Palästinensischen Autonomiebehörde – und vielleicht auch in Israel – fiel der Groschen, dass dieser Umsturz möglicherweise nur ein Vorspiel zu etwas war, das auch in Judäa und Samaria passieren könnte. Im Zuge des Kriegs darum, wer im Westjordanland das Sagen haben würde, eröffnete die Autonomiebehörde eine Welle nie dagewesener Säuberungen und Verhaftungen, Tausende Hamasmitglieder im Westjordanland fanden sich im Gefängnis wieder. Sie zahlten den Preis für die Gewalt ihrer Bewegung in Gaza. Die Berichte ehemaliger Insassen über die Haftanstalten der Autonomiebehörde, hauptsächlich in Jericho und Daharija, waren übel, handelten meistens von Erniedrigungen und Folter, auch in besonders kreativen Versionen.

»Sie haben eine Leiter an die Wand gemalt und mich mit Gewalt angetrieben, sie raufzuklettern«, erzählte mir ein ehemaliger Häftling. »Die Antwort auf das vorhersehbare Scheitern waren sadistische Prügel. In dieser Zelle habe ich meine Würde gelassen.«

Als ich bei einer anderen Gelegenheit mit Hamasmitgliedern sprach, die aus dem Gefängnis der Palästinensischen Autonomiebehörde entlassen worden waren, erklärte mir einer von ihnen: »Gib mir hundert Jahre im israelischen Gefängnis, aber keinen einzigen Tag im Gefängnis der Autonomiebehörde.«

Zwischen einer Haft und der nächsten wurden Hamasanhänger zu Verhören in die Dienststellen der diversen Zweige des lokalen Sicherheitsapparats, vor allem des palästinensischen Nachrichtendienstes (entspricht dem israelischen Schabak), vorgeladen, pausenlos verhört und schließlich gezwungen, Selbstverpflichtungen zu unterschreiben, dass sie ihre Aktivitäten in der Bewegung und jede Hetze gegen die Autonomiebehörde einstellen würden. Das Westjordanland wurde zum Spiegelbild Gazas, mit einer Regierungsmacht, die die Aktivisten der rivalisierenden Bewegung verfolgte und misshandelte.

Es gab jedoch nicht nur eine Verfolgung von Seiten der Behörden. In jenen Tagen des Sommers 2007 begannen Gruppierungen der Fatah im Westjordanland, sich für den Angriff auf ihre Kameraden in Gaza an Hamasleuten zu rächen. Mancherorts wurden Hamasaktivisten von Bewaffneten der al-Aqsa-Brigaden (Militärflügel der Fatah) erschossen.

Vor Kurzem verabredete ich mich mit einem ehemals gesuchten Fatahmann in einem Flüchtlingslager im Norden des Westjordanlands. Als meine Hand bei der Begrüßung seine Hüfte streifte, spürte ich unter seinen Kleidern eine Pistole. Ich kann nicht sagen, dass ich besonders überrascht gewesen wäre.

»Moment mal, Sie arbeiten nicht bei der Palästinensischen Autonomiebehörde, also kann ich daraus schließen, dass diese Pistole nicht legal ist«, zwinkerte ich ihm zu.

»Weh mir, wenn mich die Israelis oder die Autonomiebehörde erwischen«, erwiderte er.

»Warum laufen Sie dann trotzdem damit herum?«

Er musterte mich abwägend und sagte dann ruhig: »Sie wissen nicht sehr viel von mir. Während des Umsturzes in Gaza hat es mich wahnsinnig gemacht, was die Hamas dort mit den Fatahmitgliedern angestellt hat. Ich beschloss, mich zu rächen. Ich ging zu einer ihrer Moscheen und wartete am Ausgang. Als sie mit dem Gebet fertig waren und herauskamen, erschoss ich zwei von ihnen.«

»Und sie weiß, dass Sie das getan haben?«, fragte ich entsetzt.

»Ja. Die Hamas hat ein Langzeitgedächtnis«, antwortete er. »Ich weiß, dass der Tag kommen wird, an dem sie für ihre Kameraden Rache nehmen will. Die Frage ist nur wann und nicht ob, das ist mir klar. Aber sie wird mich nicht überraschen«, sagte er und klopfte auf die Pistole.

»War es das wert?«

»Sicher. Wenn wir diesen Hunden in die Hände gefallen wären, hätten sie mit uns dasselbe gemacht wie mit anderen Fatahleuten in Gaza und uns von den Dächern geworfen. Die haben keinen Gott«, fügte er bitter hinzu.

Zum gemeinsamen Kampf Israels und der Palästinensischen Autonomiebehörde gegen die Hamas gehörte die Austrocknung der wirtschaftlichen und finanziellen Quellen der Bewegung, die für deren Aktivität lebenswichtig waren. Zahlreiche *da'wa*-Institutionen (zivile Einrichtungen und Wohlfahrtsverbände), die als Geldtransferkanäle dienten, wurden geschlossen, viele Mitglieder der Hamas im Westjordanland entlassen, ein Teil von ihnen versank in Schulden. Seit der Machtübernahme im Gazastreifen waren das Hauptquartier der Hamas in Gaza und ihre Vertretungen außerhalb damit beschäftigt, das zerschmetterte Fundament der Bewegung im Westjordanland wieder herzustellen, mit Betonung auf den wirtschaftlichen Ressourcen.

Im Laufe der Jahre berichteten mir Palästinenser, darunter auch Mitglieder der Organisation, von allerlei kreativen Versuchen, das aus ihrer Sicht wie die Luft zum Atmen nötige Geld ins Westjordanland zu schleusen – was zunehmend schwieriger wurde. Erst vor Kurzem unterhielt ich mich im Hebroner Viertel Abu Sanina mit einem Einwohner, der zur Hamas gezählt wird. Wir saßen an einer ruhigen Straßenecke, das Gespräch war angenehm und wurde in bestem Hebräisch geführt, was ein Hinweis auf seine Vergangenheit hinter Gittern war. Er erzählte mir, dass die Mitglieder der Organisation, als Geschäftsleute getarnt, in Staaten wie Indonesien, die Türkei und China reisen, wo sie Ware aus diversen Hamasgruppierungen erhalten, die im Ausland ansässig sind. Wenn sie mit ganzen Warencontainern nach Hause zurückkehren und die Ladung verkaufen, wird das Geld sozusagen grün-weiß: grün als die Farbe der Hamas und weiß gewaschen.

Während wir uns unterhielten, bekam er einen Telefonanruf von jemandem, der sich als Angehöriger des [palästinensischen] Nachrichtendienstes zu erkennen gab. Der Anrufer fragte ihn in strengem Ton aus, worüber er gerade mit dem israelischen Journalisten rede, und forderte ihn auf, sofort jeden Kontakt mit mir abzubrechen. Ich blickte mich argwöhnisch um. Jeder Mensch auf der Straße, der uns ansah, konnte ein Spitzel sein. Mein Gesprächspartner war sichtlich erschrocken und verabschiedete sich hastig von mir. Ich fühlte mich vollkommen durchsichtig. Ein weiteres Mal hatte die bedrohliche Präsenz des Großen Bruders für mich Gestalt angenommen.

Ein anderes Beispiel für die kreativen Methoden, Geld ins Westjordanland zu transferieren, hörte ich von einem palästinensischen Geschäftsmann. Seiner Darstellung nach nutzt die Hamas die Tatsache aus, dass viele organisierte Gruppen aus den besetzten Gebieten aufbrechen, um das fromme Gebot der Hadsch (Pilgerfahrt nach Mekka) zu vollziehen.

»Wenn die Gruppe im Ausland ist, wendet sich in vielen Fällen der Reiseleiter, sofern er einer von der Hamas ist, an die Teilnehmer und bittet sie, bei der Rückkehr in die Gebiete die maximale Geldsumme einzuführen, die an der Allenby-Brücke, dem Eingangstor zu den besetzten Gebieten, pro Person erlaubt ist. Das sind 2000 jordanische Dinare. Die Leute wissen natürlich nicht, für welchen Zweck das Geld ist.«

Dann verstellte er seine Stimme und imitierte einen Reiseleiter. »›*Dahilak*‹ [bei meinem Leben; Wort der Bitte] – wird er zu dem Pilger sagen – ›ich muss das Geld meinem Onkel, jemandem von der Familie oder sonst irgendwem bringen. Er braucht es, um ein Studium zu finanzieren, um ein Haus zu bauen oder aus welchem Grund auch immer.‹ Auch Reiseführerinnen, die von der Hamas sind, bitten Pilgerinnen manchmal, Goldschmuck an Verwandte in den Gebieten zu überbringen. In solchen Fällen wissen die Leute, die das Geld transferieren, überhaupt nicht, dass sie als Kuriere benutzt werden«, sagte er.

Wieder eine andere Methode erfuhr ich von einer palästinensischen Sicherheitskraft. »Die Hamas versucht, Kreditkarten für ein aktiv genutztes Bankkonto mit großer Geldeinlage in die Gebiete zu schmuggeln. Die Mitglieder der Organisation reichen sie untereinander mit genauen Instruktionen weiter, wie viel Geld man abheben soll und vor allem, wie man die Karte an den Nächsten weiterzugeben hat.«

Die Anweisungen kommen aus Gaza selbst oder von außerhalb. Wegen der strengen Beschränkungen im Zahlungsverkehr und der Angst der Beteiligten, gefasst zu werden, wird exakt angegeben, wo die Karte deponiert werden soll, ohne die Identität des nächsten Benutzers aufzudecken.

»Wir haben die Mitglieder einer Gruppe gefasst, die die Karten an vereinbarten Stellen in Erdlöchern, unter Zäunen und bei Bäumen versteckt haben«, berichtete der Mann, was einiges über den Überlebenskampf aussagt, den die Hamasmitglieder führen, und darüber, mit welchem Einfallsreichtum er geführt wird.

Mahmud

Um die Hamas zu begreifen, muss man ihren Ort des Glaubens verstehen. Die Moschee ist der Schlüssel. Dort wird das religiöse Bewusstsein ihrer Anhänger geformt, allerdings ebenso stark die emotionale Prägung. Ich habe mich immer gefragt, was sich ein kleines Kind denkt, das aus einer Unterrichtsstunde in der Moschee oder in der Grundschule kommt, wo ihm ausgemalt wurde, wie glanzvoll die muslimische Vergangenheit war. Es hat von der Vorbildlichkeit des Propheten gehört, von den Eroberungen Salah ad-Dins, den Niederlagen der Kreuzritter und vom hohen Ansehen, das der Islam als Spitze der menschlichen Zivilisation über Hunderte von Jahren genoss. Was spielt sich in der Psyche so eines Kindes ab, wenn es über die Schwelle tritt, hinaus in die triste Realität, die es erwartet? Was macht das mit dem Glauben und dem Selbstbild?

»Die derzeitige Schwäche ist vorübergehend, genau wie die israelische Stärke« – das ist das verbreitete Narrativ. Es ist keine bloße Rhetorik, sondern glühender Glaube. Wie könnte man sonst weitermachen?

»Ich will euch wirklich verstehen«, beteuerte ich Mahmud gegenüber. Das erste Mal waren wir uns einige Jahre zuvor begegnet, in der großen Moschee von al-Bira in Ramallah, beim Freitagsgebet. Während die Menschenmenge der Predigt lauschte, trat ein bärtiger junger Mann an mich heran, beugte sich zu mir und flüsterte: »Es gibt ein Gerücht, dass Sie den Propheten verflucht haben.«

Mein aufrichtiges Dementi beeindruckte ihn nicht. Die Situation war gefährlich. Ein einziger Ruf von ihm zu den Hunderten Gläubigen, die uns umringten, hätte dazu führen können, dass ich gelyncht worden wäre.

Doch dann tauchte mein unbekannter Retter auf. Er hatte in der Nähe gestanden, nun ging er zu dem jungen Mann, flüsterte ihm etwas offenbar Beruhigendes ins Ohr und schickte ihn weg. Als ich dem Mann dankte, sagte er: »Ich kenne Sie aus dem Gefängnis. Wir haben Sie dort immer im Fernsehen gesehen, und deshalb war mir klar, dass das Unsinn ist. Jemand wollte Ihnen schaden.«

Das war Mahmud, ein typischer Hamasmann: großgeworden in Moscheen, Mitglied der Hamas-Studentenzelle an der lokalen Bir-Zajt-Universität. Seit Ausbruch der Zweiten Intifada, und mehr noch seit der Machtübernahme der Hamas in Gaza ging er in den Gefängnissen Israels und der Palästinensischen Autonomiebehörde abwechselnd ein und aus, folgte dem klassischen Weg eines Hamasaktivisten im Westjordanland.

»Kommen Sie in die Moschee, und Sie werden die Hamas besser verstehen«, sagte Mahmud später zu mir und schlug vor, ihn zu einer anderen Predigt zu begleiten. Das tat ich an einem Freitag im Jahr 2018, ausgerechnet in der Woche, in der die Muslime an die Schlacht bei Badr erinnerten. In dieser Schlacht, die im Jahre 624 stattfand, siegten die Diener Allahs über die ungläubigen Söhne Mekkas, die dem Propheten den Rücken gekehrt hatten. Um seine Anhänger zu ermutigen, hatte der Prophet Muhammad versprochen, dass jeder, der im Kampf fallen würde, ins Paradies einginge. Darauf wurde später das ideologische Fundament für *istaschhad* aufgebaut, den Märtyrertod für Allah, der uns unter anderem von den Selbstmordattentaten her bekannt ist.

Der Prediger, einer der wenigen bekennenden Hamassympathisanten im Westjordanland, die noch übrig waren – die meisten waren bei der großen Säuberungswelle durch die Palästinensische Autonomiebehörde ersetzt worden –, erzählte von der Schlacht, die als erster muslimischer Sieg betrachtet wird. Dann kehrte er in die Gegenwart zurück. »Die Schwäche der Muslime ist vorübergehend«, rief er. Die Botschaft war schlicht und für jeden einzelnen Zuhörer in der Moschee eindeutig: Die Palästinenser sind heute zwar schwach und werden belagert, doch trotz ihrer Schwäche kapitulieren sie nicht, sondern führen Krieg gegen die ganze Welt, und zuallererst gegen Israel. Der Topos vom Kampf der Wenigen gegen die Vielen – er ist auch in den Mythen der Juden tief verankert.

»Genau wie in der Schlacht von Badr, so werden wir auch diesmal siegen«, donnerte der Prediger. »Es waren dort alles in allem dreihundert gottesfürchtige Kämpfer, und trotz ihrer zahlenmäßigen Unterlegenheit haben sie gesiegt. Weil Allah es so wollte. Die Geschichte lehrt: Der Schwache wird nicht schwach bleiben, ebensowenig der Starke stark. – Und daher gehört die Zukunft uns.«

Das war so simpel, dass es jeder der Moscheebesucher verstand. Aber Mahmud erklärte mir flüsternd, dass es noch eine unterschwellige Botschaft an die Anhänger der Hamas gab, von denen viele in der Moschee waren und die einen doppelten Krieg führten: gegen Israel und gegen die Palästinensische Autonomiebehörde. Ich blickte ihn an. Es war kaum zu übersehen, wie bewegt er war, fast weinte er. In dem Subtext, den er hörte, waren speziell sie es – die Hamasanhänger –, die sich in einer Situation der Unterlegenheit befanden. Sie waren die Geschlagenen und die Schwachen, die im Westjordanland einen Überlebenskampf gegen um ein Vielfaches stärkere Kräfte führten. Doch sie hörten auch, dass die Veränderung direkt um die Ecke auf sie wartete.

»Als religiöser Mensch glaube ich, was Allah gesagt hat: Die Söhne Israels werden hoch aufsteigen und sehr stark werden, sie werden ihren Höhepunkt erreichen und dann zerschmettert werden und verschwinden in dem großen Krieg, dem Krieg von Gog und Magog«, sagte Mahmud. »Wir alle glauben daran.«

Wir saßen in seinem geräumigen Haus in einem Dorf bei Ramallah. Wir sprachen ruhig miteinander, wie wir es seit Jahren immer tun. Da überraschte er mich.

»Ich bin sicher, euer Schabak hört uns in diesem Moment ab, belauscht unser ganzes Gespräch, auch wenn ich nicht weiß, wie.«

Trotz meines skeptischen Lächelns blieb er vollkommen ernst. Wieder einmal bekomme ich vor Augen geführt, dachte ich, wie die Palästinenser den Schabak sehen – als den allmächtigen Großen Bruder. So ist in den besetzten Gebieten der Spruch sehr verbreitet: Wenn ein Palästinenser nachts träumt, dass er einen Anschlag verübt, kann es gut sein, dass in der Früh der Schabak an seine Tür klopft.

Um seine Behauptung zu untermauern, erzählte mir Mahmud, dass er um die Zeit des Opferfestes vor einigen Wochen einen Anruf erhalten habe. Der Mann am anderen Ende der Leitung nannte aus Gründen der Sicherheit keinen Namen, aber Mahmud wusste sofort, mit wem er es zu tun hatte: ein Gefährte aus der Vergangenheit, der mit ihm eine Zelle im Gefängnis geteilt hatte, im Zuge des Gilad-Schalit-Gefangenenaustauschs freigelassen und ins Ausland ausgewiesen worden war und von dem es heute hieß, er sei ein hochrangiger Funktionär im Politischen Büro der Hamas. Gleich zu Beginn des Gesprächs bot er Mahmud finanzielle Unterstützung an. Dessen wirtschaftliche Lage verschlechterte sich gerade zunehmend, wegen der Maßnahmen der palästinensischen Sicherheitsapparate und weil die palästinensischen Normalbürger Angst hatten, ihm als Hamasanhänger Arbeit zu geben.

»Vierzig Sekunden, nachdem er angerufen hatte, und in dem Moment, in dem ich erkannte, wer der Mann war und was er vorschlug, legte ich auf. Es ist allgemein bekannt bei uns, dass der direkteste und sicherste Weg, ganz schnell bei euch im Gefängnis zu landen, der ist, irgendeine Art von Verbindung mit jemandem von der Hamas in Gaza oder anderswo zu haben. Ihr sitzt schließlich in jeder Leitung, ob Telefon oder Internet, und hört alles mit.«

Mahmud erzählte mir, dass die meisten Hamashäftlinge der letzten Jahre im Westjordanland ins Gefängnis gekommen waren, weil es zwischen ihnen und der externen Hamas einen Kontakt gegeben hatte.

»Die einzige Art der Kommunikation mit ihnen, mit der ich einverstanden bin, ist über Brieftauben«, lächelte er.

Doch hinter dem Lächeln konnte man die Anspannung wahrnehmen, unter der er stand. Als Hamasmann lebte er aus seiner Sicht in der allerfeindlichsten Umgebung, einer, die – wie er es ausdrückte – »zweimal besetzt« war: einmal von Israel und einmal von der Palästinensischen Autonomiebehörde.

Ein paar Tage später, fuhr Mahmud fort, erhielt er eine SMS von einem anderen Funktionär des Politischen Büros der Hamas in Qatar, der ihm ein frohes Fest wünschte. Mahmud antwortete nicht einmal, aber innerhalb von Minuten, so schwor er mir, klopfte es an der Tür und der Hauptmann des Schabak, der für seinen Bezirk verantwortlich war, betrat sein Haus.

»Er lächelte und fragte mich: Nun, wie geht es denn unserem Freund aus Qatar?«

Ich sah einen Menschen vor mir, dessen ganzes Dasein direkt aus Orwells *1984* entsprungen schien – einen Menschen, der den festen Boden unter den Füßen verloren hatte, der ständig in Panik war, unter der Beobachtung anonymer Mächte zu stehen, israelischer oder palästinensischer, und der glaubte, dass alles, was er tat, jeder noch so kleine Fehler, ihn wieder ins Gefängnis bringen würde.

Von einer oppositionellen Organisation zur herrschenden Bewegung

Bei Ausbruch der Ersten Intifada im Dezember 1987 standen die Mitglieder der Muslimbruderschaft in Gaza, die im Allgemeinen eine Politik ohne Gewalt verfolgten, vor einem entscheidenden Dilemma: Sollten sie mit *da'wa* fortfahren, mit der Erziehung und Bildung der Herzen, um die Basis für eine religiöse, moralischere Gesellschaft zu schaffen, oder sollten sie sich mitten ins Kampfgetümmel stürzen und eine institutionalisierte politische Bewegung gründen? Die neue Bewegung hätte zwischen der vom Libanonkrieg geschwächten PLO und dem Islamischen Dschihad lavieren müssen, einer kurz zuvor gegründeten militanten Organisation, die zum bewaffneten Kampf gegen Israel aufrief und die sehr populär zu werden drohte – auf Kosten der Muslimbrüder.

Unter der Oberfläche brach ein Generationskonflikt aus: Während die Jungen eine Beteiligung an der Intifada unterstützten, wollte die traditionelle Führungsgeneration der Muslimbruderschaft abwarten und sehen, was die Zeit bringen würde. Vor allem fragte sie sich, wie es aufgefasst würde, wenn die Organisation von Passivität zum gewalttätigen Dschihad überginge. Ahmad Jassin und die Führungsspitze der Muslimbrüder schwankten. Einerseits scheuten sie davor zurück, das Terrain in den ersten Tagen der Intifada preiszugeben, andererseits war ihnen klar, dass die Gründung einer vornehmlich islamischen Organisation eine direkte und erbitterte Konfrontation mit zwei Widersachern herbeiführen konnte: mit Israel und mit der Fatah.

Es war Jassin, der eine kreative Lösung ersann: die Gründung einer Bewegung außerhalb der Muslimbruderschaft, die an der Intifada teilnehmen würde. Scheiterte sie, konnte man sagen, sie habe die Muslimbrüder gar nicht vertreten, sollte sie hingegen Erfolg haben, würde es dem eigenen Konto gutgeschrieben. Am 10. Dezember 1987 kamen in Jassins Haus in Zabada in Gaza sieben Personen zu einem geheimen Treffen zusammen, an dessen Ende die Gründung der Bewegung beschlossen wurde, die ab da den Namen »Bewegung des islamischen Widerstands« tragen sollte oder kurz: Hamas.

Die kompromisslose Weltanschauung der Hamas, die den bewaffneten Kampf heiligt, erlitt mit dem Osloer Vertrag und dem Geist des Friedens, der sich Mitte der Neunzigerjahre in den besetzten Gebieten ausbreitete, einen harten Schlag. Daran änderten auch die Terroranschläge zwischen 1994 und 1996 wenig, mit denen die Bewegung das Abkommen und die Versöhnung, die sich zwischen den beiden Völkern anzubahnen begann, zu torpedieren versuchte. Die Hamas war gezwungen, bis zum September 2000 zu warten – erst dann, mit Ausbruch der Zweiten Intifada, war ihr vergönnt, was sie sich erhofft hatte.

Als die besetzten Gebiete damals in Blut und Gewalt versanken, entließ die Palästinensische Autonomiebehörde viele Angehörige der militärischen Führungsschicht der Hamas aus den Gefängnissen, und sie nahmen prompt die Zügel der Intifada in die Hand. Neben diesem Machtzuwachs für den militärischen Arm der Hamas bekam auch ihre radikal-militaristische Weltanschauung erheblichen Auftrieb. Alle Verhandlungen mit Israel waren gescheitert und damit der politische Weg – die Zeit des Kampfes, den die Hamas jahrelang gepredigt hatte, war gekommen.

Da die Institutionen der Palästinensischen Autonomiebehörde zerbröckelten, war ein Vakuum entstanden, das die Hamas durch ihre soziale Infrastruktur füllte. So konnte sie sich als Regierungsalternative präsentieren. Das war der Anfang einer Kette von Ereignissen, durch die die Hamas zu einer echten Konkurrentin der PLO um die Führung der palästinensischen Gesellschaft wurde.

Das erste Ereignis in dieser Kette war der Tod der größten Symbolfigur der PLO und der Fatah, Jassir Arafat, der vor allem anderen mit dem Osloer Vertrag von 2004 identifiziert wurde. Ein Jahr später, 2005, gab es eine Bestätigung für den Widerstandskurs der Hamas, als der israelische Abkopplungsplan umgesetzt wurde. Der Masse in den besetzten Gebieten ließ sich dieser als Rückzug Israels verkaufen, der unter dem Druck der Hamasanschläge erfolgt sei. Die Konsequenzen all dessen zeigten sich wieder ein Jahr später, als die Hamas bei den Parlamentswahlen siegte, eine Regierung bildete und damit die Fatah als führende Organisation verdrängte. Der Umsturz im Juni 2007 war die Vollendung der Wende. Die Hamas führte von nun an ein Staatswesen. Die Bewegung, die als revolutionäre, radikale Guerillaorganisation ihren Anfang genommen hatte, wurde zwanzig Jahre später zu einem quasi-staatlichen Akteur, der über eine Bevölkerung von circa zwei Millionen Menschen herrschte.

Der Evolutionsprozess der Hamas lässt sich unter anderem anhand ihrer beiden Grundsatzdokumente studieren, die im Abstand von neunundzwanzig Jahren verfasst wurden und allem Anschein nach einen ideellen Wandel ausdrücken, den die Hamas auf ihrem langen Weg vollzogen hat. Das wichtigste Dokument für die Weltanschauung der Gründungsväter ist die »Hamas-Charta«, die im August 1988 verfasst wurde – ein gutes halbes Jahr, nachdem die Organisation ins Leben gerufen worden war. Die Bedeutung der Charta rührt unter anderem daher, dass zum ersten Mal in der palästinensischen Politik eine Alternative zur Charta der PLO präsentiert wurde und sich eine Körperschaft neben ihr konstituierte, die ebenfalls die Führung und Lenkung der palästinensischen Gesellschaft für sich beanspruchte. Hier wurde auch das Fundament gelegt für den internen Kampf darum, welche der beiden konträren Weltanschauungen Natur und Charakter der palästinensischen Identität am besten entspricht.

Im Mai 2017 wurde der Charta ein weiteres Schriftstück hinzugefügt, das »Grundsatzdokument« genannt wurde. Es handelt sich um eine Art politische Wegkarte der Organisation, eine erneuerte Vision, die in jeder Phase verändert und aktualisiert werden kann. Es überrascht nicht, dass das neue Dokument viel gemäßigter und pragmatischer wirkt. Schon immer lavierte die Hamas zwischen starrer Ideologie und der Lebenswirklichkeit, zwischen dem Charakter einer supranationalen Bewegung, die die Errichtung eines panislamischen Staates anstrebt, und der partikulären palästinensischen Identität; zwischen fundamentalistisch-messianischem, gewalttätigem Eifer und dem Bewusstsein für die Grenzen der Macht. Das neue Papier wirft die Frage auf, ob es sich um einen taktischen Schachzug handelt, um eine vorübergehende Feuerpause zu erlangen, oder ob von einer substanziellen Veränderung und einem strategischen Wandel in der Weltanschauung der Hamas die Rede sein kann.

Die ursprüngliche Charta der Hamas, die von Ahmad Jassin selbst abgefasst wurde, ist ein nahezu religiöser Text, gespickt mit Zitaten aus den islamischen Quellen. Demnach ist die Konfrontation mit Israel ein religiöser Kampf zwischen den Söhnen des Lichts und der Finsternis, ein »Teil der Schlacht gegen die Juden«. Der bewaffnete Dschihad ist eine persönliche religiöse Pflicht jedes Gläubigen, Palästina islamischer *waqf*-Boden [gestiftetes Land], weshalb nicht auch nur auf einen Fußbreit davon verzichtet werden kann. Der Geist des Textes ist antisemitisch, die Juden (und nicht die Zionisten) werden als diejenigen begriffen, die die Welt beherrschen, und die Protokolle der Weisen von Zion erleben fünfundachtzig Jahre nach ihrer Veröffentlichung eine Renaissance.

»Wir sind bei uns absolut überzeugt, dass ihr die Welt beherrscht und lenkt«, erzählte mir ein Palästinenser aus Hebron. Er hatte früher auf der Fahndungsliste gestanden, bei der Operation *Chomat magen* [»Schutzschild«] wurde er von der israelischen Armee angeschossen und schwer verletzt; er verlor das Bewusstsein. »Als ich wieder zu mir kam, lag ich irgendwo und hörte Stimmen von Männern und Frauen, die Hebräisch redeten. Ich hatte keine Ahnung, wo ich war. Als ich die Augen aufmachte, entdeckte ich, dass ich in irgendeinem großen, weißen Raum lag, der hell erleuchtet war. Um mich herum rannten weißgekleidete Leute. Mein erster Gedanke war: ›Zum Teufel, ich bin im Paradies gelandet, und selbst das wird von den Juden beherrscht.‹«

Ein palästinensischer Islamist lenkte meine Aufmerksamkeit darauf, dass der vollständige Name der Organisation hinter dem Akronym »Hamas« die Betonung auf den Widerstand legt (»Islamische Widerstandsbewegung«), während der vollständige Name der Fatah – ebenfalls ein Akronym – darauf verweist, dass die Organisation zur Befreiung Palästinas gegründet wurde (»Bewegung zur nationalen Befreiung Palästinas«).

»Das ist der grundlegende Unterschied«, erklärte er. »Wir sind zuallererst dazu bestimmt zu kämpfen, nicht zu befreien.«

»Gegen wen kämpfen? Israel?«

»Nein. Der wahre Kampf ist gegen die Juden.« Er fuhr fort mit dem Zitat eines berühmten Hadith (Überlieferung der Aussprüche und Taten des Propheten Muhammad): »Eines Tages wird die Zeit für euren Krieg gegen die Juden gekommen sein. Ihr werdet von Osten zum Fluss (Jordan) kommen, und sie (die Juden) werden von Westen kommen.«

Wenn man sich das neue Grundsatzdokument näher ansieht, das Chalid Masch'al, damals Chef des Politischen Büros der Hamas, im

Mai 2017 vorgelegt hat, so springt als Erstes die Dreieinigkeit von Land – Volk – Islam ins Auge, die an das jüdische Pendant Land Israel – Volk Israel – Torah Israels erinnern mag. Einer der interessanten Punkte daran ist, dass sich die Hamas im Spannungsfeld zwischen exklusiver palästinensischer Identität und panislamischem Charakter geradezu als nationale palästinensische Bewegung neu erfindet und den islamischen Gesamtcharakter, der sie im Laufe dreier Jahrzehnte gekennzeichnet hat, nahezu völlig vernachlässigt.

»Schon in der Ersten Intifada, als die Hamas ihre Identität formte, war die Bewegung gezwungen, ihre panislamische Rhetorik zurückzunehmen und die Betonung auf das Nationale zu legen«, sagte der palästinensische Sozialforscher Dr. Chalil Schaqaqi in seinem Büro in Ramallah zu mir. »Die Hamas hat begriffen, dass sie ihre Bindung zu Palästina betonen muss, um Unterstützung zu erhalten und die Menschen zu mobilisieren. Das geht auf Kosten dessen, was in Wirklichkeit für sie am wichtigsten ist: die islamische Religion. Die Wahrheit ist, dass die Muslimbrüder, von deren Fleisch die Hamas ist, ein Problem mit Nationalismus haben. Aus ihrer Sicht ist das ein irdischer Begriff, Lehm und Steine, im Gegensatz zum Islam, der ewig ist.«

Das Dokument verzeichnet eine weitere wesentliche Veränderung: Es wird weniger religiöse Terminologie benutzt. Palästina wird nicht mehr als islamischer *waqf*-Boden bezeichnet, der Widerstand nicht mehr als persönliche religiöse Pflicht, und der bewaffnete Dschihad taucht nur ein einziges Mal auf. An die Stelle des Antisemitismus, von dem das ursprüngliche Dokument durchtränkt ist, tritt der Antizionismus, und die Feindseligkeit gegenüber den Juden an sich macht der Kritik am israelischen Feind Platz.

Das ist eine interessante Entwicklung: Die Hamas scheint genau den umgekehrten Weg genommen zu haben wie der Konflikt selbst. Während hier eine territoriale Auseinandersetzung zwischen zwei nationalen Bewegungen im Lauf der Geschichte immer stärker religiöse Züge annahm, führte die Hamas zu Anfang primär einen explizit religiösen Krieg von Muslimen gegen Juden, der mit der Zeit zunehmend um territorial-nationale Momente angereichert wurde.

Eine der großen Überraschungen, die das neue Papier der Hamas mit sich brachte, ist ihre Bereitschaft, einen vorläufigen palästinensischen Staat in den Grenzen von 1967 zu etablieren. Und wieder stellt sich die Frage, ob es sich um ein taktisches Manöver handelt, ob die Hamas lediglich versucht, ihre politische Situation zu verbessern und sich aus der Sackgasse zu befreien, in die sie geraten ist, oder ob sich darin nicht doch ein überraschender Pragmatismus ausdrückt und das Dokument eine Art Reifezeugnis für die eigene Kompromissfähigkeit ist. In diesem Zusammenhang ist erwähnenswert, dass in der Vergangenheit Teile der Hamasführung das Angebot eines langfristigen Waffenstillstands *(hudna)* im Austausch gegen die Errichtung eines palästinensischen Staates in den Grenzen von 1967 skizziert haben, so wie Ahmad Jassin selbst Ende der Neunzigerjahre einen Waffenstillstand für dreißig Jahre vorschlug.

»Und was passiert dann am Ende des *hudna?*«, habe ich Hamasleute immer gefragt, aber stets die gleiche Antwort erhalten.

»Überlassen wir das den kommenden Generationen«, sagen sie.

»Aber Israel will den Konflikt jetzt abschließen. *The end of claims* erreichen.«

»Das wird nie passieren«, entgegnen sie achselzuckend.

Auch für Dr. Schaqaqi stellt es keine echte Neuerung dar, wenn sich die Hamas mit der Gründung eines palästinensischen Staates in den Grenzen von 1967 einverstanden erklärt.

»Die Anhänger der religiösen Weltanschauung der Hamas waren nie gegen einen vorläufigen Staat in den Grenzen von 1967. Aber anders, als man meinen könnte, ist das aus ihrer Sicht längst nicht der letzte Schritt, sondern nur der Anfang, der erste Schritt auf dem Weg zur Befreiung ganz Palästinas.«

Anfang 2006 traf ich im Flüchtlingslager Schati im Norden des Gazastreifens Isma'il Hanija, den Chef des Politischen Büros der Hamas. Er war gerade eben in die Regierung der Hamas gewählt worden. Ich erlebte ihn, als er in der großen Moschee des Lagers, in dem er auch wohnt, die Freitagspredigt hielt – ganz in Weiß gekleidet, vor Hunderten Gläubigen. In dem Gespräch, das wir im Anschluss daran führten, fragte ich ihn, wie er sich das Ende des Konflikts vorstelle. Er antwortete fast automatisch, trocken, wie jemand, der das viele Male trainiert hat.

»Letzten Endes werden wir euch Juden unterwerfen«, sagte er. »Wir brauchen hauptsächlich *sabr wa-sumud* (›Geduld und Standfestigkeit‹). Woher sind Sie?«, fragte er.

»Von hier.«

»Und Ihre Eltern?«

»Israelis.«

»Ihre Großeltern?«

»Aus Marokko und dem Irak«, erwiderte ich.

»Gehen Sie wieder dorthin zurück«, kam sofort wie aus der Pistole geschossen. »Das goldene jüdische Zeitalter war unter muslimischer Herrschaft.«

Als ich Mahmud, meinem Bekannten von der Hamas, diese Geschichte erzählte, zeigte er sich ganz und gar nicht überrascht.

»Jeder, der sich als Muslimbruder sieht, garantiert eure Sicherheit unter der Herrschaft des Islam und kann sich keinen Angriff auf Juden unter muslimischer Herrschaft vorstellen. Mehr noch: Ich bin zum Beispiel sehr stolz darauf, dass Ihre Familie unter der Regierung im Irak und in Marokko gut gelebt hat«, sagte er und fügte hinzu, »und ihr orientalischen Juden seid uns Palästinensern nahe, viel näher, als ihr zugeben wollt.«

Was mich bei meinen Begegnungen mit Palästinensern neben anderen Dingen sowohl verblüfft als auch frustriert, ist, dass ich jedes Mal aufs Neue feststellen muss, wie wenig sie – trotz der geografischen Nachbarschaft – darüber wissen, wie die Israelis ticken. Wenn man die Sprache der Menschen auf der anderen Seite spricht oder regelmäßig physischen Umgang mit ihnen hat, ist normalerweise eigentlich auch die Basis für das Verständnis ihrer kulturellen Begriffe gegeben. In unserem Fall jedoch merke ich immer wieder, dass unsere Befürchtungen, unsere Existenzängste als Volk, unsere roten Linien von unserem Gegenüber nach wie vor allesamt nicht entschlüsselt werden. Außer vielleicht, was die Spaltung unserer Gesellschaft nach Herkunftsgruppen betrifft. Als der militärische Flügel der Hamas in Gaza seinen Kämpfern die Direktiven zur Entführung israelischer Soldaten gab, waren die Vorgaben sehr präzise: Wenn ihr aus einer Gruppe von Soldaten einen aussuchen müsst, wählt einen mit blauen Augen. Für ihn wird sich ein sehr viel höherer Preis erzielen lassen. Im Begriffslexikon der Hamas kostet ein Aschkenasi, ein europäischstämmiger Jude, auf die israelische Preisliste übertragen mehr als die anderen.

Entsprechend der geografischen Zerstreuung der Palästinenser sind auch die Entscheidungszentren der Bewegung auf mehrere Orte verteilt: Gaza, Westjordanland, Ausland – kurz »Hamas extern« genannt –, und das Gefängnis, das als Zentrum allerdings hauptsächlich Symbolcharakter hat, in seiner Bedeutung hinter den anderen zurückbleibt. Wie man es von der Muslimbruderschaft kennt, finden bei der Hamas einmal alle vier Jahre interne Wahlen statt, bei denen die Zusammensetzung des wichtigsten Entscheidungsgremiums der Bewegung bestimmt wird: des Politischen Büros. Der Wahlausgang im Jahr 2017 markierte eine Rückverlagerung des Machtschwerpunkts vom Ausland nach Gaza: Der Gazaer Isma'il Hanija wurde zum Chef des Politischen Büros gewählt, und mit ihm gelangten viele andere in die oberste Führungsriege, die mit Gaza assoziiert wurden, an ihrer Spitze Jahja Sinwar. Dreißig Jahre, nachdem die Hamas in Gaza gegründet worden war, kehrte die Entscheidungsgewalt in der Organisation wieder in ihre ursprüngliche, ideologisch extremere Heimat zurück.

Im Lauf der Jahre spielten sich bei der Hamas zwei Prozesse ab, die das Anwachsen gemäßigter Stimmen bremsten und gerade die radikalen Kräfte verstärkten. Der erste war die dramatische Schwächung der Bewegung im Westjordanland. Vor allem seit 2007 sah sie sich gezwungen, es dort mit zwei ihr weit überlegenen Kräften aufzunehmen: der Palästinensischen Autonomiebehörde und Israel. Der Überlebenskampf und die Walze des täglichen Drucks forderten einen hohen Preis von den Hamasmitgliedern vor Ort, die historisch als gemäßigter galten als ihre Brüder in Gaza. Die Führung wurde liquidiert oder landete hinter Schloss und Riegel, ein Ersatz dafür fand sich nicht, und so verlor das Westjordanland, das jahrelang ein wichtiges Zünglein an der

Waage gewesen war, gänzlich seinen Einfluss und scheiterte bei dem Versuch, eine echte politische Alternative zu bilden.

Der zweite Prozess verlief parallel: Der militärische Flügel der Hamas, die al-Qassam-Brigaden, wurde immer stärker, und seine Mitglieder beherrschten faktisch den Entscheidungsprozess der Hamas. Die Waffenträger wurden zu einer Interessensfraktion mit einem eigenen hohen Etat, der nicht an der laufenden Finanzierung der Bewegung hing, und vor allem mit einer eigenen Agenda. Noch stärker wurde ihre Position, als dann mit Jahja Sinwar zum ersten Mal in der Geschichte der Bewegung ein ehemaliges Mitglied des militärischen Flügels zum Führer der Hamas in Gaza gewählt wurde.

»Die tatsächliche strategische Gefahr, der wir uns gegenübersehen, ist nicht dieser oder jener äußere Faktor, nicht einmal Israel«, sagte mir jemand von der Hamas im Westjordanland. »Was uns als einziges zerstören kann, kommt ausgerechnet von innen, nämlich der militärische Flügel. Ich blicke auf Gaza, und ich erschrecke. Wie in jedem arabischen Land ist auch bei uns der militärische Komplex viel stärker geworden als der politische und zivile. Wir sind eine Militärdiktatur geworden wie die Staaten, die uns umgeben, wie bei der Hisbollah.«

Eine hochinteressante kritische Einschätzung, die hinter vorgehaltener Hand häufiger aus dem Inneren der Organisation zu hören ist. Doch es ist zu bezweifeln, dass jemand es wagen würde, das laut zu äußern. In der Tat hat die politische Führung der Hamas in den letzten Jahren eine pragmatischere Politik verfolgt, sich auf Herrschaftssicherung und den Wiederaufbau des Gazastreifens nach der Operation *Zuk eitan* konzentriert und versucht, den Austausch von Kriegsgefangenen mit Israel voranzutreiben. Der militärische Flügel jedoch war hauptsächlich mit dem Ausbau seiner Macht und einem Zermürbungskrieg mit Israel befasst.

Andererseits durchlief die Bewegung, seit sie 2006 mit ihrer erstmaligen Teilnahme an den Wahlen die politische Bühne betrat, und vor allem seit sie ein Jahr später die Macht über den Gazastreifen übernahm, einen Prozess politischer Institutionalisierung, wobei sie allerdings weiterhin Gewalt anwendete. Die interessante Frage ist, ob es zwischen der radikalen Weltanschauung und der tatsächlichen Politik überhaupt einen Unterschied gibt. Viele Forscher sehen in der Hamas eine weit pragmatischere Bewegung, als es den Anschein hat, und postulieren, ihre politische Einstellung habe sich mit den Jahren in Richtung Mainstream entwickelt. Ein Beispiel dafür ist die Tatsache, dass die Hamas im Juni 2003 zu einer Feuerpause bereit war und ein Teil ihrer Führer deshalb einem Kompromiss zustimmte, was die absolute Nichtanerkennung Israels anging – um der nationalen Einigkeit und ihres persönlichen Überlebens willen.

Darüber hinaus führten auch die Verantwortung für die Regierung Gazas und die Zivilverwaltung von circa 2,1 Millionen Menschen im Lauf der Jahre zu einer politischen Institutionalisierung und zu taktischen Zugeständnissen. Die Hamas war zweimal einverstanden, die Herrschaft in Gaza mit der Palästinensischen Autonomiebehörde zu teilen. Das erste Mal stimmte sie 2007 der Etablierung einer Einheitsregierung zu, das zweite Mal unterzeichnete sie Versöhnungsabkommen und gab die Verwaltung des Gazastreifens im Oktober 2017 an die Palästinensische Autonomiebehörde zurück. Die einstmals wilde Bewegung fand sich plötzlich dabei wieder, wie sie in Gaza aufsässige Organisationen ihrer Herrschaft unterwarf, Salafistengruppen oder Mitglieder des Islamischen Dschihad davon abhielt, auf Israel zu schießen, und beim Wiederaufbau Gazas und der Verwaltung des Gazastreifens Fortschritte machte.

Doch die Schlüsselfrage an sich bleibt bestehen – war all das auch einer ideologischen Veränderung und einer Bereitschaft zu einem substanziellen Kompromiss mit Israel geschuldet?

Der große Krieg

Eine der größten Herausforderungen, vor denen ich zu Beginn meiner jahrelangen Expedition in die Tiefen der palästinensischen Welt stand, war die Vermeidung gedanklicher Fixierungen. Ich nahm mir vor, bestehende Muster jedes Mal wieder zu zerlegen und sie mit frischem

Blick zu prüfen. Bei diesem Prozess spielte Nizar, mein Bekannter aus Hebron, eine äußerst vitale Rolle für mich. Er ist ein typischer Hamasanhänger aus einer konservativen, armen Familie aus dem Süden des Westjordanlands. Seine Eltern waren Fellachen, »welche, die das Land bearbeiten und vom Regen abhängen – und solche Bedingungen haben einen starken Einfluss auf den Glauben an den regenspendenden Allah.«

Wie viele in der Hamasbewegung begann er schon mit zehn Jahren, in die Moschee zu gehen und den Koran zu studieren, von da war der Weg in die islamische Rechtsschule in Hebron vorgezeichnet. Sein erster Anschlag bestand darin, dass er in dem Dorf, in dem er aufwuchs, mit einer Pistole auf einen Kollaborateur schoss – »was sich für mich anfühlte, als hätte ich eine Atombombe in der Hand«. Das brachte ihn für lange Jahre ins Gefängnis. Dort lernte er die späteren Oberhäupter der Hamas kennen, und aus verworrenen Gedanken wurde eine geordnete, mörderische Ideologie, an der er jahrelang festhielt.

Diese Lebensbeschreibung ist, wie gesagt, geradezu typisch für einen Hamasaktivisten, insofern war Nizar einer unter sehr vielen. Und dennoch war er eine Ausnahme. Als wir uns begegneten, führte er mich in eine Parallelwelt ein, von deren geheimer Existenz nur dann und wann einmal ein Fremder erfährt, wenn er zufällig an ihre Pforte gelangt: die Welt von jemandem, der zum härtesten Kern der Organisation zählt, es aber dennoch wagt, sie zu verlassen.

»Ich bin gegen jede Art von Mord. Heute finde ich, dass ich kein moralisches Recht habe zu bestimmen, wer leben und wer sterben soll«, sagte Nizar, als wir uns in seinem Haus trafen, und erntete zustimmendes Nicken von den anderen Gästen.

Wir saßen auf goldfarben überzogenen Sofas der Sorte, wie sie in den besetzten Gebieten so verbreitet sind. Die Hebroner Sonne drang an diesem Mittag kaum durch die schweren Vorhänge. Hin und wieder fiel ein zufälliger Lichtstrahl an die Wände, offenbarte ein Poster der Hamas in grün-weißen Farben und daneben Bilder von einem lebenslänglichen Häftling in brauner Gefängnisuniform, einem Verwandten des Hausherrn. Ab und zu reichten Kinder Tabletts mit Tee, Kaffee und diversen Erfrischungen herein und verschwanden wieder. Neben mir saßen fünf Menschen, für die ich sicher zum Teil mit einem Götzen im Tempel vergleichbar war.

Aber trotz allem, nicht jeden Tag bekommt ein Israeli die Gelegenheit, einer *munaqascha* zu lauschen – einer geschlossenen Diskussion von Hamasleuten, von denen einige noch aktiv sind, während andere, wie Nizar, ihren Weg gerade überdenken. Diese Treffen in Gefängnissen oder draußen, an denen häufig auch Hamasfunktionäre teilnehmen, sind ein lebhaftes Forum, um Fragen zu stellen, brennende Probleme zu besprechen oder seine Meinung zu äußern. Die Diskussionen, die sich zwischen Theologie und Ideologie bewegen, haben es in sich, verschiedene Themen werden auseinandergenommen und wieder zusammengesetzt. Allerdings verlangt eine der Regeln, die so gut wie immer eingehalten werden, Diskretion und Geheimhaltung. Man achtet streng darauf, diese Diskussionen zu Hause, innerhalb der eigenen vier Wände, abzuhalten und vermeidet tunlichst, dass Auseinandersetzungen oder ideelle Meinungsverschiedenheiten nach außen dringen.

Ich betrachtete sie. Alle hatten bereits die vierzig überschritten. Ein Wissenschaftler, der an der Universität in den besetzten Gebieten lehrte, zwei Freiberufler, ein Lehrer und neben ihm ein Arbeitsloser, der seine Stelle verloren hatte, weil er der Hamas zugerechnet wurde. Ein Teil derer, die da im Zimmer saßen, gehörte zu den ersten Aktivisten des militärischen Flügels der Hamas im Westjordanland, es waren Leute, die Anschläge verübt hatten, versucht hatten, Juden zu töten, und dabei gescheitert waren. Andere, die hier saßen, waren verhaftet worden, nachdem sie Gesuchte in ihren Häusern versteckt hatten.

Was alle um mich herum gemeinsam hatten: Sie waren ehemalige Häftlinge, zum Teil hatten sie über ein Jahrzehnt im Gefängnis verbracht. Die Mehrheit sprach fließend Hebräisch, und alle kannten uns Israelis gut. Das erklärte wohl auch die Bereitschaft, vor einem Israeli offen zu reden. Man spürte die Ernüchterung und die Müdigkeit, sogar die Bitterkeit, die in der Luft hing.

»Die erste Veränderung in meiner Einstellung gegenüber euch Israelis war, dass ich begriffen habe, dass ihr Menschen und Gottes Geschöpfe seid, genau wie wir«, eröffnete Nizar das Gespräch.

»Ist das nicht selbstverständlich?«, bemerkte ich.

»Absolut nicht. Man hat uns in dem Glauben erzogen, dass ihr Juden zwar an einen Gott glaubt und als *ahl al-kitab* (›Volk des Buches‹) definiert seid – aber dass ihr auch Feinde der Muslime und Allahs seid und daher niedere Kreaturen, die zum Tod verurteilt sind. Nur die Liberalen in der Hamas – und die findest du hauptsächlich hier im Westjordanland – argumentieren, dass die Juden ein Existenzrecht in dieser Welt haben, da Allah sie erschaffen hat, so wie er uns erschaffen hat.«

Dieses Argument mag sich für ein israelisches Ohr geradezu banal anhören, tatsächlich ist es jedoch revolutionär. Es war keine weitere Plattitüde, sondern betraf das Wesentliche, denn sich von den Juden abzugrenzen, sie fast zu dehumanisieren, kommt in der Weltanschauung der Hamas, wie sie mir offenbart wurde, einem Grundpfeiler gleich.

»Von den Differenzen bei uns beispielsweise in Bezug auf die Juden werden Sie draußen niemals etwas hören«, fuhr einer der im Raum Sitzenden fort. »Das wird alles absolut strikt im Geheimen gesagt. Viele der Hamasführer im Westjordanland sind viel gemäßigter, als die Israelis denken. Sie könnten sogar Gesprächspartner für sie sein. In den letzten Jahren haben sich unter uns Meinungsverschiedenheiten zu einigen Themen aufgetan, vor allem zu solchen, die das Verhältnis zu Israel tangieren. Die Hauptbruchlinie besteht zwischen der Hamas in Gaza (die Extremeren) und uns (im Westjordanland). Aber euch Israelis wird das nicht offengelegt. Die Diskussionen nach draußen zu tragen, wäre für uns wie uns auszuziehen, und Sie kennen ja wohl unsere Einstellung zu Nacktheit«, lachte er.

Nun mischte sich Ahmad in das Gespräch ein. Er war ein ehemaliges Mitglied des militärischen Flügels und hatte über fünfzehn Jahre im Gefängnis gesessen, zusammen mit den Anführern der al-Qassam-Brigaden, darunter auch Jahja Sinwar.

»Terroranschläge werden Palästina nicht befreien«, setzte er an und hatte sofort die Aufmerksamkeit aller. »Was haben wir dabei gewonnen, dass wir aus der Intifada eine militärische Aktion gemacht haben? Gar nichts. Warum also machen wir mit etwas weiter, das uns nicht befreien wird? Bei der Gewinn- und Verlustrechnung haben die Familien und die palästinensische Gesellschaft weitaus mehr verloren. Tod, verwaiste Kinder, zerstörte Familie, zerstörtes Haus – das ist es nicht wert.«

Zwei der im Raum Anwesenden nickten verständnisvoll. Im Nachhinein erfuhr ich, dass ihre Häuser bei Ausbruch der Zweiten Intifada von der israelischen Armee zerstört worden waren, weil sie Hamasmitglieder, nach denen gefahndet wurde, darin versteckt hatten. Inzwischen hatten sie neue Häuser gebaut und wieder Boden unter den Füßen.

»Henry Kissinger hat einmal gesagt, dass es im Nahen Osten nie Frieden geben wird«, fuhr Nizar fort, »das heißt, der Konflikt zwischen uns und den Juden hat keinen Anfang – er existiert seit Anbeginn der Geschichte. Und weil er keinen Anfang hat, wird er auch kein Ende haben, weshalb Gewalt überflüssig ist. Besonders hier in Palästina dürfen wir kein Blut vergießen.« Er lehnte sich zu mir herüber. »Ich glaube, wir dürfen nicht mit Gewalt auf die Erde in diesem geheiligten Land treten, das das Herz des Kampfes ist, nicht mit Gewalttätigkeit. Unsere Väter sind hier, in seiner Erde, begraben, und daher ist es uns auch verboten, hier zu kämpfen.«

»Und was würde passieren, wenn Ihr Freund Sinwar Sie hören würde?«, stichelte ich. »Würde er Sie aus dem vierzehnten Stockwerk werfen?«

Aber Nizar lachte nicht. »Es gibt in der Hamas zwei Fraktionen: die der Tauben und die von Qutub (benannt nach Sajid Qutub, extremistischer ägyptischer Philosoph, der als einer der Väter des modernen muslimischen Fundamentalismus gilt). Jeder hier im Raum wird in der Bewegung als gemäßigt angesehen, und tatsächlich werden wir dafür auch manchmal kritisiert. Doch es ist anders, als ihr denkt. Wir haben eine Führungs- und Diskussionskultur. Übrigens, die erbittertsten Diskussionen fanden im Gefängnis statt – sie endeten manchmal sogar damit, dass wir uns gegenseitig anbrüllten.«

»Worüber habt ihr zum Beispiel diskutiert?«, fragte ich.

»Als ich im Gefängnis saß, haben wir uns viel mit der Frage der muslimischen Regierungsformen beschäftigt«, war eine Stimme zu vernehmen. Es war Imad, der fünfzehn Jahre im Gefängnis verbracht hatte und erst vor Kurzem entlassen worden war. »Nimm zum Beispiel Erdoğan. Die Gemäßigten sehen in ihm einen mustergültigen Vertreter eines neuen Führungstyps in der Muslimbruderschaft, doch manche unserer radikalen jungen Leute halten ihn für einen Ketzer, sogar für einen *murtadd* (abtrünniger Muslim, dessen Urteil im Islam der Tod ist).«

»Wie ist das möglich?«

»Schauen Sie sich seine Einstellung zu Homosexuellen, zu Minderheiten und so weiter an, und Sie werden es von selbst verstehen. Die Radikalen bei uns sind nicht bereit, seinen inklusiven Ansatz zu tolerieren. Eine andere Thematik, die uns im Gefängnis beschäftigt hat, war Demokratie. Ich erinnere mich an eine bestimmte Freitagspredigt, die sich mit Tunesien befasste.«

Er erzählte weiter, dass der als gemäßigt geltende Prediger sich mit dem Erfolg des demokratischen Modells in dem Land beschäftigte und daraus ableitete, dass eine Teildemokratie auch in den besetzten Gebieten möglich sei.

»Er unterstützte sogar Meinungsfreiheit bis zu einem gewissen Grad – bis zur Leugnung der Existenz Allahs, das ist die rote Linie. Aber er sprach wohlwollend von einem beschränkten demokratischen Modell, das die Teilnahme an Wahlen ermöglicht; auch für eine Koalition mit der Fatah und sogar ein vorläufiges Abkommen mit Israel war er offen. Sofort sind junge Leute aufgestanden, die dagegen protestierten und wütend behaupteten, dass alles davon strengstens verboten sei. Übrigens, diese Jungen eifern bis heute ihrem Vorbild Jahja Sinwar nach und warten auf die Verwirklichung der Prophezeiungen von Bassam Dscharrar und Ahmad Jassin (Bassam Dscharrar ist ein islamischer Philosoph, der eine auf Zahlenmystik und koranischer Prophezeiung basierende Theorie entwickelte, nach der man von Israels Verschwinden im Jahr 2022 ausgehen könne. Auch der Gründer der Hamas, Scheich Ahmad Jassin, behauptete, dass Israel in den ersten fünfundzwanzig Jahren des 21. Jahrhundert verschwinden werde).«

»Glauben viele an diese Prophezeiungen?«, fragte ich.

»Ich glaube daran«, lächelte mich Ahmad leicht verlegen an. »Seien Sie nicht beleidigt. Ich glaube daran, dass Israel im Jahr 2022 verschwinden wird, wie es Dscharrar prophezeit hat. Also warte ich geduldig, zusammen mit sehr vielen anderen.«

Ich schwieg, aber Nizar widersprach sofort vehement.

»Wie kannst du deine Politik, deine gesamte Weltanschauung auf eine Prophezeiung gründen, von der man nicht weiß, ob es sie so überhaupt gegeben hat? Leider scheint mir, dass Israel stärker denn je ist. Mir fällt es schwer zu glauben, dass es sich plötzlich einfach so in Luft auflöst.«

»Warum haben Sie Ihre Meinungen nie draußen geäußert?« Ich blickte die Männer in dem Raum einen nach dem anderen an. »Das klingt doch, als ob Israel mit einem Teil von Ihnen einen Deal abschließen könnte.«

»Und bei euch?«, entgegnete einer von ihnen rasch. »Wagt es denn jemand, gegen eure Rechten anzugehen? Ein Wort, und sie werden uns automatisch als Verräter hinstellen und uns vorwerfen, Palästina und die Religion aufgegeben zu haben. Schauen Sie sich an, wie sogar die palästinensischen Mitglieder der ›Genfer Initiative‹ zum Teil des Verrats bezichtigt wurden – und das waren Leute aus der Fatah. Stellen Sie sich nur einmal vor, was bei uns in der Hamas los wäre, wenn wir uns offen gegen die *amalijat* (Terroranschläge) aussprechen würden. Oder von einem Kompromiss mit Israel reden würden. Und selbst wenn wir stark genug sind, um Kritik und Vorwürfe wegzustecken – die wirklichen Folgen würden unsere Familien und unsere Kinder zu spüren kriegen, die für immer ein Kainsmal auf der Stirn tragen würden.«

»Kein Mensch wird offen sagen: Ich habe die Hamas oder den Islamischen Dschihad verlassen. Aber ich kenne Hunderte, die weggegangen sind«, sagte mir Nizar bei anderer Gelegenheit, als wir allein waren. »In unserer Gesellschaft fürchten sich die Leute davor, was man über sie sagen könnte. Solche Worte würden als Schwäche, als Feigheit betrachtet und vor allem als Kapitulation vor eurem Sicherheitsapparat, als Versuch, sich den Schabak vom Hals zu schaffen. Also sagen sie leise zum Schabak, wir haben die Bewegung verlassen, und hoffen, die Botschaft kommt an, und sie können wieder in Ruhe leben.«

Aber es gab dort, in dem Hebroner Salon, noch etwas: das Gefühl persönlicher Enttäuschung. Jeder, der im Raum saß, hatte, wie gesagt, lange Jahre im Gefängnis verbracht und fand sich nach der Entlassung in einer nahezu feindseligen Umgebung wieder.

»Die palästinensische Gesellschaft im Westjordanland hat uns fast ausgestoßen. Nehmen Sie zum Beispiel Samir, der mit uns im Zimmer gesessen hat«, sagte Nizar nachher zu mir. »Er war ein großer Kämpfer. Hat bei einer Schießerei einen Soldaten verwundet, war einundzwanzig Jahre im Gefängnis und wurde dann entlassen. Die Palästinensische Autonomiebehörde zahlt ihm kein Gehalt, weil er zur Hamas gehört. Heute arbeitet er und verdient mit Ach und Krach dreitausend Schekel im Monat. Die Gesellschaft, die ihn sozusagen beauftragt hat, hat ihm nicht das Gefühl gegeben, stolz auf ihn zu sein. Parallel dazu wird er in einem fort von der Palästinensischen Autonomiebehörde verhaftet und zu Verhören vorgeladen.

Während er im Gefängnis saß, sind immer mehr illegale Siedlungen gebaut worden, Israel ist stärker geworden – er hat also überhaupt nichts erreicht. Wir ziehen es heute vor, zu Hause zu bleiben, für Frau und Kinder zu sorgen und nicht ins Gefängnis zu kommen – was auch immer passiert. Das Alter und die ungeheuren Opfer, die wir gebracht haben, tun das Ihre dazu. Auch wenn sich die Ideologie nicht geändert hat, die Opferbereitschaft hat sich verändert.«

Die Krönung allerdings behielt sich Nizar bis zum Schluss der Diskussion vor. Bevor er zu reden begann, vergewisserte er sich, dass ihm alle im Raum auch wirklich zuhörten.

»Der palästinensisch-israelische Konflikt ist der komplexeste und schwierigste in der Welt, mit keinem anderen Konflikt vergleichbar und auch in keiner Form lösbar. Es handelt sich nicht um einen Kampf zwischen uns und einem Kolonialfeind, den das Geld hierher gelockt hat; selbst die jüdischen Siedler sind keine Kolonialisten im klassischen Sinn wie zum Beispiel die Franzosen in Algerien. Hier kämpfen zwei Völker, die von religiösem Glauben und Nationalismus durchdrungen sind, um das Ihre: Ich kämpfe um meine al-Aqsa-Moschee, und du kämpfst um deinen Tempelberg. Ich habe keine Wahl – und mir scheint, du hast auch keine.«

Diese Worte waren für mich etwas vergleichsweise Neues. Die Bereitschaft eines Hamasanhängers, den jüdischen Glauben im historischen Zusammenhang mit Palästina anzuerkennen (wenngleich ihn nicht zu akzeptieren), stand in völligem Gegensatz zu der Haltung, auf die ich sonst immer gestoßen bin, nämlich jegliche historische Verbindung zwischen den Juden und diesem Stück Land komplett zu negieren. Einer der Anwesenden hielt sich nicht zurück und flüsterte mir zu, das seien dramatische Worte.

Die Unterhaltung insgesamt steht auch, mehr als alles andere, für die unbekannte Geschichte der Hamas. Es gibt in der Bewegung einen ungemein lebendigen Marktplatz der Ideen, ideologische Diskussionen sind an der Tagesordnung, und die Einstellung zu Israel wird ständig von neuem überprüft. Doch von all dem dringt tatsächlich nichts nach draußen, es spielt sich nur hinter verschlossenen Türen ab.

Wie bedeutend sind die Stimmen, die sich nur intern äußern? Unter der Fülle von Antworten, die ich im Lauf der Jahre erhalten habe, fiel mir die eine ein, die mir ein Islamist, ein ehemaliger Hamasangehöriger, gab. Er war müde geworden und hatte die Bewegung zugunsten eines normalen und vor allem unpolitischen Lebens verlassen:

»Ein Aspekt, in dem sich die Hamas von ihrer Mutterbewegung, der Muslimbruderschaft in Ägypten, unterscheidet, betrifft die Einstellung gegenüber einem Regime, das im Ursprung muslimisch, aber nicht religiös islamisch ist, ein Regime, das die Gesetze der Religion missachtet und ihre Anhänger verfolgt. In Ägypten haben die Muslimbrüder den Weg des politischen Mords eingeschlagen und in den Fünfzigerjahren sogar versucht, Nasser durch einen Anschlag zu töten. Haben Sie sich jemals gefragt, warum so etwas nicht in den besetzten Gebieten passiert ist?«

Eine interessante Frage. Schließlich bleibt einem der Hass kaum verborgen, den die Hamasanhänger im Westjordanland gegenüber der Palästinensischen Autonomiebehörde im Allgemeinen und der Fatah im Besonderen hegen, die ihren Bewegungsspielraum so extrem einschränken. Ich erzählte ihm, dass von den Fatahaktivisten und vor allem von den Angehörigen der palästinensischen Sicherheitsorgane, mit denen ich im Lauf der Jahre gesprochen hatte, manche sagten, dass die Hamas den Rubikon überschritten habe und ideologisch so weit sei, Attacken auf die Herrschaftssymbole der Palästinensischen Autonomiebehörde für legitim zu erachten. Einer davon, ein Offizier mittleren Rangs, gab mir gegenüber die Einschätzung ab, dass die Hamas im Extremfall bereit sei, sogar Selbstmordattentate auf Ziele der Palästinensischen Autonomiebehörde im Westjordanland zu verüben.

»Ausgeschlossen«, entgegnete Nizar, als ich ihn damit konfrontierte. Er erzählte mir, wie er und seine Kameraden Anfang der Neunzigerjahre vorhatten, einen Anschlag auf Faisal Husseini und Hanan Aschrawi wegen ihrer Teilnahme an der Madrider Konferenz zu verüben.

»Die Planung war schon ziemlich fortgeschritten«, erinnerte er sich. »Wir hatten die Absicht, sie während des Marsches in Nablus zu liquidieren, an dem sie teilnehmen sollten. Wir erbaten den Segen von Ahmad Jassin, der im Gefängnis saß. Aber seine eigenhändig geschriebene Botschaft, die mir von dort heimlich überbracht wurde, war eindeutig: ›Ich verbiete euch, einen internen politischen Mord an Palästinensern zu verüben.‹«

»Und was schließen Sie aus diesem Verbot?«

»Damals empfand ich großen Zorn auf Ahmad Jassin«, antwortete er. »Wenn seine Predigten gegen eine Verständigung mit Israel ehrlich und echt waren, wie war es möglich, dass er sich weigerte, die Verräter in unserer Mitte aus dem Weg zu räumen, die bereit waren, Palästina zu verkaufen? Der Schluss, den ich aus dieser Geschichte zog, war, dass die Madrider Konferenz und der Osloer Vertrag unter den Palästinensern, einschließlich der Hamas, echte Unterstützung genossen. Letztendlich glaube ich, dass sie Verhandlungen mit Israel akzeptieren werden und Israel sogar de facto neben einem palästinensischen Staat anerkennen werden. Ich bin mir immer noch sicher, dass diese Schlussfolgerung richtig ist.«

Es bleibt den Lesern überlassen, ob sie diese Einschätzung für plausibel halten oder nicht. Ehrlich gesagt, je mehr ich recherchiert habe und in die Tiefen der islamischen Widerstandsbewegung, der Hamas, eingetaucht bin, desto mehr reifte in mir die Erkenntnis, dass Israel für sie immer ein Fremdkörper bleiben wird, eine Anomalie, an deren Existenz man sich nie gewöhnen wird, und dass sie es für ihre Pflicht halten, Israel bis zur völligen Vernichtung zu bekämpfen. Im Gegensatz zur Fatah, die ihre Ideologie aus nationalen Quellen und veränderbaren irdischen Vorlagen bezog, leiten sich die Imperative der Hamas aus der Religion und dem Koran ab, daher sind sie ewig und können sich, zumindest meinem Verständnis nach, niemals wesentlich ändern.

»Und was ist mit *hudna,* dem Waffenstillstand, dem die Hamas zugestimmt hat? Schließlich hat die Realität ihre eigene Dynamik«, könnte ein neugieriger Leser fragen. Diese Frage stellte auch ich dem Mann der Hamas, in dessen Haus in einer dörflichen Gegend im Westjordanland ich zu Gast war. Wir haben schon seit Jahren eine ausgezeichnete Beziehung miteinander, weil wir das Persönliche vom Nationalen trennen.

»Ich will Ihnen die Wahrheit sagen«, begann er dramatisch, »ich bin die Hamas, also glauben Sie niemandem, der Ihnen etwas anderes erzählt. Der Waffenstillstand, den wir möchten, ist eine wertvolle Auszeit, die dazu dient, dass wir uns ausruhen, atmen, uns von dem Druck erholen können, den euer Schabak und die Palästinensische Autonomiebehörde auf uns ausüben. Wir müssen uns sammeln, vorbereiten. Es ist dringend nötig, dass sie sich ein paar Jahre von mir fernhalten, zehn, besser zwanzig Jahre. Ich brauche diese Ruhe, um meinen Kindern etwas beizubringen, sie zu erziehen, eine neue Generation zu trainieren und eine starke ideologische Armee aufzustellen – damit ich Israel in dem großen Krieg besiegen kann.«

Wir werden sogar mit dem Teufel kooperieren – nur nicht mit euch

Gefängnisse sind ein exklusiver Ort. Nirgendwo sonst kann ein Israeli die Weltanschauung der anderen Seite, speziell die der Hamasmitglieder, in solcher Reinform und oft auch ohne manipuliert zu werden in sich aufnehmen. Das liegt an einer in langen Jahren der Haft erworbenen Aufrichtigkeit bei den Insassen, zu der es vielleicht auch aus dem Gefühl heraus kommt, dass man nichts mehr zu verlieren hat und deshalb die Wahrheit sagen kann. Das Gefängnis ist zudem fast der einzige Ort, an dem sich Hamasmitglieder entspannt genug fühlen, um frei, ohne Furcht vor der Reaktion der Gesellschaft draußen, mit jemandem zu reden, der aus ihrer Sicht als Feind anzusehen ist.

Kürzlich nahm ich an einem Gespräch mit ranghohen Hamasangehörigen teil, von denen einige zu den elf Häftlingen zählen, die die Führung der Bewegung in den Gefängnissen bilden. In einem der Gefängnisse für sicherheitsrelevante palästinensische Häftlinge saßen wir in der Kantine im Kreis. Das Gespräch wurde ruhig und auf Hochhebräisch geführt. Die Männer sorgten für eine angenehme Atmosphäre und offenbarten eine intime, geradezu irritierend gute Kenntnis der israelischen Gesellschaft. Für einen Moment fiel es mir schwer beiseitezuschieben, dass jeder Einzelne von ihnen für den Tod vieler Israelis verantwortlich war, manche für einige der schwersten, am stärksten im Gedächtnis gebliebenen Selbstmordanschläge der letzten Jahrzehnte.

Nach den langen Jahren im Gefängnis dürsteten sie danach, meine Eindrücke vom Geschehen draußen zu hören. Ich berichtete ihnen, was ich über die prekäre Situation der Bewegung im Westjordanland wusste: die häufigen Verhaftungen, das Wegducken und die Furcht, als Hamasmitglied identifiziert zu werden, die Drohungen und Einschüchterungen, die Entlassungen und der Verlust des Lebensunterhalts, den viele zu beklagen hatten.

»Wenn Sie die Hamas verstehen wollen, müssen Sie sich ins Gedächtnis rufen: die Hamas, das sind die Muslimbrüder«, wandte sich einer von ihnen an mich, ein bekannter Führer der Hamas und Mitglied ihres militärischen Flügels. Er verbüßt mehr als dreißig lebenslängliche Haftstrafen, weil er in einen der schwersten Terroranschläge der Zweiten Intifada involviert gewesen ist. In seiner Aussage verbirgt sich eine Prämisse, die ein ungeübtes israelisches Ohr nur schwer identifizieren dürfte.

»Ihr versteht nicht, was das Geheimnis ist, auf dem die Macht der Hamas beruht: Es ist die Verwurzelung in den Herzen«, sagte er, womit er auf die Wichtigkeit des menschlichen Kapitals bei der Hamas wie bei allen Ablegern der Muslimbruderschaft überhaupt verwies. »Es spielt keine Rolle, was ihr oder die Palästinensische Autonomiebehörde macht oder wie sehr ihr uns im Westjordanland unter Druck setzt. Es spielt auch keine Rolle, dass wir momentan keine Waffe haben und euch schwach erscheinen. Die Gewehre sind nicht wichtig – wichtig sind die Menschen und der Glaube an Allah. Trotz der harten Lage ist die Hamas im Westjordanland jederzeit für die Stunde des Einsatzbefehls bereit. Wenn die Gelegenheit da ist, werden unsere Leute wissen, was zu tun ist«, schloss er mit einem halben Lächeln.

Ich fragte ihn, ob die Zeit für einen Dialog zwischen Israel und der Hamas reif sei.

»Praktisch findet der in Gaza doch schon statt«, sagte er. »Beim Schalit-Gefangenenaustausch haben wir geredet. Nach *Zuk eitan* haben wir geredet.«

»Ist das ein Anfang, um das Haupthindernis zu beseitigen, will sagen: dass Sie Israel anerkennen werden?«

»Das wird nicht passieren«, konstatierte er. »Die Hamas wird Israel niemals anerkennen. Lieber kooperieren wir mit den Schi'iten, mit dem Iran, und falls nötig, sogar mit dem Teufel – nur nicht mit euch.«

»Und das lässt uns keine andere Wahl, als euch bis ans Ende der Generationen zu bekämpfen«, sagte ich und registrierte zu meiner Überraschung, dass wir beide in die erste Person Plural verfallen waren. Bei Gesprächen dieser Art verhalten wir uns normalerweise wie Klischee-Diplomaten – man wahrt eine gewisse Distanz zu der Situation, um zu vermeiden, dass man von negativen Emotionen überwältigt wird, die man auf den Menschen überträgt, den man vor sich hat. Aber diesmal war es anders. Er kennt mich ja, dachte ich. Schaut mir fast jeden Abend zu. Redet in meiner Sprache mit mir. Ich versuchte, einen Zugang zu ihm zu finden, die Schichten von Hass und Zynismus abzuschälen, getreu meiner Lebensphilosophie, dass jedes Problem durch Dialog und persönliche Bekanntschaft lösbar sei. Doch seine Antworten waren kategorisch.

»Wir sind eine religiöse Bewegung. Unsere Weltanschauung stützt sich auf Allahs Worte und den Koran. Ihr habt keinerlei Recht auf den Boden Palästinas.« Als ich ihn nach der Zwei-Staaten-Lösung fragte, lächelte er. »Momentan geht ihr in Richtung Annexion, in Richtung eines Staates. Sie können sicher sein, dass ihr uns einen Gefallen tut mit dem binationalen Staat, der hier entsteht. Palästina gehört uns, von Rosch Hanikra bis Eilat. Wenn es hier nur einen einzigen Staat gibt, wird es für uns noch leichter sein, eines Tages alles zu beherrschen.«

In der Zwischenzeit drehen sich die Gedanken der Anwesenden allerdings nur um eine einzige Sache: wie sie aus dem Gefängnis herauskommen. Statt die Sisyphusarbeit auf sich zu nehmen, mit einem Löffel oder einer Gabel den Weg nach draußen zu graben, versuchen sie, mit Worten in die Freiheit zu gelangen und als Teil eines Gefangenenaustauschs freigelassen zu werden.

Jede offizielle Erklärung Israels oder der Hamas wird mit dem Seziermesser analysiert. Die ganze Zeit führen sie Gespräche mit der Außenwelt und versuchen herauszufinden, ob es tatsächlich lebende israelische Gefangene in den Händen der Hamas gibt, wie diese es ihnen und der palästinensischen Öffentlichkeit immer wieder andeutet. Das war auch eine der ersten Fragen, zu denen sie mich um meine Meinung baten, was kaum überraschte angesichts der Tatsache, dass die Menschen in diesem Raum alle zu einer mehrfach lebenslänglichen Gefängnisstrafe verurteilt waren und wussten, dass das ihre einzige Chance war, das Gefängnis jemals lebend zu verlassen.

»Das Thema des Gefangenenaustauschs birgt bei uns wie bei euch enorme Sprengkraft, sagte mir ein anderer aus der Führung der Bewegung im Gefängnis. »Seit Jahren erklärt man uns in Gaza, dass es israelische Geiseln gebe, die noch am Leben sind, und dass sie der Trumpf in der Hinterhand seien, der unsere Freilassung bringen würde. Sollte sich herausstellen, dass es keine lebenden israelischen Gefangenen gibt – dann werden wir explodieren und mit unserer Bewegung abrechnen, die uns und hauptsächlich unsere Mütter, die sehnsüchtig auf unsere Rückkehr warten, an der Nase herumgeführt hat. Wehe, wenn sich herausstellt, dass sie uns getäuscht haben.«

Das waren verblüffend scharfe Worte, beinahe aufrührerisch in einer hierarchisch geschlossenen Organisation wie der Hamas. Sie konnten nur von jemandem geäußert werden, der nichts zu verlieren hatte und der vor allem auch die Kultur der Meinungsfreiheit und der Selbstkritik von der israelischen Gesellschaft übernommen hatte.

Wie alle palästinensischen Bewegungen sieht auch die Hamas in solchen Gefangenen ruhmreiche Helden und wendet einiges an Anstrengung auf, um sie aus dem Gefängnis zu befreien. Dabei versuchen sie in erster Linie ununterbrochen, Israelis zu entführen. »Ich weiß, dass ich nicht im Gefängnis sterben werde« – diesen Satz habe ich im Gefängnis unzählige Male gehört. Häftlinge von der Fatah hoffen, als Teil irgendwelcher israelischer Gesten gegenüber der Palästinensischen Autonomiebehörde entlassen zu werden. Doch im Kreis der Hamasgefangenen und speziell der »schweren« Fälle, der Lebenslänglichen, hat man begriffen, dass der einzige Weg, der sie eines Tages in die Freiheit führen könnte, ein Gefangenenaustausch nach dem Modell Gilad Schalit sein wird.

Dass von den Hamasmitgliedern, die durch dieses Tauschgeschäft freigekommen waren, viele in die oberste Spitze der Bewegung in Gaza aufrückten (darunter der Führer der Hamas in Gaza, Jahja Sinwar, der Kommandeur der inneren Sicherheitsapparate in Gaza, Tawfiq Abu Na'im, und Rawhi Muschtaha, Mitglied des Politischen Büros der Hamas) oder ins Ausland ausgewiesen wurden und dort in Führungspositionen gelangten (der Hamasführer in der Türkei, Dschihad Ja'mur, der Sprecher der Organisation, Hussam Badran, der Leiter des Gefangenenressorts in der Hamas, Mussa Dudin), verleiht dem ohnehin schon wichtigen Thema der Gefangenenbefreiung in den Augen der Hamas zusätzliche Bedeutung.

Der Gewählte

Die Hamas gründet sich auf einer Ratsversammlung (Rat der *schura*), auf sensiblen Ausgleichmechanismen zwischen den verschiedenen Teilen der Bewegung (in Gaza, im Westjordanland, im Ausland und im Gefängnis) und verfügt über eine autonome, nahezu unabhängige Untereinheit mit eigener Agenda (der militärische Flügel). In einer so strukturierten Bewegung ist die Person des Führers normalerweise von begrenzter Bedeutung. Um jedoch einen Eindruck davon zu bekommen, in welche Richtung sich die Hamas entwickeln könnte, lohnt sich dennoch ein kurzer Blick auf einen Mann, der fast aus dem Nichts auf der Bildfläche erschienen ist und seitdem mehr als jeder andere in Gaza für die Gestaltung der Beziehungen zwischen Israel und der Hamas verantwortlich ist. Nicht allzu eindrucksvoll, introvertiert an der Grenze zur Schweigsamkeit – das war mein Eindruck bei der einzigen Begegnung mit Jahja Sinwar im Gefängnis. Ein leichtes Nicken, ein paar höfliche Worte und das war es. Einige Jahre danach hatte sich Sinwar bereits den Titel »der stärkste Mann in der Hamas« erworben.

Aus all den Gesprächen, die ich mit Menschen geführt habe, die Jahja Sinwar aus der Nähe kannten, insbesondere Zellengenossen aus den zweiundzwanzig Jahren, die er im israelischen Gefängnis verbracht hat, zeichnete sich ein überraschend monolithisches Bild ab: ein äußerst pragmatischer, aufmerksamer Mensch, der bereit und willens ist, ein Abkommen anzustreben.

»Als Gefangener hat er die Grenzen seiner eigenen Macht kennengelernt, aber, nicht weniger wichtig, auch die der Leitung«, erzählte ein Häftling, der jahrelang sein Nachbar im Trakt war. Als Sinwar zum Hamasführer in Gaza gewählt wurde, bestellten palästinensische Sicherheitskreise in Ramallah ehemalige Häftlinge zu Befragungen ein, um ein Profil des Mannes zu erstellen, der nunmehr an der Spitze der rivalisierenden Bewegung stand.

»Sie waren sicher, dass er äußerst extrem ist und vorhat, in den ersten Monaten seiner Amtszeit einen Krieg gegen Israel anzuzetteln«, erzählte mir einer seiner Bekannten. »Als ich einem Offizier von unseren Sicherheitsorganen gegenübersaß, sagte ich ihm, dass Sinwar meiner Einschätzung nach versuchen werde, einen *hudna* mit Israel einzufädeln. Der Offizier schaute mich an, als sei ich vom Mond gefallen, aber die Zeit hat bewiesen, dass ich recht hatte.«

Auch der Spitzname »Abu Kanafeh«, den Sinwar im Gefängnis erhielt, sagt etwas über ihn aus. Es war allgemein bekannt, dass Sinwar, wenn der Gefängnisdirektor oder der Nachrichtendienstoffizier zu einem Besuch kam, die ganze Nacht davor damit zubrachte, frisches Kanafeh zuzubereiten, um das Gespräch zu versüßen.

Doch Sinwar ist nicht nur Doktor Jekyll, sondern auch ein Mister Hyde, der bei vielen Schrecken verbreitet, eine Art Lord Voldemort Gazas, dessen Namen man nicht laut ausspricht. Er brüstete sich damit, im Lauf seines Lebens de facto zwölf Kollaborateure getötet zu haben, und für einige dieser Morde wurde er vor Gericht schuldig gesprochen. Hier tritt die gewalttätige und grausame Seite des Mannes hervor, an der Grenze zum Sadismus. Seinen weit verbreiteten Ruf als brutaler Folterer erwarb er sich, als er Ende der Achtzigerjahre den gefürchteten inneren Sicherheitsapparat der Hamas aufbaute: *al-madschd* (»der Ruhm«). Anfangs war er in Gaza tätig, doch als er 1988 verhaftet und zu einer fünffach lebenslänglichen Gefängnisstrafe verurteilt wurde, setzte er sein Werk auch innerhalb der Gefängnismauern fort.

»Er pflegte Gummi oder Nylon anzuzünden und während eines Verhörs auf Häftlinge zu träufeln«, berichtete mir ein ehemaliger Hamashäftling, der im gleichen Trakt eingesessen hatte wie Sinwar. »In anderen Fällen setzte er Häftlinge im Verlauf des Verhörs auf kochend heiße Platten und fügte ihnen schwere Verbrennungen zu.«

Hier spiegelt sich die Gestalt eines Paranoikers wider, der sich vor den meisten Menschen, die ihn umgaben, fürchtete und der eine einzige Obsession hatte – Verräter und Kollaborateure.

»Damit das klar ist: Seine Opfer sind Hamasmänner vom harten Kern der Organisation. 90 Prozent der Menschen, die er verhört, gefoltert und am Ende auch gebrochen hat, haben nie mit Israel kollaboriert«, sagte mir ein Mann von der Hamas.

Im Lauf der Jahre wurde sein Name mit verschiedenen Geschichten über schwere Folter von Hamashäftlingen, sogar mit Todesfolge, in Verbindung gebracht. Einer seiner Gefährten erzählte mir, Sinwar und seine Leute hätten Mitte der Neunzigerjahre einen Hamashäftling, den sie der Zusammenarbeit mit Israel verdächtigten, zu Tode gefoltert und das am Morgen wie einen natürlichen Tod in seinem Bett dargestellt. In einem anderen Fall stellte die Hamas Sinwar eine Art Leibwächter und persönlichen Assistenten namens Mansur Schahtit, einen Hamashäftling aus Dura bei Hebron, zur Seite.

»Er machte alles für ihn, passte auf ihn auf, wusch seine Wäsche«, erzählte mir ein Lebenslänglicher bei einem Gespräch. »Eines Tages haben sie gestritten. Schahtit gab Sinwar eine Ohrfeige. Das war sein Ende. Sinwar schickte seine Soldaten los. Sie prügelten ihn fast zu Tode, lösten bei ihm ein Blutgerinnsel im Hirn aus. Seit er aus dem Krankenhaus entlassen ist, ist er völlig *madschnun* [verrückt]. Wir sehen ihn, wie er mit sich selber redet, komplett von der Außenwelt abgekoppelt. Ein lebender Toter.«

In einem Teil der Fälle versuchte die Bewegung, die Familien der Opfer finanziell zu entschädigen, um die Geschichte ad acta zu legen. Jedenfalls machte sich Sinwar zahlreiche Feinde, von denen manch einer immer noch auf seine Rache wartet. Einer davon ist ein junger Hebroner, ein Hamasmitglied, der eine »persönliche Behandlung« von Sinwar erfahren hat. Er schwor vor den Ohren einer meiner Quellen: »Und wenn es das Letzte ist, das ich im Leben mache – ich bringe ihn um.«

»Wissen Sie, im Gegensatz zu uns, der Fatah, wo alles offen und bekannt ist, läuft bei der Hamas alles unter der Decke ab«, erklärte mir ein Mann von der Fatah, der viel Zeit mit Sinwar verbracht hatte. »Als ich im Gefängnis saß, spürte ich eines Tages, dass bei den Hamashäftlingen irgendetwas vor sich ging. Sie wirkten sehr erregt, regelrecht gestresst. Es stellte sich heraus, dass Jahja Sinwar am nächsten Tag in unser Gefängnis verlegt werden sollte. Als ich fragte, was das Problem sei, erhielt ich die Antwort, dass es keine einzige Zelle im Hamastrakt gebe, in der nicht mindestens ein Häftling sitzen würde, den Sinwar verletzt oder gefoltert habe. Normalerweise wegen nichts. Ihre Führer befürchteten, dass sich einer von diesen Häftlingen, die er in der Vergangenheit misshandelt hatte, an ihm rächen würde.«

Eine der interessanten Enthüllungen, die ich zu hören bekam, war, dass Sinwar im Gefängnis als Sanktion für seine Grausamkeiten von der Hamasbewegung irgendwann aufs Abstellstellgleis geschoben und für eine Weile aus dem Verkehr gezogen wurde.

Als Sinwar seine Haft antrat, bekleidete er keine hohe Position in der Hamas. Er war auch nicht wegen der Planung oder Durchführung eines spektakulären Terroranschlags verurteilt worden, sondern wegen einer in der Hierarchie des Terrors ziemlich minderen Tat: Mord an Kollaborateuren. Doch mit seiner ruhigen und autoritativen Art und seinem außergewöhnlichen Charisma gelang es ihm, seine Position schrittweise aufzubauen und so weit zu festigen, dass er zu einem der Anführer der Hamas im Gefängnis wurde.

Was Sinwar jedoch heraushob und zu *dem* Führer machte, was ihn in eine noch nie dagewesene Machtposition versetzte, war ein einmaliges Zusammentreffen von Glück und Nepotismus: Sein Bruder, Muhammad Sinwar, war Brigadekommandeur beim militärischen Flügel der Hamas in Gaza, doch fast noch wichtiger – er war einer der Leute, die Gilad Schalit festhielten. Muhammad Sinwars Zugang zu Schalit verlieh Jahja Sinwar eine Stärke, von der man nur träumen konnte. Laut Zeugenberichten in den Gefängnissen war Sinwar maßgeblich an der Auswahl der Gefangenen beteiligt, die durch den Tauschhandel freigelassen werden sollten. Er führte sogar Listen und hielt die Häftlinge auf dem Laufenden, wer ins Töpfchen und wer ins Kröpfchen kommen sollte.

»Das Interesse eures Schabak an Sinwar hat ihn stark gemacht«, erzählte mir einer, der durch den Schalit-Tauschhandel freigekommen ist. »Er war einer der Schlüssel zu dem Handel.«

»Gab es je einen Zweifel daran, dass Sinwar selbst freigelassen würde?«, fragte ich.

»Nicht mal für eine Sekunde. Erstens hatte er kein Blut von Juden an den Händen, also war es für Israel leichter, ihn freizulassen. Und außerdem, vergessen Sie seinen Bruder, Muhammad Sinwar, nicht. In Gaza wird erzählt, dass er an irgendeinem Punkt gedroht habe, wenn sein Bruder nicht freigelassen würde, würde er Schalit schlachten und ihn ohne Kopf am Strand liegenlassen.«

»Alles inklusive« in der Türkei

»Könnte die Hamas eine Dialogpartnerin sein, mit der sich ein langfristiges Abkommen, vielleicht sogar ein Friedensvertrag erreichen lässt?«

Würde man auf den Punkt bringen wollen, was Israel an der Hamas besonders interessiert, dann liefe es wohl auf diese Frage hinaus. Eine hochinteressante Antwort darauf erhielt ich von einem Mann, der in einem Haus großgeworden ist, »in dem sogar das Blut grün ist«, wie er lächelnd bemerkte. Einmal mehr war der Kontakt durch Mark Zuckerberg zustande gekommen.

»Schalom. Mein Name ist Suheib Hassan Jussuf, ich bin der Sohn eines Hamasführers. Ich möchte über Sie meinen Abschied von der Hamasbewegung verkünden ...«

Ich hätte die Nachricht, die ich auf Facebook erhielt, gar nicht zu Ende lesen müssen, um zu wissen: Ich würde diesen Menschen treffen, wo auch immer, sogar auf dem Mond. Immerhin bekommt man nicht jeden Tag so eine Botschaft von einem Sprössling der Hamasaristokratie. Er war tatsächlich Sohn eines der prominentesten Führer der Bewegung im Westjordanland und hatte acht Geschwister, die allesamt Hamasanhänger waren, mit einer Ausnahme: sein ältester Bruder Mos'ab, auch unter dem Namen »der grüne Prinz« bekannt, der ein Jahrzehnt lang mit dem Schabak kollaboriert hatte. Er ging damit an die Öffentlichkeit, verließ die besetzten Gebiete, wanderte in die USA aus und trat zum Christentum über.

Wir tauschten unsere Nummern aus. Suheibs WhatsApp-Profilfoto ließ eine große Ähnlichkeit mit seinem Vater, Scheich Hassan Jussuf, erkennen. Der Vater war eine untypische Erscheinung in der Hamasszene: lächelnd, offen, moderat, ohne Berührungsängste gegenüber israelischen Medien. Als ich ihn während der Intifada zum ersten Mal interviewte, saßen wir in seinem Büro in al-Bira in Ramallah. Noch bevor das Interview begonnen hatte, trat er ans Fenster und öffnete es mit einem Lächeln.

»Das passiert nicht oft«, erklärte er. »Ich weiß nur deshalb, dass mich eure Fluggeräte in diesem Moment nicht liquidieren werden, weil sich ein israelischer Journalist in meinem Büro aufhält. Also können wir wenigstens die Sonne genießen.«

Am selben Tag, an dem ich Suheibs Mitteilung erhalten hatte, setzte ich mich mit ihm in Verbindung. Er erzählte mir, dass er noch vor zwei Wochen eine aktive Funktion im Nervenzentrum des Politischen Büros der Hamas gehabt hatte, das in der Türkei saß, dann jedoch beschlossen habe, die Bewegung zu verlassen, da sie ihren moralischen Kurs verloren habe, und in einen anderen Staat geflüchtet sei.

Ob dies tatsächlich der einzige Grund war – ich werde es nie wissen. Ganz klar war mir bei diesem Gespräch jedoch, was ein Interview mit Suheib bedeuten würde: Es war eine einmalige Gelegenheit, aus nächster Nähe zu hören, wie die Dinge im Politischen Büro der Hamas standen. In der Türkei war ein Teil der ehemaligen Häftlinge gelandet, die durch den Schalit-Gefangenenaustausch freigekommen und ausgewiesen worden waren, und im Lauf der Jahre auch Angehörige des militärischen Flügels der Hamas, die aus Gaza emigriert waren. Ebenso fand hier Salah Aruri, heute stellvertretender Chef des Politischen Büros der Hamas, bis 2015 ein Zuhause. Er wird verdächtigt, von dort aus den »Westjordanland-Stab« geleitet zu haben – jene Gruppierung aus den entlassenen Häftlingen des Schalit-Austauschhandels, die gegründet wurde, um an einem für die Hamas hochstrategischen Ort Terroranschläge zu verüben: dem Westjordanland.

Nachdem ich mich vergewissert hatte, dass sich Suheib darüber im Klaren war, welchen Preis er für ein solches Interview mit einem israelischen Sender möglicherweise würde zahlen müssen, suchten wir auf der Weltkarte nach einem Ort, an dem wir uns treffen könnten. Wir einigten uns auf einen südostasiatischen Staat, und vier Tage später kam ich bereits an meinem Bestimmungsort an.

Ab dem Moment, wo das Flugzeug landete, fühlte ich mich vollkommen ausgeliefert. Beunruhigende Gedanken schossen mir durch den Kopf. Vielleicht war es eine Falle? Vielleicht wollte man mich dazu verleiten, aus Israel auszureisen, und an Suheibs statt würde mich jemand anderes von der Hamas erwarten? Ich verdrängte diese Gedanken schleunigst, vertraute auf meine Intuition und darauf, dass die Stimme, die ich am Telefon gehört hatte, so klang, als befinde sich jemand in einer authentischen Notlage. Mit solchen Gefühlen erreichte ich unseren Treffpunkt und wartete.

Ich identifizierte ihn schon von Weitem. »Ich bin kein Kollaborateur«, war das Erste, das er nach dem Händedruck und der Begrüßung sagte. »Im Gegensatz zu meinem Bruder habe ich nie für Israels Nachrichtendienste gearbeitet. Ganz im Gegenteil, ich bin ein stolzer palästinensischer Patriot. Aber ich möchte der Ideologie der Leute, die sich anmaßen, die Stellvertreter Allahs auf Erden sein zu wollen, den Boden entziehen.«

Aus dem Mund eines Hamassprösslings war das eine klare Ansage. Um sie in die Tat umzusetzen, wollte er auf das zurückgreifen, was er sich von frühester Jugend an in Koranschulungen in den Moscheen von Ramallah angeeignet hatte: eine äußerst intime Kenntnis der heiligen muslimischen Schriften. Für diese wollte er eine alternative Interpretation präsentieren.

»Was heißt es, in eine Hamasfamilie hineingeboren zu werden?«, fragte ich.

Er überlegte einen Moment. »Man hat mir vom Tag meiner Geburt an beigebracht, Juden zu hassen, die Feinde der Muslime, die den Propheten verraten haben. Wenn du als junger Mensch wie ich in einer Hamasumgebung aufwächst, gibt es auf deinem Lebensweg jede Menge Stationen, an denen du dazu erzogen wirst, Juden zu hassen: zu Hause, in der Schule, in der Moschee. Du kannst dem nicht entkommen. Das ist ein komplettes Erziehungssystem, das in der frühen Kindheit anfängt und dich dazu drängt. Sie sind alle überzeugt, dass die Hamas im Besitz der einzigen und absoluten göttlichen Wahrheit ist und dass sie den richtigen Islam ausdrückt und repräsentiert.«

Im Lauf der zweieinhalb Tage, die wir zusammen verbrachten, gab er sich große Mühe, unsere Gespräche mit Koransuren und Zitaten aus den Hadithen zu spicken, die beweisen sollten, dass der Koran nicht predigt, Ungläubige und Juden anzugreifen oder zu ermorden. Als ich ihn mit dem berühmten Hadith konfrontierte, den die Hamas in ihrer Charta hat – wonach Bäume und Steine einen Juden verraten werden, der sich hinter ihnen versteckt, und einen Muslim herbeirufen, um ihn zu töten –, winkte er grinsend ab.

»Das ist Unsinn. Laut dem Islam wird das erst passieren, wenn die Erlösung kommt. Glauben Sie etwa, es ist bald soweit? Das ist alles Lüge.«

Wir saßen in einem Café bei einer *madrasa,* einem religiösen Lehrinstitut, und er erzählte mir von einem anderen Hadith.

»Es ist die Geschichte einer Frau, auf deren Zelt eine Fahne weht, die darauf hinweist, dass sie sich ihren Lebensunterhalt als Prostituierte verdient. Eines Tages geht sie in die Wüste und sieht dort in der glühenden Hitze einen Hund, der mit hängender Zunge um einen Brunnen herumschleicht. Ohne zu zögern, zieht sie ihren Schuh aus, füllt ihn mit Wasser und gibt dem Hund zu trinken. Als ihre Stunde gekommen ist, diese Welt zu verlassen, schickt Allah sie direkt ins Paradies.

Wenn eine Prostituierte, die einen Hund gerettet hat, ins Paradies gekommen ist, wie können sie in der Hamas die Ermordung von Juden predigen, Geschöpfen aus Fleisch und Blut in Gottes Ebenbild? Sehen Sie?«, fragte er triumphierend. »Die Hamas betont Suren oder Hadithe, mit denen sich ihre antisemitische Weltanschauung stützen lässt, und unterschlägt die anders lautenden koranischen Zeugnisse. Ich habe schließlich den halben Koran auswendig gelernt, und ich verbürge mich bei Ihnen dafür, dass es keine einzige Sure gibt, die zum Mord an Juden aufruft, aber sie haben mich und alle in meiner Generation vom Säuglingsalter an gelehrt, dass ihr Juden *li-l-nar,* ins Feuer, in die Hölle kommt.«

»Und wen werde ich in der Hölle sonst noch treffen?« Ich grinste ihn an.

»Die Fatah. Seit immer und ewig hat man uns beigebracht, auch sie zu hassen, weil sie es gewagt hat, ein Friedensabkommen mit Israel zu unterzeichnen. Die Hamas hat es wirklich geschafft, in den Augen des Volkes die Legitimation der Fatah zu erschüttern, indem sie deren Leute als Kollaborateure und Verräter gebrandmarkt hat. Sogar von Arafat wurde behauptet, er sei ein Spion, der Israel dabei unterstützt habe, Abu Dschihad zu liquidieren. Erst als er tot war, hat sich die Tonlage geändert, und auf einmal hörte man von Hamasleuten: ›Möge sich Allah seiner erbarmen.‹«

»Was haben Sie in der Türkei gemacht?«

»Ich bin dorthin gegangen, um im Politischen Büro der Hamas zu arbeiten. Gleich am Anfang setzte sich einer von der Feldsicherheit mit mir hin und überprüfte meinen Hintergrund. Sie haben viel von euch Israelis gelernt. Er hat mich zwei Stunden lang verhört und versucht, meinen Charakter und den Grad meiner Frömmigkeit zu prüfen. Zu Beginn des Gesprächs schaute er zum Beispiel einer Frau hinterher, die auf der Straße vorbeiging, und ließ etwas über die Art, wie sie angezogen war, fallen. Dabei lächelte er. Offenbar wollte er prüfen, wie ich auf Frauen reagiere. Ich habe natürlich nichts gesagt.«

Er verbrachte über ein Jahr in Istanbul, übersetzte anfangs Berichte der israelischen Medien für die Leitung des Politischen Büros.

»Alles, was bei euch veröffentlicht wird, wird innerhalb weniger Minuten übersetzt und per WhatsApp an die führenden Leute geschickt«, erzählte er. »Sie sind an allem interessiert. Selbst an Themen, bei denen Sie nie auf die Idee kämen, angefangen mit ziviler Bestattung, in welchen Städten sie durchgeführt wird, über die interne Demografie in Israel und die Spaltungen in der israelischen Gesellschaft zwischen den Religiösen und den Säkularen, den Mizrachim und den Aschkenazim [orientalischen und europäischen Juden], bis hin zu diversen bürgerlichen Organisationen und Gruppierungen. Und die Informationen darüber gehen direkt in den Iran.«

Ein weiterer Beweis dafür, dass es im Nahen Osten nichts gratis gibt: Für die finanzielle und militärische Unterstützung vom Iran revanchiert sich die Hamas unter anderem mit wertvollen Informationen über den gemeinsamen Feind.

Suheib erzählte, dass der Tropfen, der das Fass bei ihm zum Überlaufen brachte, die dekadente Lebensweise der Mitglieder des Politischen Büros war, deren Zeuge er in der Türkei wurde.

»Was ich gesehen habe, war eine korrumpierte Organisation. Ich habe in der Türkei Leute kennengelernt, die auf höherem Niveau leben als die große Mehrheit der Türken. Diese Leute haben neben mir Mahlzeiten für 200 Dollar zu sich genommen, wohnen in Häusern mit privatem Swimmingpool in Luxusvierteln. Viele haben einen eigenen Sicherheitsdienst. Sieht so eine Widerstandsorganisation aus?! Ich denke an die armen Leute in Gaza, und ich bin erschüttert. Sie leben dort in bitterster Armut, ein Teil muss mit nur hundert Dollar im Monat auskommen – ein direktes Ergebnis der Belagerung, die durch die Politik der Hamas verursacht wurde. Die Hamasmitglieder leben in Gaza wie die Könige. Ich habe einen ganz nahen Verwandten, der in der Vergangenheit zwei Israelis ermordet hat, zwanzig Jahre im Gefängnis saß und im Rahmen des Schalit-Austauschhandels nach Gaza ausgewiesen wurde. Er verdient ausgezeichnet, um die zweitausend Dollar im Monat. Als die Stromkrise in Gaza anfing, hat er sofort Solarzellen auf dem Dach aufgestellt, und momentan hat er vierundzwanzig Stunden täglich Strom. Das ist die Hamas – eine vom Volk abgehobene Elite«, schloss er seine Anklage zornig.

An einem gewissen Punkt richtete Suheib den Blick direkt in die Aufnahmekamera und rief seinen Vater dazu auf, die Hamas zu verlassen. Es war offensichtlich, dass er sehr aufgeregt war und sich seit Langem auf diese Geste vorbreitet hatte. Das war nicht einfach ein weiterer Satz in seiner Philippika – es war ein dramatischer Moment für ihn. Als ich versuchte zu verstehen, woher sein Zorn auf die Bewegung kam, die sein Heim und seine Familie war, deren Oberhäupter und Führer in seinem Elternhaus anzurufen pflegten, seit er sich erinnern konnte, blieb ich immer wieder am dominanten Vater hängen, dessen Schatten in Suheibs Geist die ganze Zeit in den Raum fiel. Er schilderte ihn als gemäßigten Menschen, als einen Religiösen, der Kompromisse hochhielt und der von der Hamas ausgenutzt wurde.

»Er hat, alles zusammengerechnet, fast dreiundzwanzig Jahre in euren Gefängnissen verbracht. Auf wessen Kosten, was meinen Sie wohl?«, fragte er mich rhetorisch. »Auf unsere Kosten natürlich, die der Familie, die diesen hohen Preis gezahlt hat.«

Ich erzählte ihm von dem Faden, der sich durch die Gespräche zog, die ich über die Jahre hinweg mit Hamasleuten im Westjordanland geführt hatte: der Bereitschaft, irgendein langfristiges Abkommen mit Israel zu skizzieren.

»Das stimmt«, nickte er. »Sie sind wirklich gemäßigter als die Hamas in Gaza oder im Ausland. Seit ich mich erinnern kann, saß ich zu Hause immer neben meinem Vater und hörte zu, wenn er mit verschiedenen Hamasführern Treffen abhielt. Sie kamen zu uns, um sich mit ihm über diverse Themen zu beraten. An ein Treffen erinnere ich mich ganz besonders gut. Eine Gruppe von Religionsvertretern aus Hebron war gekommen, alles hochrangige Hamasmitglieder. Sie saßen bei uns im Wohnzimmer, und nachdem die Begrüßungsformalitäten ausgetauscht waren, legten sie meinem Vater das Problem vor, wegen dem sie da waren: Ist es Muslimen nach den Gesetzen der Religion erlaubt, *musalaha* (›Versöhnung, Kompromiss‹) mit dem israelischen Feind zu machen, oder ist das *haram* (nach der Religion verboten)?

Mein Vater überlegte ein bisschen, und dann erwiderte er, dass es unter Glaubensgesichtspunkten für Muslime kein Problem gebe, ein Abkommen mit Israel zu unterzeichnen. ›Die Religion steht dergleichen nicht entgegen‹, sagte er, ›und nirgendwo in den Schriften ist die Rede davon, dass es verboten ist.‹ Ich erinnere mich an den genauen Satz meines Vaters – der Islam ruft dazu auf, immer nach Versöhnung und Frieden zu trachten, dies ist eine göttliche Pflicht und ein Glaubensgebot. Einmal erzählte mir ein hoher Hamasfunktionär, der zu uns nach Hause kam, dass sich gerade eine Initiative organisiere, um ein *hudna*-Abkommen (Waffenstillstandsabkommen) mit Israel zu unterzeichnen im Austausch gegen die Freilassung aller palästinensischen Gefangenen. Dieser Plan kam nie aufs Tapet.«

Trotz der extremen Indoktrination und der von Antisemitismus durchdrungenen Erziehung bezeugen Suheib und andere, dass die führenden Köpfe der Bewegung im Westjordanland relativ gemäßigt sind, es generell sogar eine Bereitschaft zu internen vorbereitenden Gesprächen gibt, um zu einem langfristigen Abkommen mit Israel zu kommen. Oberflächlich betrachtet scheint das ein Widerspruch zu sein, der sich jedoch, meiner Meinung nach, auflöst, wenn man unter anderem die Situation der Hamasmitglieder im Westjordanland berücksichtigt. Im Gegensatz zu ihren Gefährten in Gaza ist ihr Leben schon seit vielen Jahren von Verfolgung und permanenter Furcht geprägt. Sie bewegen sich ständig unter der harten Knute Israels und der Palästinensischen Autonomiebehörde und sind hauptsächlich mit Überleben beschäftigt.

»Diese Realität wird sich für uns nicht ändern, es sei denn, Israel würde sich völlig aus dem Westjordanland zurückziehen oder die Palästinensische Autonomiebehörde löst sich auf«, sagte müde jemand von der Hamas zu mir, der selbst schon seit Jahren zwischen dem israelischen Hammer und dem Amboss der Palästinensischen Autonomiebehörde lebt. Aus der Administrativhaft Israels wandert er direkt in ein Gefängnis der Autonomiebehörde und wieder von vorn. Wenn das die Realität ist, dann wiegt die Praxis bedeutend schwerer als die Ideologie und führt zu erzwungener Mäßigung.

Min dschuwwa: sicherheitsrelevante Häftlinge

»Wenn Sie eine Art Schmelztiegel der beteiligten Gruppierungen am palästinensischen Kampf suchen, werden Sie ihn im Gefängnis finden.« Das war eine der ersten Lektionen, die ich erhielt, als ich mich der Welt jenseits des Zauns aussetzte. Wer die Tore zum Gefängnis passiert hat, durchläuft eine ritualisierte Erziehung wie bei Stammesgesellschaften – von der Kindheit bis ins reife Alter.

Jahrzehntelang war das Gefängnis für jeden Führer, ob lokal oder national, eine äußerst wichtige Station auf dem Weg nach oben. Die Absolventen empfanden wie in einer Kampfeinheit oder einer Kundschafterpatrouille der israelischen Armee untereinander eine tiefe Solidarität, ein Elitegefühl, und hatten vor allem auch eine Opferbereitschaft bewiesen, die der Gesellschaft, in deren Auftrag sie gehandelt hatten, nicht verborgen blieb. Eingehüllt in den Glorienschein eines ehemals »sicherheitsrelevanten« Häftlings wurden sie zu ruhmreichen Helden, und viele schafften es nach ihrer Entlassung in die Führungsriege. Ich erinnere mich gut, wie in den Tagen der Zweiten Intifada das Codewort »Gefangene« genügte, um Tausende auf die Straße zu bringen, von Rafah bis Dschenin. Streiks in den Gefängnissen waren Trigger für die Massen draußen, um zu protestieren und die Auseinandersetzung mit den Sicherheitskräften zu suchen.

Doch die Zeiten haben sich geändert. Die Zweite Intifada und die nachfolgende große Krise haben einen Ernüchterungsprozess ausgelöst, die palästinensische Gesellschaft wurde es meinem Verständnis nach müde, alles nur durch die Brille des Konflikts zu betrachten. Nach drei Kriegen in Gaza, dem Bau einer »Schutzmauer« im Westjordanland und einer nicht zu übersehenden militärischen und verwaltungsmäßigen Präsenz Israels in den besetzten Gebieten, nach Tausenden Toten, Zehntausenden Gefangenen und Verwundeten, einer zerstörten Wirtschaft, totaler materieller und wirtschaftlicher Abhängigkeit von Israel und nachdem ein eigener Staat immer weiter in die Ferne gerückt war, wünschte sich die palästinensische Gesellschaft hauptsächlich Normalität und brachte nur noch wenig Begeisterung für den Kampf auf. Individualismus und Selbstverwirklichung erhielten einen höheren Stellenwert als nationale Themen. Es genügte, am Uhrenplatz [heute: Jassir-Arafat-Kreis] in Ramallah vorbeizugehen und die verwaisten Protestzelte der Familien von Gefangenen zu sehen, um zu begreifen, dass sich hier etwas verändert hatte. In der Öffentlichkeit wurde darüber nicht gesprochen, doch hinter verschlossenen Türen erlebte ich nicht wenige, die bei diesem Befund bestätigend nickten.

Das gesellschaftliche Prestige der Gefangenen ist nach wie vor durchaus hoch. Das palästinensische Ethos zollt ihrer Rolle im Kampf für die Unabhängigkeit weiterhin Tribut, wovon die hartnäckigen Auseinandersetzungen zeugen, die die Autonomiebehörde mit Israel um Gehaltszahlungen an die Familien der Gefangenen führt. Doch wie viele andere heilige Kühe verliert auch diese zunehmend ihre Unantastbarkeit zugunsten des Lebens.

Laut Definition der Gefängnisbehörden ist ein »sicherheitsrelevanter Häftling« jemand, »der eine eindeutig terroristische Straftat begangen hat (…) oder aus nationalistischem Motiv heraus gehandelt hat (…) oder über den vom Schabak ein Gutachten erstellt wurde, das eine Sicherheitsgefährdung durch ihn belegt«. Die meisten sicherheitsrelevanten Gefangenen verbüßen Haftstrafen, zu denen sie bereits verurteilt wurden, bei anderen liegt noch kein Schuldspruch vor, sie warten auf ihren Prozess. Eine weitere Kategorie sind die Administrativhäftlinge, das heißt jene, die ohne Prozess oder Anklage verhaftet wurden und mit der Begründung im Gefängnis sitzen, sie könnten die Sicherheit des Staates gefährden. Die Administrativhaft ist eine umstrittene Praxis, da es sich um eine präventive Maßnahme handelt, die ohne Gerichtsverhandlung vollzogen wird und auf geheimen Beweisen basiert, die dem Häftling nicht offengelegt werden.

Das Büro für palästinensische Gefangene, das alle damit zusammenhängenden Angelegenheiten im Auftrag der Palästinensischen Autonomiebehörde zentral verwaltet, hat herausgefunden, dass von 1967 bis 2013 über 800 000 Palästinenser in Israel ins Gefängnis kamen. An den Veränderungen ihrer Anzahl im Lauf der Zeit lässt sich das jeweilige Ausmaß an Gewalt und Spannungen in der Außenwelt ablesen. In den Jahren nach der Unterzeichnung des Osloer Vertrags wehte zunächst ein neuer Wind, im Zuge der Entspannung wurden Tausende Häftlinge freigelassen. Schritt für Schritt sank die Zahl der sicherheitsrelevanten Häftlinge, bis Ende der Neunzigerjahre nur noch achthundert übrigblieben, von denen der Großteil Mörder waren, an deren Händen Blut klebte, weshalb Israel sich weigerte, sie zu entlassen. Mit Ausbruch der Zweiten Intifada und der Welle von Gewalt und Terror, die damit einherging, schoss die Zahl der sicherheitsrelevanten Gefangenen bis Ende 2006 auf einen Höchststand von über zehntausend.

Im Juni 2020 saßen 4352 sicherheitsrelevante Häftlinge in den ausschließlich diesen Gefangenen vorbehaltenen Trakten von sieben Gefängnissen, die über alle Landesteile Israels verstreut liegen: Kezi'ot, Nafcha, Ramun, Gilboa, Hadarim, Ofer und Megiddo. Bis zum Jahr 2007 waren solche Häftlinge alle gemeinsam in diesen Trakten untergebracht, doch wegen des Umsturzes der Hamas in Gaza und der Auseinandersetzung zwischen ihr und der Fatah, die bis hinter die Gefängnismauern vordrang, beschloss Israel, die Häftlinge der beiden Bewegungen zu trennen, und teilte ihnen jeweils eigene Bereiche zu. In den Hamastrakten sitzen auch Häftlinge des Islamischen Dschihad, die jedoch streng darauf achten, in getrennten Zellen untergebracht zu werden, und jede Organisation lebt nach ihren eigenen Gesetzen. Das gleiche Bild bietet sich in den Fatahtrakten, die auch die Gefangenen der palästinensischen Linken aufnehmen.

Während ihrer Haftzeit bleiben sicherheitsrelevanten Häftlingen diverse Rechte versagt, die Strafgefangene in Israel sonst haben, wie zum Beispiel Urlaub, Privatsphäre mit Frauen, Erlass eines Drittels der Haftzeit oder Telefongespräche mit Familienangehörigen (obwohl Ende 2019 zum ersten Mal beschlossen wurde, in einigen Gefängnissen öffentliche überwachte Telefone zu installieren, wenn sich die Gefangenen im Gegenzug dazu verpflichteten, keine eingeschmuggelten Mobiltelefone zu benutzen). Stattdessen genießen sie besondere Rechte wie Besuche der Familie und des Roten Kreuzes. Sie haben außerdem Anspruch auf eine eigene Vertretung durch Abteilungssprecher, die durchgehend Kontakt zwischen den Gefangenen und der Anstaltsleitung halten. Sie legen auch ihren Tagesablauf im Gefängnis fest und sind für die Zubereitung ihres Essens und dessen Verteilung verantwortlich.

Ein besonders augenfälliger Ausdruck scheinbarer Privilegien für die sicherheitsrelevanten Häftlinge war, dass ihnen – zur Frustration der israelischen Öffentlichkeit – die Möglichkeit gegeben wurde, an der offenen Universität zu studieren. Diese Vergünstigung wurde jedoch im Juli 2011 im Gefolge der Entführung Gilad Schalits und des starken öffentlichen Drucks gestrichen. Nicht alle glauben, dass das eine gute Idee war.

»Wenn ich Israeli wäre, würde ich den Gefangenen freien Zugang zu Studium und Bildung ermöglichen – das liegt in eurem Interesse«, sagte mir ein Häftling mit Decknamen Jassir am Telefon. Er selbst hat seinen ersten Studienabschluss innerhalb der Gefängnismauern erworben. »Viele, die im Gefängnis ein Studium abgeschlossen haben und entlassen worden sind, haben eine zweite Karriere gestartet und sind Universitätsdozenten im Westjordanland oder in Gaza geworden. Bedenken Sie: Den Studienabschluss haben wir auf Hebräisch gemacht, die Lehrer waren Israelis, und wir hatten mit israelischen Lehrinhalten zu tun. Viele von uns, die die israelische Gesellschaft durchs Studium kennengelernt haben, haben ihre Meinung über euch geändert und angefangen, euch völlig anders zu sehen. Das Studieren hat uns geholfen, die Leute hier aufzuklären, dass das Problem in der Besetzung liegt – und nicht bei den Juden als solches.

Als einer aus dem Westjordanland kann ich Ihnen sagen, dass es nicht einfach ist, beispielsweise die Ansichten von Leuten aus Gaza zu ändern, die ihr ganzes Leben in dem Bewusstsein verbracht haben, dass in dieser Gegend kein Platz für beide ist – also entweder ich oder

der Jude. Und doch entdecken sie plötzlich, dass ihr aus Fleisch und Blut seid, genau wie sie, und die Bildung hilft, zu solchen Einsichten zu kommen. Die Universität ist die Lösung, und Bildung neutralisiert den Hass.«

Ich konnte beinahe sein Lächeln hören, als er sagte, dass unter den Studierenden einige dabei gewesen seien, die fast vom Stockholm-Syndrom befallen wurden, »und die haben wir immer aufgezogen und zu ihnen gesagt: ›Ihr seid ja Juden geworden.‹«

In den letzten Jahren ist einer der zentralen Reibungspunkte zwischen Israel und der Palästinensischen Autonomiebehörde das Thema der Gehaltszahlungen an die sicherheitsrelevanten Häftlinge gewesen. Gemäß eines Beschlusses der palästinensischen Regierung aus dem Jahre 2010 bemisst sich die Höhe des Gehalts nach der Haftdauer. Je länger sie ist, desto höher das Gehalt. 2018 wurden vom palästinensischen Etat nicht weniger als 7 Prozent, d. h. 1 400 000 000 Schekel, für Gehälter an Gefangene und Familien von Schahids ausgegeben. Laut der Gehaltstabelle, die von der Autonomiebehörde veröffentlicht wurde, erhält ein zu drei Jahren Gefängnis Verurteilter 1400 Schekel im Monat; bei drei bis fünf Jahren 2000 Schekel; fünf bis zehn Jahren 4000 Schekel; zehn bis 15 Jahren 6000 Schekel; 15 bis 20 Jahren 7000 Schekel; 20 bis 25 Jahren 8000 Schekel; 25 bis 30 Jahren 10 000 Schekel; bei über 30 Jahren 12 000 Schekel – nahezu das Vierfache eines Durchschnittsgehalts im Westjordanland.

Acht Monate dauerte die Krise an, die im Februar 2019 zwischen der Palästinensischen Autonomiebehörde und Israel ausbrach, als Israel beschloss, den Betrag, den die Behörde geschätzterweise für die Familien der Schahids und die Gefangenen aufwandte, mit den Steuergeldern zu verrechnen, die Israel an die Autonomiebehörde überwies, und diese sich weigerte, eine verrechnete Summe zu akzeptieren – entweder alles oder nichts.

Aus einem interessanten Blickwinkel betrachtet diese Thematik ein Gefangener, der viermal lebenslänglich erhalten hat.

»Ihr Gehalt stachelt den Terror an«, sagte ich vor Kurzem zu ihm, als er mich aus dem Gefängnis anrief und sich über die Politik Israels erboste. »Die israelische Logik ist ganz schlicht: Das Geld, das ihr von der Autonomiebehörde bekommt, verleitet die Leute, Anschläge zu verüben, um die wirtschaftliche Lage ihrer Familien zu verbessern.«

»Ganz im Gegenteil«, erwiderte er zornig. »Wenn ich kein Gehalt hätte, mit dem ich meine Kinder großziehen kann, dann wären sie wohl schon hier mit mir im Gefängnis. Ich habe meine Freiheit verkauft, damit sie in Freiheit leben können, und dieses Gehalt versetzt mich in die Lage, dafür zu sorgen, dass sie im Leben weiterkommen. Ich teile es zwischen allen meinen Kindern gleich auf. Mein Sohn ist vor Kurzem an Krebs erkrankt. Möchten Sie verhindern, dass er eine Behandlung bekommt, weil sein Vater sich ›mit Terror befasst hat‹, wie Sie das nennen? Gleichzeitig schickt ihr Jahja Sinwar ein Gehalt mit Geldkoffern. Was ist mit der berühmten israelischen Logik passiert? Habt ihr sie verloren?!«

Der hohe gesellschaftliche Status der Gefangenen resultiert daraus, dass sie als Speerspitze des Kampfes angesehen werden und als diejenigen, die das teuerste Gut geopfert haben – ihre Freiheit. Diese Einstellung kommt auch zum Tragen, wenn sie aus dem Gefängnis entlassen werden und weitgehende Begünstigungen wie eine Entlassungsgratifikation und eine kostenlose Krankenversicherung erhalten. Wer zur Fatah gehört und genügend Zeit im Gefängnis verbracht hat, dem ist bei seiner Entlassung ein Posten bei der Autonomiebehörde sicher, zumeist eine Position in den Sicherheitsapparaten, dazu ein höherer Offiziersgrad, in gewissen Fällen sogar der eines Brigadegenerals.

Doch bisweilen federt auch das viele Geld den schmerzhaften Fall, die tiefe Krise nicht ab. In Momenten der Offenheit erzählten mir viele ehemalige Häftlinge, männlich wie weiblich, dass sie bereits kurze Zeit nach ihrer Freilassung vergessen und im Stich gelassen worden seien. Eine ganze Reihe von ihnen berichtete, wie ihnen klar wurde, dass die Welt, während sie im Gefängnis verfaulten, weitergegangen war. Die anderen Menschen hatte Karriere gemacht, eine Familie gegründet, sich aufs Geldverdienen und die Freuden des Lebens konzentriert und sie einfach vergessen.

»Wir sind an einen Ort zurückgekehrt, den wir nicht mehr kannten und der das Opfer, das wir gebracht haben, nicht unbedingt zu schätzen wusste.«

Von diesen Empfindungen berichtete ich einem hohen Fatahmitglied, selbst ein entlassener Gefangener, als wir uns in Ramallah trafen.

»Sie haben das Problem genau erfasst«, gab er zur Antwort. »Wenn bei uns ein Gefangener entlassen wird, wird er zu einem Helden. Kinder und Straßen werden nach ihm benannt. Aber nach zwei Wochen kehrt er in die Stille und Normalität seines Hauses zurück. Mahmud Darwisch hat sogar ein Gedicht darüber verfasst. Hat beschrieben, wie sie dem entlassenen Gefangenen zujubeln, ihn auf den Schultern tragen und von den Balkonen Blumen und Reis auf ihn werfen, aber am nächsten Tag in der Früh, wenn er zu Hause aufwacht, begreift er, dass er allein ist. Er ist hungrig. Sucht etwas zu essen. Findet eine abgelaufene Konservenbüchse und murmelt in sich hinein, ›Auch Heldentum hat ein Verfallsdatum.‹«

»Am ersten Tag warteten Hunderte auf mich«, erzählte mir jemand von der Fatah aus Ramallah, der an einem Terroranschlag beteiligt gewesen und vor einigen Jahren aus dem Gefängnis entlassen worden war. »Die ganze Welt kam, um mich zu empfangen, man hat Poster mit meinem Bild geschwenkt und im ganzen Viertel aufgehängt. Ich fühlte mich wie ein palästinensischer Held. Es war überwältigend. Aber zwei Tage später erinnerte sich keiner mehr an mich oder interessierte sich noch für mich. Ich saß zu Hause und wusste nicht, was ich mit mir anfangen sollte.«

Es war kaum möglich, den Groll nicht zu spüren, den er gegenüber der Gesellschaft hegte, die ihn erst losgeschickt und dann seinem Empfinden nach im Stich gelassen hatte.

»Vielen entlassenen Gefangenen fällt es schwer, Arbeit im privaten Sektor zu bekommen, auch mir. Es gibt Arbeitgeber, die mich einfach nicht nehmen, sobald sie von meiner Vergangenheit hören. Sie bemühen verschiedene Ausreden, aber in Wahrheit wollen sie keinen sicherheitsrelevanten Häftling beschäftigen, der mit Israel in Konflikt geraten ist.«

»Weshalb gehen Sie dann nicht zu den palästinensischen Sicherheitsdiensten?«, fragte ich nach.

»Nun, ich bekäme auf jeden Fall das Gehalt eines Oberstleutnants, aber ich möchte dort unter keinen Umständen arbeiten. Ich bin nicht bereit, eine Waffe in die Hand zu nehmen«, erwiderte er. Zu Beginn der Zweiten Intifada hatte er die Waffe noch mit Stolz getragen. War er Pazifist geworden? Nicht wirklich.

»Ich fürchte, dass die Hamas das Westjordanland mit Gewalt an sich reißen wird. Wenn ich dann mit einer Waffe in der Hand erwischt werde, wird mich das gleiche Schicksal ereilen wie die Mitglieder unserer Sicherheitsorgane damals in Gaza – sie werden mich aus dem vierzehnten Stock werfen«, lautete die Antwort.

Die Entwicklung der Kommunikation

Aschgarim – so werden die Zettelchen genannt, die mit winzig kleiner Handschrift wie auf einem Reiskorn beschrieben, in Plastik verpackt und auf unorthodoxe Weise aus dem Gefängnis hinausgeschmuggelt werden. Man verwendet sie zu den verschiedensten Zwecken: für Grüße, aktuelle Informationen über das Geschehen drinnen, Instruktionen für Anschläge und sogar für ideologische Traktate oder für Bücher, die von palästinensischen Häftlingen im Gefängnis geschrieben wurden. Lange Jahre war es für die Gefangenen der einzige Weg, mit der Außenwelt zu kommunizieren, und manchmal lief über sie auch das interne Kommunikationsnetz im Gefängnis selbst, was des Öfteren zu unerwarteten Kooperationen führte. Als in einem Gespräch mit einer palästinensischen Quelle, die seit über eineinhalb Jahrzehnten in israelischen Gefängnissen saß, plötzlich der Name Mordechai Vanunu fiel, spitzte ich die Ohren.

»Sie kennen ihn?«, fragte ich verblüfft.

»Ja, er war bei uns im Gefängnis. Vanunu war ganz erpicht darauf, alles zu veröffentlichen, was er wusste«, erzählte mir der Mann. »Er schrieb immer Sachen, die mit dem israelischen Atomprogramm zusammenhingen, auf winzige *aschgarim* und warf sie in die Zellen von sicherheitsrelevanten Häftlingen, damit sie sie hinausschmuggeln und veröffentlichen würden, so dass man vielleicht auch einen palästinensischen Atomreaktor bauen könnte«, fuhr er mit einem Lächeln fort.

»Das klingt wie eins dieser Räubermärchen, die man sich im Gefängnis erzählt«, sagte ich. Es fiel mir schwer, an diese merkwürdige Verbindung, auch wenn sie ad hoc zustande kam, zwischen einem Hightech-Spion und Lowtech-Häftlingen zu glauben.

»Ich habe einige dieser Zettelchen mit eigenen Augen gesehen«, schwor mir mein Gesprächspartner und behauptete, dass sich ein Teil davon bis heute in den Händen eines hohen Funktionärs des Politischen Büros der Hamas aus Hebron befinde, der im Zuge des Schalit-Austauschhandels ausgewiesen worden war. Die Geschichte ließ mir keine Ruhe. Schließlich identifizierte ich jenen Mann von der Hamas, der heute in Qatar sitzt, aber dem *»aschgar«,* das ich ihm auf Facebook schickte, war keine Antwort vergönnt.

Die Welt hat sich verändert und weiterentwickelt, und die eigentlich ins digitale Exil Verbannten stellten sich bei allem, was mit der modernen Kommunikation zusammenhing, als Zauberer heraus: durch ins Gefängnis geschmuggelte Mobiltelefone.

»Der Schabak kennt alle Telefone, die wir benutzen, drückt aber lieber die Augen zu und lässt sie uns zum Teil benutzen«, erläuterte mir ein Hamashäftling drei Tage nach seiner Entlassung aus dem Gefängnis in einem Empfangszelt, das zu seinen Ehren in Hebron aufgestellt worden war. »Sie machen das, um unsere Telefongespräche nachzuverfolgen und abzuhören und Informationen zu kriegen, aber auch damit Druck abgeleitet wird. Die Spielregeln dabei sind für alle Seiten klar: Solange diese Telefone nicht zu Arbeitszwecken dienen«, er zeichnete imaginäre Anführungszeichen in die Luft, »wie der Planung von *amalijat* (Terroranschlägen), sondern nur zu Gesprächen mit der Familie und den Freunden, lassen sie sie uns behalten.«

In diesem ungeschriebenen Gesetzeskodex zwischen den Gefangenen und dem Sicherheitssystem gibt es, wie mir ehemalige Häftlinge erzählten, auch eine geografische Einschränkung: Es ist strikt verboten, mit den geschmuggelten Telefonen Gespräche nach Gaza oder ins Ausland zu führen – Orte, von denen aus Terroristen, welcher Art auch immer, operieren. Denn Israel fürchtet die Folgen, wenn sich Gefängnisinsassen mit Terror beschäftigen. In dem Moment, in dem jemand diese Regel bricht, ändert sich alles.

»Das Gefängnis von Hadarim zum Beispiel, in dem ein Teil der ranghohen Gefangenen sitzt, gilt als eines der bestbewachten, aber es ist schon seit Jahren vom Schabak durchsetzt«, erklärte mir der entlassene Hamashäftling. »Nachdem einmal jemand versucht hat, von dort aus einen Anschlag zu initiieren, haben wir es nie mehr geschafft, dort ein Telefon zu aktivieren.« Wer derjenige war, wollte er nicht erzählen.

Im Zentrum eines Flüchtlingslagers im Gebiet von Ramallah traf ich kürzlich einen Ex-Häftling bei ihm zu Hause. Die abblätternden Wände im Wohnzimmer waren bis zum Übermaß mit Bildern von Gefangenen und Schahids mit Waffe in der Hand tapeziert. »Familienangehörige, Freunde und sogar ein Bild von mir selbst im Gefängnis«, erklärte er. Als Antwort auf meine unschuldige Frage, ob er mit seinen ehemaligen Gefängnisgenossen Kontakt halte, lächelte er und bat seinen jüngeren Bruder, etwas zu holen. Ich staunte nicht schlecht: Es war eine Tüte mit etwa zwanzig Telefonen in verschiedenen Größen. Einige sahen überhaupt nicht wie Telefone aus, sondern eher wie USB-Sticks – klein, schwarz und ohne Display.

»Diese Geräte sollen demnächst in die Gefängnisse reingebracht werden«, sagte er und erläuterte mir bereitwillig die Marktlage. »Dieses kleine Telefon, das in China hergestellt wird, ist etwa vier Zentimeter groß und mit zwei Simkarten verbunden. Der Preis liegt ungefähr bei fünfzehntausend Schekel. Einfache Telefone wie, sagen wir mal, die ersten Modelle von Nokia, kosten im Gefängnis um die fünfunddreißigtausend Schekel, während der Preis von einem Smartphone, mit dem man sogar einen Videochat machen oder WhatsApp-Filmclips von der Familie kriegen kann, dann schon auf fünfundfünfzig- oder sogar sechzigtausend Schekel steigt.« Die Schwierigkeit, das Telefon ins Gefängnis zu schmuggeln, wird mit einigen Zehntausend Schekel eingepreist. Die Kräfte des Marktes.

Aber wer kann solche fantastischen Summen aufbringen? Meistens werden sich mehrere Gefangene zusammentun und gemeinsam ein

Telefon kaufen, das sie alle benutzen. In anderen Fällen ist die Organisation selbst für den Kauf und den Schmuggel zuständig, und ihr Anführer im Gefängnistrakt teilt jedem Gefangenen eine limitierte Zeit für Gespräche mit seinen Familienangehörigen zu. An einem Ort, an dem der Verbindung zur Außenwelt ebenso viel Wert beigemessen wird wie der Luft zum Atmen, sind die Zuweisung der Telefone und die Festlegung der Benutzungszeit für die Anführer ein wichtiges Instrument, um ihre Herde unter Kontrolle zu halten. Doch die Sache hat einen Haken: Nach zahlreichen Aussagen von Gefangenen hat der Einzug des Mobiltelefons in die Gefängnisse den Geist der Brüderlichkeit und Solidarität unter den Häftlingen geschädigt. Die Besitzer der Mobiltelefone fingen an es auszunutzen, dass die Häftlinge, die keines zur Verfügung hatten, von ihnen abhängig waren – wer spricht, der zahlt. Von Kapitalismus sprachen wir schon?

Ein roter Gummifußboden

Chaos. Das ist der erste Eindruck, der den Besucher hinter den Toren eines Gefängnisses für sicherheitsrelevante Häftlinge überkommt. Scharen von Männern laufen in einem nicht besonders großen Hof auf einem vor Sauberkeit glänzenden, meistens roten Gummiboden umher. Einige gehen paarweise, mit untergehakten Armen; andere schlendern in größeren Gruppen herum. Manche schweigen, andere diskutieren heftig. Die einen gehen hin und her, die anderen drehen Kreise. Doch bei genauerem Hinsehen lässt sich eine geradezu mustergültige, fast harmonische Ordnung innerhalb des Durcheinanders ausmachen.

Ungeachtet der emotionalen Schwierigkeiten, die damit einhergehen, ist der Besuch in einem Gefängnis für mich immer eine faszinierende Erfahrung. Ironischerweise ist dieser Ort ein ungeheures Sammelbecken an Wissen und erstaunlich aktuellen Informationen über das Geschehen draußen. Oft handelt es sich um Insiderkenntnisse über Vorgänge in den Tiefen der Politik und der palästinensischen Sicherheitsapparate, in den Korridoren der Herrschaft der *muqata'a* [in

Ramallah Präsidentenamtssitz/Sicherheits- und Behördendistrikt] oder jenseits der hohen Zäune von Gaza. Generell lässt sich feststellen, dass diese Informationen auch gut verarbeitet werden. So bietet ein Besuch die Gelegenheit, Analysen und Interpretationen aus dem Mund von Menschen zu hören, die ein entwickeltes politisches Bewusstsein haben und genügend freie Zeit, um davon Gebrauch machen zu können.

Während des Besuchs im Gefängnis sind meine Gastgeber die Anführer der Häftlinge. Die Hierarchie ist bei allem klar – ein Blick oder ein Wort genügt, um zu begreifen, wer hier die Dinge regelt. Oft will man mir den Gefängnistrakt zeigen, eine Art geführte Besichtigung des Ortes, der ihr Zuhause ist. In jedem Raum finden sich Desinfektionsmittel, die auch vom eigenen Geld der Gefangenen gekauft werden – wer sich selbst als Bannerträger der Ehre, *asch-scharaf,* sieht, für den ist Hygiene ein geheiligtes Prinzip. Die Bewirtung, im Allgemeinen in einer der Hafträumlichkeiten oder in der Kantine des Trakts, ist immer von ausnehmender Gastfreundschaft, stets mit einem Tisch voller Erfrischungen, teils selbst gemacht, teils in der Kantine gekauft.

Sobald ich den Trakt in Begleitung von Gefängniswärtern betrete, sind die Blicke, die in meine Richtung geworfen werden, nicht feindselig, sondern voll Neugier und Interesse. Das mag überraschen, aber immerhin bin ich jemand, den sie häufig im Fernsehen sehen, der ihre Sprache spricht und regelmäßig ihre Städte, Dörfer und Flüchtlingslager besucht. Oft ist es unvermeidlich, die entspannte Atmosphäre zu spüren, die in diesem exterritorialen Universum herrscht, während rundherum der israelisch-palästinensische Konflikt tobt und die Insassen, Gefangene wie Wärter, dazu zwingt, einen spezifischen Verhaltenskodex zu erfinden und zu befolgen, um den Aufenthalt und das Leben hier erträglich zu machen. Die Diskrepanz zwischen der Atmosphäre, die mir häufig sogar frei von Hass und Wut scheint, den in ruhigem Ton geführten Gesprächen auf Hebräisch einerseits und der Identität derer, die hier sitzen, andererseits, ist immens. Ich muss mich des Öfteren regelrecht dazu zwingen, mir in Erinnerung zu rufen, dass die Menschen, die mich umgeben, für das hässliche und beängstigende Gesicht des palästinensischen Terrors stehen: Sie sind die Verantwortlichen für schwere Terroranschläge, Mord an Israelis und die Anstiftung von Selbstmordattentätern, für Ereignisse, die sich tief, teils als gravierende nationale Traumata, ins israelische Bewusstsein eingebrannt haben.

Auch das Gegenüber hat es mit dieser Diskrepanz zu tun. Durch ihren Gefängnisaufenthalt befinden sich die Gefangenen – ob sie wollen oder nicht – in permanentem Kontakt mit den Menschen, die sie auf Grund ihrer Erziehung als die zionistischen Todfeinde betrachten. So lernen sie deren Sprache und Kultur, alles, was Israel ausmacht, unmittelbar kennen. Manchmal führt das zu überraschenden Ergebnissen. Rami, ein Fatahaktivist aus Ramallah, der vor Kurzem nach vierzehn Jahren aus dem Gefängnis entlassen wurde, erzählte mir, dass einer der Menschen, die ihm im Lauf seiner Haft am nächsten standen, ein jüdischer Wächter irakischer Herkunft war.

»Wir haben immer über alles geredet, uns von den Problemen in der Familie erzählt, zusammen gehadert. Eine ganze Weile hat er sich immer mit mir beraten, wie er mit seiner rebellischen Tochter umgehen soll, die in der Pubertät steckte und Schwierigkeiten hatte. Ich gab ihm Empfehlungen, obwohl ich keine Kinder habe.«

»Wir hatten einen Gefangenen und einen Wächter bei uns, die eine gemeinsame Leidenschaft hatten: Schach«, erzählte mir ein anderer Häftling. »Bei jeder Gelegenheit spielten sie. Einmal wurden sie dabei unterbrochen. Da brachten sie es fertig, dass der Wächter nach dem Lichterlöschen vorbeikam und sie durch die Gitter zu Ende spielten.«

Eines der Gespräche, die mir am meisten in Erinnerung geblieben sind, führte ich vor einigen Jahren mit einem Angehörigen der Tanzim-Organisation, dem militärischen Arm der Fatah. Er war zu lebenslänglicher Haft verurteilt worden. Wir unterhielten uns leise, als er auf einen höheren Gefängnisoffizier deutete, der ebenfalls im Raum saß, und mir zuflüsterte:

»Es gibt ein Gleichnis im Arabischen, das besagt, dass es im Leben Brüder gibt, die zwar nicht aus dem Leib deiner Mutter kommen, aber trotzdem wahre Brüder sind. Für mich ist dieser Mann ein echter Bruder. Niemals und unter keinen Umständen könnte ich gegen ihn kämpfen. Sollte Allah mir beschieden haben, dass ich eines Tages aus dem Gefängnis entlassen werde, dann möchte ich die ganzen Leute vom jüdischen Personal, die uns wie Menschen behandelt haben, zu mir nach Hause einladen.«

Die Fraktionierung nach Parteien im Gefängnis ist wie ein Spiegel der Außenwelt: Die Fatah ist die größte Organisation, die Hamas die zweitgrößte. »Unsere Gefängnistrakte sind die einzige echte Demokratie im Nahen Osten außer Israel«, sagte mir Sami Junis, einer der berühmtesten sicherheitsrelevanten palästinensischen Gefangenen. Junis ist ein israelischer Araber und war an der Ermordung des Soldaten Avraham Bromberg im Jahr 1981 beteiligt. Bekannt geworden ist er wegen der langen Zeit, die er in Israels Gefängnissen zubrachte – über achtundzwanzig Jahre –, was ihm den Spitznamen *amid al-usara* (»der Dienstälteste der Gefangenen«) eintrug. Er kam durch den Schalit-Gefangenenaustausch frei, starb aber vier Jahre später.

»In den Gefängnissen finden saubere und vertrauenswürdige Wahlen statt, bei denen die Führung der Gefangenen bestimmt wird«, erzählte er mir. »Den arabischen Diktaturen haben wir den Rücken gekehrt – wir haben etwas von euch gelernt«, sagte er lächelnd.

Tatsächlich unterscheidet sich das System, das die sicherheitsrelevanten Häftlinge innerhalb der Gefängnisse etabliert haben, gänzlich vom Autokratismus ringsherum und erinnert mehr an den Staat, in dessen Gewahrsam sie sich befinden. Ein Element der Demokratie, die sie übernommen haben, ist die geheime Wahl des Traktoberhaupts und des Traktsprechers. Die Fatahhäftlinge wählen ihre Führung einmal im Halbjahr, die Hamashäftlinge ihre alle vier Monate. Der Traktsprecher ist für die Kommunikation mit den Gefängnisbehörden zuständig, er trifft mit ihnen zur Beratung zusammen und übermittelt Bitten und Beschwerden, während das Oberhaupt normalerweise der mächtigste Mann ist, der Führer der Organisation, der geübt darin ist, den Alltag der Gefangenen zu regeln und mit den Führungen der Organisationen draußen umzugehen. Einen davon kannte ich, er erzählte mir, dass er ab und zu mit dem Vorsitzenden der Palästinensischen Autonomiebehörde, Mahmud Abbas höchstpersönlich, zu reden pflegte, ihn über das Geschehen im Gefängnis auf dem Laufenden hielt, sich über den aktuellen Stand bei diversen politischen Themen informierte und ihm die Unterstützung der Fatahhäftlinge für seine Führung zusicherte.

Wie in der Außenwelt markierte das Jahr 2007 auch in den Gefängnissen einen Wendepunkt, nach dem das Leben nicht mehr das gleiche zu sein schien. Bis dahin waren die Sprecher immer aus den Reihen der Fatah gekommen, und einem offenen Geheimnis nach achtete die Gefängnisleitung strikt darauf, dass sich an den Kräfteverhältnissen, die sich in den Ergebnissen der internen Wahlen widerspiegelten, nichts änderte und die Hamashäftlinge in allen Gefängnissen in der Minderheit blieben. Bis zu diesem Jahr hatten auch die sicherheitsrelevanten Häftlinge peinlich vermieden, dass die innerpalästinensischen Reibungen und Spannungen von draußen durch die Mauern hineingetragen wurden, da man verstand, dass die Gefangenen insgesamt einen grundlegenden gemeinsamen Nenner hatten, den man nicht erschüttern sollte.

Doch mit der gewaltsamen Machtübernahme der Hamas in Gaza und der Konfrontation zwischen den beiden Organisationen, die danach mit voller Wucht ausbrach, geriet dieses sensible Gefüge aus dem Gleichgewicht. Um die Ruhe zu wahren, trennten die Gefängnisbehörden rasch die Mitglieder der Fatah von denen der Hamas. Damit wurde zum ersten Mal innerhalb des Gefängnisses eine komplette Trennung vollzogen – jede Organisation erhielt ihre eigenen Abteilungen, und die Gefangenen kamen so gut wie nicht mehr in Berührung miteinander. Doch bei dem Hass zwischen den beiden Organisationen blieb es.

Ein lebendiges Beispiel dafür bekam ich vor nicht allzu langer Zeit zu Gesicht, nachdem die Gefängnisverwaltung Anfang 2019 beschlossen hatte, Überwachungsvorrichtungen im Mobilfunknetz der Hamastrakte zu installieren. Während der daraus entstandenen Krise und der zähen Verhandlungen zwischen der Hamasführung und dem Gefängnispersonal riefen mich regelmäßig Häftlinge anderer Organisationen an und unterrichteten mich quasi in Echtzeit über Einzelheiten der Gespräche, um den Kompromiss, der sich abzeichnete, zu torpedieren. Im konkreten Fall erhielt ich aus dem Gefängnis eine anonyme SMS mit der Adresse einer Facebook-Seite, ohne jeden Kommentar. Als ich die Seite öffnete, entdeckte ich zu meiner Überraschung aktuelle Bilder von bekannten Häftlingen, die auf ihren Betten saßen und eine Mahlzeit einnahmen. Die Botschaft war klar: Wir haben dich auf diese Bilder gestoßen, damit du sie veröffentlichst – so kann das Gefängnispersonal das geschmuggelte Smartphone orten, mit dem die Aufnahmen gemacht wurden, und die Inhaber streng bestrafen.

Auch wenn es merkwürdig klingen mag: Die Gesellschaft im Gefängnis ist nicht nur hierarchisch geordnet, sie nimmt für sich selbst auch eine Vorbildfunktion in Anspruch; sie sieht es als ihre Aufgabe an, bessere und gebildetere Bürger hervorzubringen, aber auch – genauso wichtig – Anarchie zu verhindern. In der Vergangenheit legten die Führer der Gefangenen einen strukturierten Tagesablauf für alle fest, vom Moment des Aufwachens bis zum Löschen der Lichter. Heute wird der Alltag des Einzelnen hauptsächlich in den Hamastrakten von der Führung bestimmt und beaufsichtigt, wie es bei einer hierarchischen, auf die Religion gestützten Organisation auch zu erwarten ist.

Was in den Hamastrakten neben anderen Dingen sofort ins Auge fällt, ist der eiserne Gehorsam. Bei einem meiner ersten Gefängnisbesuche trat ich zu einer Gruppe von Häftlingen, die einen vollbärtigen Scheich umringten, der Koranverse rezitierte. Sie waren leicht als Hamashäftlinge zu erkennen. Als ich einen von den jungen Männern, die lauschend dastanden, um ein Interview bat, willigte er sofort ein. Wir begannen ein Gespräch vor laufender Kamera, doch dann kreuzte sich sein Blick mit dem scharfen Blick des Scheichs. Der Junge erschrak, fing an zu stottern und zog sich sofort zurück, da er begriff, dass es ein Fehler war, nicht um Erlaubnis gefragt zu haben. Jemand flüsterte mir leise zu, dass er wohl streng bestraft werden würde. Später erkannte ich das Gesicht des Scheichs auf der Liste der Hamaskandidaten für das palästinensische Parlament bei den Wahlen 2006 wieder. Es war Muhammad Abu Tir, dessen orangerötlicher Bart seitdem zu einem Symbol geworden ist.

In manchen Gefängnissen nahm die strikte Disziplin in der Vergangenheit diktatorische Züge an. »Bei uns ist es verboten, sich selbst zu befriedigen«, berichtete mir ein ehemaliger Fatahhäftling. Er war

Zeuge gewesen, wie ein Gefangener mit zweihundert Hieben bestraft wurde, weil er beim Onanieren ertappt worden war. »Im Gefängnis Megiddo war ein Häftling, der seine Kandidatur für die Wahl des Traktsprechers erklärt hatte und diese kurze Zeit später wieder zurückzog. Als man ihn fragte, warum, erklärte er, er sei nicht würdig, weil er gesündigt und onaniert habe.«

»Da habt ihr etwas übertrieben, oder?«, fragte ich. »Wie kann man jahrelang so durchhalten?«

»Stimmt. Wir waren puritanischer und konservativer als der Papst. Als ich im Gefängnis saß, war es üblich, in jedem Trakt jemanden zu ernennen, der als Zensor in Sachen Moral fungierte und die Aufgabe hatte, am Morgen die Zeitungen zu durchforsten und alles mit Filzstift zu schwärzen, was irgendwie an Sex erinnerte – Frauenbeine, Körperteile und so weiter. Wenn wir in den Achtzigerjahren zum Beispiel die arabischen Schnulzen am Freitagnachmittag anschauten, haben wir immer aufgeregt auf die Küsse gewartet. Sobald sie kamen, hat der Verantwortliche in jedem Raum auf einen anderen Sender umgeschaltet, ein paar Sekunden gewartet – so lange wie er schätzte, dass der Kuss dauern würde –, und dann wieder zum Film zurückgeschaltet. In den Sportstunden haben die Leute von der Volksfront, eine linke marxistische Organisation, ihren Leuten erlaubt, in kurzen Hosen Gymnastik zu machen, aber ausgerechnet bei uns in der Fatah haben sie die Häftlinge dazu verpflichtet, nur mit langen Hosen Sport zu treiben«, erzählte er.

Das Bildungsministerium

Die Haftzeit wird unter anderem zur Bildung und Indoktrinierung genutzt. Gefangene halten Seminare und Unterrichtsstunden ab, die allen zugänglich sind. In der Abteilung für Minderjährige geben externe Lehrer Vorbereitungsunterricht für die Abiturprüfungen, der von Gefangenen aus den beiden Organisationen begleitet wird. Rami, der Ex-Häftling aus Ramallah, erklärte mir, wie das Thema Erziehung und Bildung im Gefängnis gehandhabt wird:

»Jede Organisation besitzt eine Art Regierung und setzt für jeden Bereich einen Häftling als Verantwortlichen ein. Die zentralen Bereiche sind Bildung, Sicherheit, Kultur, Finanzen und Verwaltung. Beim Verantwortlichen für die Bildung genießt das Thema Analphabetismus oberste Priorität (Stand 2018 war der Anteil der Analphabeten in den besetzten Gebieten mit nur 4 Prozent einer der niedrigsten in der arabischen Welt). Wenn es Betroffene gibt, stellt er einen Lernplan für Lesen und Schreiben auf.

Parallel dazu gibt es Sprachlehrkurse für Hebräisch, Englisch, Französisch und mehr. Damit die Gefangenen Allgemeinwissen sammeln, schreiben die Verantwortlichen der verschiedenen Bereiche eine Art Informationsblatt über ihr jeweiliges Gebiet und verteilen es zum Lesen in allen Zellen. Die Texte konzentrieren sich im Allgemeinen auf Themen wie Geschichte, Persönlichkeiten, verschiedene Kulturen, Aktuelles und anderes. Zu einem Teil davon finden nachher Gesprächsrunden statt.«

»Und die Gefangenen sind verpflichtet, das zu lesen?«

»Nicht in allen Organisationen. Bei uns werden die von der Linken als Leute des Buches betrachtet. Bei der Volksfront gibt es den Begriff ›Lesestunde‹. Jedes Mitglied ist verpflichtet, wenigstens eine Stunde am Tag ein Buch zu lesen. Wenn er fertiggelesen hat, setzt er sich mit dem Verantwortlichen für den Bildungsbereich der Organisation zusammen und bespricht mit ihm den Inhalt. So einen Begriff gibt es auch im Kreis der strengorthodoxen Islamisten, der Hamashäftlinge und der Dschihadisten. Die konzentrieren sich natürlicherweise auf religiöse Literatur wie den Koran und die Hadithe.«

»Was ist mit Fernsehen?«

»Auch das bereichert natürlich. Bei uns gibt es eine Prioritätenordnung bei den Programmen: als erstes Nachrichten, dann Bildungs- und Kulturprogramme, erst am Schluss Unterhaltung. Gibt es Streit wegen des Programms, entscheidet der Verantwortliche im Raum nach dieser Reihenfolge.«

»Wie viele Bücher hast du während deines Gefängnisaufenthalts gelesen?«

»Tausende«, erwiderte er.

»Über welche Themen?«

»Alle Themen.«

»Erinnerst du dich an das erste Buch auf Hebräisch, das du im Gefängnis gelesen hast?«

»Aber ja. Es hieß *Die Entdeckung der Liebe,* eine Geschichte über Lesbierinnen – wie könnte man ein solches erstes Buch vergessen?«, lachte er.

Aus allem, was ich im Lauf der Jahre gehört habe, geht hervor, dass im Gefängnis zwei Grundbedingungen für autodidaktisches Lernen vorhanden sind: Zeit im Überfluss und Lernatmosphäre. Rami erzählte, dass er im Gefängnis mit einem Häftling vom Islamischen Dschihad eingesessen habe, der Schi'ite geworden war – ein seltenes Phänomen unter Palästinensern.

»Wir haben angefangen, theologische Diskussionen zu führen. Er schickte mir Literatur über die Schi'a – ich habe über zehn Bücher gelesen, mich eingehend mit der Sache beschäftigt, und das alles, damit ich mit ihm intelligente Diskussionen führen konnte. Es war interessant, aber am Ende hat es keiner von uns geschafft, den anderen zu überzeugen. Er blieb Schi'ite und ich natürlich Sunnit.«

Abgesehen von der Bildung betrachten sich die sicherheitsrelevanten Häftlinge auch als Resozialisierungszentrum. Vor Kurzem traf ich in einem Gefängnis in Israel drei IS-Mitglieder, arabische israelische Staatsbürger, die ausgereist waren, sich der Organisation angeschlossen und in ihrem Namen gekämpft hatten. Wenn man es mit einem fundamentalistischen Glauben zu tun hat, der sich auf die *Salafija-Dschihadija* [salafistischer Dschihadismus] stützt, eine Bewegung, die die bestehende Ordnung zerstören und ein islamisches Kalifat in der Art des siebten Jahrhunderts errichten will, dann steht man vor einer großen Herausforderung – nicht nur in Israel.

In Gaza zum Beispiel versucht die Hamas mit den IS-Anhängern fertigzuwerden, indem sie sie ins Gefängnis steckt und dort theologische Diskussionen zwischen ihnen und den eigenen Religionsexperten veranstaltet. So will man sie überzeugen, dass sie vom rechten Weg abgekommen sind. Im israelischen Gefängnis fällt die Aufgabe der Wiedereingliederung ausgerechnet den Fatahhäftlingen zu, die am Anfang sehr feindselig auf die Anwesenheit von IS-Mitgliedern reagierten, weil sie in ihren Augen erbitterte Gegner sind. Den IS-Häftlingen wurde ein Lehrer zur Seite gestellt, mit dessen freundlicher Hilfe sie ganz langsam die extreme Weltanschauung ihrer Organisation abstreiften.

In einem Fall vielleicht zu langsam. Eines Abends brach einer der IS-Häftlinge in seiner Zelle wegen des Terroranschlags in Nizza in Freudengeschrei aus. Die Strafe folgte auf dem Fuß.

»Er schrie ›Treffer!‹, und das machte uns total wütend«, erzählte mir ein führender Fatahhäftling aus dem Trakt. »Unter den Opfern sind ja auch unschuldige Zivilisten, auch unsere Familien hätten dort sein können. Wir haben mitten in der Nacht Leute zu seinem Bett geschickt, und das war nicht sehr schön. Sie können sicher sein, dass sich das nicht wiederholt«, lächelte er.

In absolutem Kontrast dazu, was man in Israel von den sicherheitsrelevanten Gefangenen hält, pflegen sie selbst ein ausgesprochenes Elitenbewusstsein.

»Abgesehen davon, dass wir stolz auf unsere Taten waren, fanden wir uns um einiges imposanter als unsere Gefängniswärter«, hörte ich von einem berühmten Ex-Häftling. »Wir haben im Gefängnis gelernt und uns gebildet, deshalb konnten wir ihnen auf Augenhöhe begegnen, schauten manchmal sogar auf sie herunter.«

Wenn man sich mit Häftlingen, aktuellen oder ehemaligen, unterhält, lässt sich kaum übersehen, wie viel ein Großteil von ihnen über Israel weiß. Der Zionismus und seine Exponenten zum Beispiel nehmen einen Ehrenplatz im Lehrplan der Gefangenen ein. Bücher über israelische Führer oder ihre Autobiografien sind im Gefängnis äußerst populär, wie die Biografie von David Ben Gurion, die Werke von Jabotinsky oder *Ein Platz unter der Sonne* von Benjamin Netanjahu. Ebenso erfreuen sich Bücher, die mit den israelischen Geheimdiensten, dem Schabak und dem Mossad, zu tun haben, großer Beliebtheit.

All das scheint weit über die Devise »Kenne deinen Feind« hinauszugehen. Häufig habe ich den Eindruck, dass man versucht, das gelungene zionistische Experiment zu studieren, vielleicht sogar nachzuahmen. Hinter der Auswahl der Themen steckt eine Art Suche nach dem heiligen Gral, man will die Geheimnisse Israels entschlüsseln und herausfinden, wie es Israel gelingt, seine dramatische Überlegenheit – wirtschaftlich, militärisch und wissenschaftlich – gegenüber den arabischen Staaten und den Palästinensern zu behaupten.

Nur wer den Kopf aufgesetzt hat, kann ihn auch abnehmen

Ende 2017 erhielt ich einen Anruf von einer unbekannten Nummer. Der Sprecher am anderen Ende der Verbindung stellte sich nur mit Vornamen vor: Muhammad. Er sagte flüsternd, er spreche *min dschuwwa* – von drinnen. Es war klar, was er meinte: von einem palästinensischen Gefängnis für sicherheitsrelevante Häftlinge aus.

Muhammad fuhr flüsternd fort, er sei aus dem Flüchtlingslager Balata im Westjordanland und werde nach dreizehn Jahren in Kürze aus dem Gefängnis entlassen. Als ich ihn nach seiner Organisationszugehörigkeit fragte, erwiderte er stolz, »al-Aqsa-Brigaden«, also Fatah. Er lud mich zu seinem zu erwartenden Willkommensempfang im Lager ein. Als er an meiner Stimme hörte, dass ich zögerte, fügte er hinzu: »Keine Angst, Sie sind mein Gast, Sie haben nichts zu befürchten.«

Uns war beiden klar, weshalb diese Versicherung nötig war. Kein Flüchtlingslager in den besetzten Gebieten gilt als so gefährlich wie Balata. Das Lager hat ungefähr die Form eines Quadrats und liegt am südlichen Ortsausgang von Nablus an der Hauptstraße. Mit seinen etwa dreißigtausend Einwohnern auf einem Viertelquadratkilometer gilt es als einer der am dichtesten bevölkerten Orte der Welt und ist das größte der achtzehn Flüchtlingslager im Westjordanland – und das nationalistischste. Die überwiegende Mehrheit der Bewohner hängt der Fatah an, und aus ihrer Mitte erwuchs Anfang der Zweitausenderjahre ein starker lokaler Ableger der al-Aqsa-Brigaden, des militärischen Flügels der Organisation. Die Mitglieder der al-Aqsa-Brigaden werden als Anführer der Intifada angesehen und waren an bewaffneten Auseinandersetzungen mit der israelischen Armee sowie an Schusswaffenattentaten beteiligt. In einem relativ frühen Stadium des Aufstands schlossen sie sich der Hamas und dem Islamischen Dschihad an, und auch sie begannen mit dem mörderischsten Terror von allem: den Selbstmordanschlägen.

Muhammad, mein Gastgeber, war einer von denen gewesen, die zu den Selbstmordanschlägen anstifteten. Als die Intifada ausbrach, war er gerade zwanzig, ein charismatischer junger Mann, der eine Gruppe von Jugendlichen voller ideologischer Begeisterung und Hass auf Israel um sich scharte. Den Nährboden für die Gruppe bildete eine Kultur, deren Helden die führenden Persönlichkeiten der Tanzim und diverse Selbstmordattentäter waren. Im Jahr 2004 machte Muhammad einen Jungen ausfindig, der im Lager wohnte und einwilligte, einen Selbstmordanschlag auf israelischem Gebiet zu verüben. In einem Haus in Balata filmte er den Sterbewilligen, wie er den letzten Willen der Todgeweihten verlas und Allah darum bat, ihn als Schahid aufzunehmen. Anschließend legte Muhammad eigenhändig den Sprenggürtel um den Leib des Jungen. Plötzlich erschien jedoch der Schabak auf der Bildfläche und verhaftete alle Mitglieder der kleinen Truppe. Muhammad wurde wegen Anstiftung zu dreizehn Jahren Gefängnis verurteilt.

Am vereinbarten Tag fuhr ich nach Balata. Auf der Hauptstraße, unweit des Lagereingangs, warteten bereits Dutzende aufgeregte junge Männer in der Dunkelheit, die außer gelben Fahnen mit der Aufschrift »Palästinensische nationale Befreiungsbewegung (Fatah) – Revolution bis zum Sieg« auch Muhammads Bild schwenkten. Zum Teil waren es Jungen, die zur Welt gekommen waren, als Muhammad bereits im Gefängnis saß. Neben ihnen standen viele Ex-Häftlinge, die gekommen waren, um ihrem Kameraden aus dem Gefängnis Ehre zu erweisen. Als sie mich sahen, riefen sie sofort Muhammad an, um sich zu vergewissern, dass die Anwesenheit eines israelischen Journalisten bei diesem Ereignis mit seinem Wissen und auf seine Einladung hin erfolgte.

Kurze Zeit später traf er mit einem langen gelben Geleitzug ein, der jede Menge Lärm machte – unter anderen Umständen hätte man es für eine Karawane von Fußballfans halten können, die nach einem siegreichen Auswärtsspiel in ihre Stadt zurückkehren. Als wir uns dem Lager näherten, waren donnernde, weithin vernehmbare *allahu akbar!*-Rufe zu hören. Drinnen warteten bereits Tausende Menschen, darunter führende Persönlichkeiten der Palästinensischen Autonomiebehörde, Leute aus Verwaltung, Polizei und den Sicherheitsapparaten. Während man ihn auf Händen trug, erkannte er mich tatsächlich in dem dichten Gedränge und nickte mir rasch zu.

Im Zentrum des Lagers erwartete ihn eine Bühne, vor der der Empfang ausgerichtet wurde: eine Gruppe, die nationale Lieder sang, Reden, Glückwünsche aus dem Gefängnis. Auf dem Höhepunkt des Abends stieg der entlassene Häftling selbst hinauf und hielt eine Ansprache. Gleich danach lud er mich in sein nahe gelegenes Haus ein und bat mich, ihn dabei zu filmen, wie er der israelischen Öffentlichkeit eine wichtige Botschaft übermittelte. Er blickte direkt in die Kamera und sagte schlicht:

»Ich rede Hebräisch, damit die Botschaft alle Israelis erreicht. Unsere Einstellung hat sich weiterentwickelt und verändert. Es gibt eine Führung für unser Volk, die wirklich Frieden will. Die Gelegenheit für ein Friedensabkommen mit Israel ist günstig. Lasst uns diese Gelegenheit nicht versäumen, denn letzten Endes gibt es keinen anderen Weg.«

»Glauben Sie an Verhandlungen?«, fragte ich.

»Ja«, antwortete er.

»Und Sie glauben an die Existenz eines palästinensischen Staates neben einem Staat Israel?«

»Absolut richtig.«

Wir waren von einer Menge Menschen umgeben. Niemand protestierte. Als das Filminterview beendet war, hakte ich bei ihm nach:

»Hören Sie, es fällt mir etwas schwer, das zu glauben. Sie haben einen Selbstmörder losgeschickt, um sich in Israel in die Luft zu sprengen, und jetzt erkennen Sie wirklich das Existenzrecht des Staates Israel an?«

»Allerdings«, sagte er. »Wenn Israel unsere Rechte anerkennen und sich aus dem Westjordanland zurückziehen würde – dann würde ich es akzeptieren und in Frieden an seiner Seite leben, entsprechend dem Geist von Abu Mazen.«

Ein halbes Jahr später schloss sich der Kreis. Diesmal lud mich Muhammad zum Mittagessen ins Lager ein. Als ich ihn sah, erkannte ich ihn in seinem ordentlich gebügelten schneeweißen Anzug kaum wieder. Er bekleidete mittlerweile der Rang eines *muqaddam* (Major) bei der palästinensischen Polizei. Auch in der Lokalpolitik mischte er mit, um in der Fatah aufzusteigen. Der Prozess der Verbürgerlichung war bereits vollendet. Und nicht nur seiner, dachte ich, als ich ihn in seinem neuen weißen Honda-SUV sah, mit dem er durch die armseligen Gassen Balatas fuhr, sondern auch der vieler seiner Altersgenossen aus dieser Generation der Zweiten Intifada. Sie hatten zur Waffe gegriffen und Selbstmordattentäter losgeschickt, waren bereit gewesen, zu töten und getötet zu werden – heute fahren sie einen glänzenden SUV und reden von der Regelung des Konflikts, zum Teil sogar von Frieden.

Zeitliche Distanz und räumlicher Abstand können Weltanschauungen verändern. Manchmal von Grund auf. Wenn die Zweite Intifada fast zwei Jahrzehnte zurückliegt und man inzwischen auch an einem anderen Ort als in dem israelischen Gefängnis lebt, dann lassen sich der Konflikt und die Möglichkeiten zu seiner Lösung aus einem anderen Blickwinkel betrachten. Hauptsächlich ist das bei den Fatahmitgliedern der Fall. Auch die eingehende Bekanntschaft mit der politischen Kultur Israels, mit seinen Medien und dem öffentlichen Diskurs, mit der Pressefreiheit und der Meinungsvielfalt – all das beeinflusst nicht nur grundlegend die Art, wie ein beträchtlicher Teil der Häftlingsführer (vor allem der Fatah) Israel sieht, sondern lässt sie auch mit neuen Augen auf ihre eigene Gesellschaft blicken.

Als ich einen Fatahführer im Gefängnis fragte, ob er sich nicht fürchte, Kritik an der palästinensischen Führung zu äußern, antwortete er auf Arabisch, wörtlich übersetzt: »Nur wer den Kopf aufgesetzt hat, kann ihn auch abnehmen.« Das heißt, wer sein Leben geopfert hat, verdient es auch, ohne Angst alles sagen zu dürfen, was er auf dem Herzen hat. Die Gespräche, die ich im Lauf der Jahre in den Gefängnissen geführt habe, zeichneten sich von Anfang an durch eine außergewöhnliche Offenheit und Aufrichtigkeit bei meinen Gesprächspartnern aus. An diesem Ort, an dem die Zeit stillsteht, scheinen die Außenmauern die Insassen vor dem Zynismus, der Angst und der Einschüchterung der Welt draußen zu schützen.

Das Gefängnis ist auch einer der wenigen Orte, an denen ich scharfe und öffentlich geäußerte Kritik an der Symbolfigur gehört habe, auf die sich in der palästinensischen Gesellschaft immer noch die meisten Menschen einigen können: *rais* [Führer, Oberhaupt] Jassir Arafat. So erzählte mir 2017 ein Insasse, während er in einer Zelle im Fatahtrakt von hohen Tanzimmitgliedern umringt war, wie er von Arafat auf dem Höhepunkt der Zweiten Intifada Instruktionen erhalten habe, mit seinen Leuten Schusswaffenanschläge gegen Israel durchzuführen. Arafat höchstpersönlich habe ihn dazu in sein Büro zitiert.

»Hat Abu Ammar [Beiname Arafats] das mit seinen Worten angedeutet oder …?«, fragte ich.

Er lächelte. »Er hätte nicht klarer sein können.«

Die wirkliche Überraschung aber war, als er eingestand: »Unser großer Fehler war, dass wir am Anfang der Zweiten Intifada auf Arafat gehört und die Intifada angeheizt haben und gleichzeitig Abu Mazen mit Schuhen beworfen haben, als er sich gegen Terroranschläge ausgesprochen hat. Schauen Sie sich an, wohin uns das geführt hat. Wir hätten es genau umgekehrt machen sollen. Wenn wir der Auffassung von Abu Mazen gefolgt wären, dann hätten wir heute schon einen palästinensischen Staat und ich säße nicht hier im Gefängnis.«

Was diese Worte wirklich dramatisch macht, ist, dass zumindest meinem Eindruck nach sehr viele Fatahhäftlinge heute so reden, also davon, zur Versöhnung bereit zu sein, Israel anzuerkennen, das Stadium des bewaffneten Kampfes hinter sich zu lassen. Bei einem Großteil der Generation, die die Zweite Intifada angeführt hat, weht jetzt ein anderer Geist. Von dem Geist eines reifen und charismatischen Führers, dessen grundsätzliche Weltanschauung sich darauf stützt, durch Verhandlungen mit Israel einen palästinensischen Staat zu errichten, ist nicht mehr viel übrig geblieben. Trotzdem ist die entschiedene Ablehnung von Gewalt und Terroranschlägen – oder im internen palästinensischen Sprachgebrauch *askarat al-intifada* (»Militarisierung der Intifada«) – auch zu denen durchgesickert, die immer darauf gesetzt hatten und daran festhielten. Selbst sie sprechen heute eine andere Sprache.

Es gibt nicht viele maßgebliche Gruppen in unserem Konflikt, die einen derart unmittelbaren Zugang zu den Erfahrungen der israelischen Seite haben wie die sicherheitsrelevanten Häftlinge. Durch die Haft werden sie zum ersten Mal in ihrem Leben – und dann manchmal über Jahrzehnte – mit den ihnen unbekannten Welten von liberaler Demokratie, Menschenrechten und Ausdrucksfreiheit konfrontiert, mit der Möglichkeit, eine Meinung oder intern Kritik an der Regierung zu äußern. In einer Veröffentlichung des Gefangenenbüros zum Beispiel rühmen sie sich dafür, dass die Gefängnisinsassen an den Entscheidungsprozessen beteiligt sind, dass sie der jeweiligen Organisation und ihrem Kurs eine demokratische Legitimation geben und den Beschlüssen ihrer gewählten »Regierung« verpflichtet sind. »Führung ist, als Erstes nur das Wohl der Öffentlichkeit im Auge zu haben. Sonst wird sie an der Wahlurne bestraft«, steht dort geschrieben. All das geschieht unter völlig anderen Umständen als draußen, in Gaza oder im Westjordanland, wo die Wirklichkeit totalitäre Züge trägt.

Darüber hinaus hat die Fatahführung im Gefängnis im Lauf der Jahre einen gemäßigten Kurs eingeschlagen. Ihre Mitglieder akzeptieren Israel als gegebene Tatsache, viele von ihnen glauben an die Zwei-Staaten-Lösung. Ein Teil der entlassenen Häftlinge, die ich im Lauf der Jahre getroffen habe und die viele Jahre ihres Lebens verloren, aber eine gereifte Klugheit gewonnen hatten, sagten mir im Stillen, sie bedauerten, was sie getan hätten, sie hätten begriffen, dass sie ihr Leben und das ihrer Opfer zerstört hätten und sonst nichts, und wenn man die Zeit zurückdrehen könnte, würden sie »die Aktion« nicht mehr ausführen.

Zusammengefasst: Wenn sich in Zukunft eine mutige palästinensische Führung findet, die eine echte Lösung des Konflikts anstrebt, die sich nicht vor harter interner Kritik fürchtet und die es wagt, unpopuläre Schritte und schmerzhafte Verzichte umzusetzen, dann wird sie sich aus anderen Leuten zusammensetzen. Es werden meiner Einschätzung nach ehemalige Häftlinge aus Israels Gefängnissen sein.

Die schwarze Fahne: der Islamische Dschihad

Anfang 2006, als der Gazastreifen für mich noch zugänglich war, fuhr ich mit einem Taxi auf der Omar al-Muchtar Straße. Neben mir auf dem Rücksitz saß ein Begleiter aus Gaza, der für meine persönliche Sicherheit verantwortlich war. Plötzlich schrie er auf, seine Hand schnellte reflexartig vor und drückte mich zu Boden.

»Passen Sie auf – der Islamische Dschihad«, rief er, während er sich selbst duckte.

Aber ich konnte mich nicht zurückhalten. Neben uns erschienen zwei große, offene Lastwagen, auf denen Dutzende Bewaffnete mit Gewehren und RPG-Raketen standen, die Gesichter verhüllt und um den Kopf schwarze Bänder gebunden mit der Aufschrift *sarija al-quds* (»Jerusalem-Kompanie«) – der Name des militärischen Flügels des Islamischen Dschihad. An den Fahrzeugen selbst waren große Fahnen in Schwarz, der Farbe der Organisation, befestigt und flatterten im Wind.

Als ich meinen Begleiter fragte, ob wir anhalten und sie interviewen könnten, erschauderte er.

»A'uzu billah« (›Allah bewahre uns‹)!!! Sind Sie wahnsinnig? Sie würden Sie kidnappen und mich erschießen«, fuhr er mich an. »Das sind die Allerschlimmsten.«

Ihm war die blanke Angst anzusehen, eine Reaktion, die viele Palästinenser zeigen, wenn es um die extremste bewaffnete Gruppierung auf dem palästinensischen Schauplatz geht.

Der Islamische Dschihad ist eine isolierte Bewegung mit einer eigenen Agenda, die nicht unbedingt Rücksicht auf die öffentliche Meinung vor Ort nimmt. Besonders im Westjordanland kann sie auf relativ wenig Unterstützung zählen, ihre Bedeutung rührt hauptsächlich von ihren gesammelten militärischen Fähigkeiten her, mit denen sie gleich hinter der Hamas rangiert.

Gegenüber der Hamas hat der Islamische Dschihad seine Unabhängigkeit bewiesen: Die ganzen letzten Jahre hindurch und vor allem seit Anfang 2018 torpedierte die relativ kleine Bewegung jede Verständigung zwischen Israel und der Hamas und schoss, oft konträr zu deren Politik, weiterhin Raketen auf Israel ab. Frei von gesellschaftlichen oder politischen Verpflichtungen, von der Verantwortung einer Regierung gegenüber ihren Bürgern – eine Verantwortung, die die Hamas trägt –, hat sich die Bewegung als Bannerträgerin von Dschihad und *muqawama,* dem kompromisslosen Widerstand gegen Israel, positioniert.

Wenn wir dem Diktum zustimmen, dass sich Geschichte stets zweimal ereignet, einmal als Tragödie und einmal als Farce, dann scheint es, dass die Farce in diesem Fall die Hamas durchlebt: Jahrelang hat sie die Fatah rechts überholt, hat ihren relativen Vorteil ausgeschlachtet, keine Verantwortung für die Zivilgesellschaft zu tragen. Jetzt ist es der Islamische Dschihad, der die Hamas mit seiner extremistischen Agenda überholt, die meist keine Rücksicht auf die Konsequenzen für die Gesellschaft ringsherum nimmt.

In historischer Sicht bedeutete der Islamische Dschihad tatsächlich eine bahnbrechende Neuerung im Feld der palästinensischen Bewegungen, da er die erste Gruppierung ist, die den Heiligen Krieg – den Dschihad – gegen Israel auf ihrer Prioritätenliste ganz oben hat, und zwar nicht als amorphes Projekt für die Zukunft, sondern als operatives Instrument zur Befreiung Palästinas vom zionistischen Gebilde. »Der bewaffnete Kampf als unverzichtbare religiöse und moralische Pflicht ist der einzige strategische Weg für die Auseinandersetzung mit Israel«, steht im politischen Papier des Islamischen Dschihad, eine Art ideologischer Wegweiser der Bewegung. Darin wird der Kampf gegen Israel auch als *wudschud* und nicht *hudud* definiert, das heißt, als existenziell und nicht als ein Krieg um Grenzen.

Die Unbedingtheit und die ideologische Sturheit des Islamischen Dschihad zeigen sich unter anderem daran, dass die Bewegung bis heute nie an den Wahlen zum palästinensischen Parlament teilgenommen hat. Ihre Oberhäupter verkünden, dass sie auch weiterhin dagegen sein werden, denn ein solcher Schritt könnte als Anerkennung des Osloer Vertrags interpretiert werden, dessen Werk das Parlament sei, und damit auch als indirekte Anerkennung Israels.

Die extremistische Lehre des Islamischen Dschihad drückt sich hauptsächlich in Zusammenhang mit dem israelisch-palästinensischen Konflikt aus. Die Befreiung Palästinas durch den Dschihad war der Gründungskonsens der Bewegung, entsprechend hat sie sich den kompromisslosen Kampf gegen Israel bis zur Vernichtung auf ihre Fahne geschrieben. Ideologie und Praxis sind bei ihr nahezu eins, und die Auseinandersetzung mit dem zionistischen Feind ist permanent zu führen.

Daher verwundert es kaum, dass der Islamische Dschihad die Bewegung war, die ideell und theologisch den Boden für die Selbstmordattentate bereitet hat, die »Waffe des Jüngsten Gerichts« im Konflikt mit Israel, und konsequenterweise stand sie später auch an vorderster Front bei der Durchführung jener Terroranschläge. Sie ist auch die palästinensische Gruppierung, die der revolutionären Ideologie der schi'itischen Welt am nächsten steht: Der Islamische Dschihad entstand bereits in engem Zusammenhang mit der iranischen Revolution 1979, und bis heute ist die Islamische Republik sein finanzieller und ideologischer Schirmherr und gewährt ihm Schutz.

»Wir hassen euch, und sobald wir können, werden wir euch vernichten«

Jahrelang sahen wir uns immer wieder vor Ort, nickten uns dann knapp, nahezu unmerklich zu, doch ich wagte es nie, an ihn heranzutreten. Immerhin handelte es sich um Abu Mudschahid, eine der berühmtesten Symbolfiguren des Islamischen Dschihad im nördlichen Westjordanland. Das erste Mal traf ich ihn vor über einem Jahrzehnt, als er noch örtlicher Kommandeur der Bewegung war: ein junger Mann mit dem typischen Vollbart, der trotz seines Alters schon den

Nimbus eines verehrten Befehlshabers genoss, stets umgeben von einer Gefolgschaft junger Kämpfer und mit einem Charisma ausgestattet, das ihn möglicherweise zu einer hohen Offizierslaufbahn in der israelischen Armee oder zu einem CEO-Posten in der Privatwirtschaft geführt hätte, wäre er einige Kilometer weiter westlich geboren.

Schließlich, gegen Ende des Sommers 2019, fasste ich Mut, rief ihn an und bat um ein persönliches Treffen. Zu meiner Überraschung gab mir Abu Mudschahid eine positive Antwort. Am vereinbarten Tag traf ich am Übergang Dschalama ein, der nicht weit von der israelischen Stadt Afula liegt. Auf der palästinensischen Seite der Sperre erwartete mich ein Verbindungsmann, der zu meiner Abholung geschickt worden war. Ich folgte ihm in das A-Gebiet bis in die Gegend von Qabatija, eines der Bollwerke des Islamischen Dschihad im Norden Samarias. Als wir an dem Haus ankamen, drängte mich der Verbindungsmann, schnell hineinzugehen, bevor mich jemand von den Nachbarn sehen oder, noch schlimmer, erkennen würde.

Der Hausherr erwartete mich drinnen, lächelnd und selbst neugierig. Ich setzte mich ihm gegenüber auf das große Samtsofa, das mich erwartete.

»*Salam aleikum*«, begrüßte er mich, »willkommen unter meinem Dach. Sie sind hier sicher. Keine Sorge.«

Tatsächlich machte ich mir keine Sorgen. Der Verhaltenskodex gegenüber Gästen stellte mich automatisch unter Schutz. Solange ich mit Abu Mudschahid zusammen war und unter seiner Aufsicht, bürgte er als Hausherr für meine Sicherheit. Für diese Zeit war es möglich, mich voll und ganz auf die so seltene Gelegenheit einzulassen, mit einem Menschen zu sprechen, der vom echten Fleisch und Blut der extremistischsten, sektierischsten Bewegung auf Seiten der Palästinenser war. Ich hatte das Gefühl, in eine Welt gelangt zu sein, an deren Tor – wenn überhaupt – nur sehr wenige Juden Eintritt erhalten. Ich hatte mich selbst einer doppelten Herausforderung gestellt: seine inneren Beweggründe zu begreifen und parallel dazu auszuloten, ob nicht doch eine Chance bestand, dass sich die Wege Israels und der fanatischsten Palästinenserorganisation in der Zukunft kreuzen ließen.

»Wer sind Sie?«, begann ich. »Was ist das Wichtigste, das ich über den Dschihad wissen muss?«

»Wir glauben an den Kampf gegen Israel bis zu dessen totaler Zerstörung«, erwiderte er mit leiser Stimme, fast als verrate er ein Geheimnis. »Selbst wenn jemand bei uns irgendein Friedensabkommen mit euch unterzeichnen würde, wäre es ein ›kalter‹ Frieden. Wir würden zwar zusammen leben, die Juden und die Palästinenser, Dinge zusammen machen, bei manchen Angelegenheiten ein Stück weit kooperieren, aber wenn Sie in jeden Einzelnen von uns hineinschauen, sein tiefstes Inneres erkennen würden, würden Sie feststellen, dass alles Lüge ist. Wir hassen euch, und sobald wir können, werden wir euch auch vernichten.«

Es war schwierig, diese harten Worte mit der Herzlichkeit in Einklang zu bringen, mit der er mich nur wenige Minuten zuvor empfangen hatte.

»Kommen Sie, ich gebe Ihnen eine Kurzfassung der Geschichte des Dschihad«, sagte Abu Mudschahid. »Von Anfang an haben die Fatah und die säkularen Linksfronten, die nationale und die demokratische Front, den Kampf auf palästinensischer Seite angeführt, während die Muslimbrüder (die später zur Hamas wurden) im Hintergrund blieben – sie haben sich nur mit Religion und hauptsächlich mit *da'awa* beschäftigt, das heißt, mit der Gewinnung der Herzen und religiöser Predigt. Jahrelang haben die Muslimbrüder alle zurückgewiesen, die sie dazu bewegen wollten, den Dschihad mit Israel zu eröffnen. Immer sagten sie, man müsse sich zwar darauf vorbereiten, doch die Zeit für eine bewaffnete Auseinandersetzung mit Israel sei noch nicht gekommen. Das stellte unsere jungen Religiösen nicht zufrieden, die auf eine Konfrontation drängten.«

Nun ging er dazu über, eine imaginäre Gleichung in der Luft zu skizzieren. »Die Fatah und die Linke waren für den Kampf, nennen wir ihn Dschihad, die Muslimbruderschaft befasste sich nur mit dem Islam. Anfang der Achtzigerjahre wurden wir als eine Kreuzung der beiden geboren: Unsere Glaubensbasis übernahmen wir von den Muslimbrüdern und die Kampfstrategien von der Fatah.«

»Warum haben Sie selbst sich ausgerechnet den Islamischen Dschihad ausgesucht?«, fragte ich.

»Das Leben hat mich dorthin geführt«, antwortete er. »Ich war jung und kampflustig. Ich hatte den Tod schon von früher Jugend an kennengelernt, als einige meiner Verwandten zu Schahids wurden. Nun suchte ich nach einem Weg, selbst ein Kämpfer, ein *mudschahid* zu werden, und war bereit, mich der ersten Organisation anzuschließen, die mir die Möglichkeit dazu bot. In meinem Umfeld gab es jemanden, der ein hochrangiges Mitglied im Islamischen Dschihad war. Am Anfang des Weges wusste ich so gut wie nichts über die Bewegung. Erst nachdem ich zu einigen Jahren in eurem Gefängnis verurteilt worden war – die wahre Schule eines palästinensischen Kämpfers und das zweite Stadium in seiner Karriere –, wurde ich wirklich mit den Grundsätzen des Dschihad vertraut gemacht. Ich las ununterbrochen die Schriften von Fathi Schaqaqi (Gründer des Islamischen Dschihad), studierte die Geschichte der Bewegung und ihr Glaubensbekenntnis, näherte mich der Religion, kletterte in der Hierarchie nach oben, und als ich freigelassen wurde, hatte ich bereits den Rang eines örtlichen Kommandeurs.«

»Wie sehen Sie Israel?«

»Ihr seid wie eine Straßenbande. Ich habe dich in mein Haus eingelassen, und du hast es besetzt. Ich habe dich mit Freuden willkommen geheißen, dir zu essen gegeben, ich war arglos, und du hast mich ausgebeutet, bist hier hereingekommen und hast dir alles einverleibt. Und ihr seid Rassisten – ein jüdischer Staat, der sich wie das Organ einer höheren Rasse benimmt, und alle hier rundherum sind eure Diener. Was Ihre Frage angeht, werden Sie die Antwort nicht gerne hören, aber ihr seid nicht unsere Nachbarn oder Freunde. Ihr seid der Feind«, erwiderte er mit einem aufrichtigen Lächeln. »Und nicht nur wir im Dschihad sehen euch so – so empfinden alle Palästinenser, auch die Fatah sieht in euch einen Feind. Es wird zwar nicht offen ausgesprochen, aber jeder Muslim hier glaubt, dass das ganze Land ringsherum uns gehört. Tel Aviv ist meine Erde, auch Haifa, Akko und Umm al-Fahm. Die Gespräche, die sie in Oslo mit euch über die Errichtung eines Staates auf einem begrenzten Teil Palästinas geführt haben – dabei sind nichts als Luftschlösser erbaut worden.«

»Ich kenne aber durchaus viele, die bereit sind, mit uns und neben uns zu leben«, wandte ich ein. »Ich bin sicher, dass Sie auch hier in der Gegend viele finden würden. Sie repräsentieren ja nicht den Durchschnittspalästinenser, Sie sind schließlich einer vom Islamischen Dschihad.«

»Unsinn«, schnitt er mir das Wort ab. »Es gibt keinen einzigen Muslim, der glaubt, das hier sei jüdischer Boden. Und außerdem: Selbst wer sich mit euch arrangiert und mit euch zusammenarbeitet, weiß insgeheim, dass die Juden nicht ewig hier bleiben werden. Jeder, den Sie hier ringsherum sehen«, sagte er und machte eine so weit ausholende Geste, als wolle er alle Bewohner des Dorfes, des Westjordanlands, Palästinas und des gesamten Nahen Ostens mit einschließen, »wartet auf die Gelegenheit, wo ihr schwach seid und wir euch vernichten können. Auch die, die so tun, als ob sie euch lieben und mit euch kooperieren würden. Wie sagte kürzlich ein Offizier von unseren Sicherheitskräften zu mir? Ich befürworte die Existenz des Staates Israel, freue mich zu sehen, wie sich die Juden aus allen Ecken und Enden der Welt hier versammeln, ich finde es großartig, dass es diesen Staat neben uns gibt und er gedeiht. Das wird es uns leichter machen, sie alle am Tag des Jüngsten Gerichts zu schlachten.«

»Aber Sie glauben doch nicht wirklich, dass das passieren wird?«, bohrte ich nach.

»Sicher wird das passieren«, erwiderte er, ohne mit der Wimper zu zucken.

»Wie? Wann?«

»Das hängt von einer einzigen Sache ab: vom Islam. Alle arabischen Staaten werden zerfallen. Saudi-Arabien, Ägypten, Syrien – alle werden am Ende zu einem einzigen großen muslimischen Staat werden, und dann, aber erst dann, wird es passieren. Und wenn es passiert, das verspreche ich Ihnen, können Sie zusammen mit Ihrer Familie hierher kommen, und Sie werden einen sicheren Platz in meinem Haus haben«, lachte er.

Aber ich lachte nicht mit. Um ehrlich zu sein, ich war überrascht von seiner Aufrichtigkeit, von der Hemmungslosigkeit, mit der er ausrückte, was in seinen Augen eine absolute Wahrheit war. Eine nahezu göttliche.

»Aber Ihnen ist doch klar, dass die arabische Welt sich niemals vereinigen wird«, sagte ich.

»Sie täuschen sich«, stellte er fest. »Wenn Sie vor 150 Jahren die Vereinigung der Juden aus aller Welt prognostiziert hätten, wären Sie verspottet worden. Aber es ist passiert. Und so, wie ihr Juden aus der ganzen weiten Welt hier angekommen seid und einen Staat gegründet habt, so stellen auch wir, *inschallah,* uns die Vereinigung der islamischen Welt vor. In hundert, zweihundert, vielleicht tausend Jahren werdet ihr verschwinden.«

»Oder vielleicht werdet ihr in hundert, zweihundert oder tausend Jahren den Hass gegen Israel vergessen? Vielleicht ist das Leben stärker als alles und Israel wird auch für euch zur vollendeten Tatsache?«, konterte ich.

»Ausgeschlossen«, erwiderte er bestimmt und rief zwei seiner Söhne, einen Sechsjährigen und einen Zwölfjährigen, ins Wohnzimmer. Die beiden setzten sich, voller Ehrfurcht vor ihrem Vater, jeder auf eine Seite von ihm.

»Auf wen willst du schießen, wenn du groß bist?«, fragte er den Sechsjährigen.

»Auf die Juden«, antwortete der Kleine.

»Und was haben sie uns genommen?«

»Dein Auto, Papa.«

»Und was noch?«

»Das Land, Papa.«

»Aber wenn du auf Juden schießt, kommst du ins Gefängnis.«

»Und du«, antwortete der Junge zur Zufriedenheit seines Vaters, »bist du nicht im Gefängnis gewesen?«

Nun kam die Reihe an den zweiten Sohn.

»Was wird mit den Juden passieren?«, fragte der Vater.

»Sie werden von hier verschwinden«, erwiderte der Junge.

»Und warum haben wir sie nicht längst rausgeworfen?«

»Weil wir untereinander zerstritten sind.«

»Und du, mein Sohn, gehörst du zum Islamischen Dschihad?«

»Nein«, entgegnete der Junge zu meinem Erstaunen. »Zu keiner Organisation. Nicht zum Dschihad, nicht zur Fatah, nicht zur Hamas. Wir haben nichts von diesen Organisationen gehabt. Sie sind alle gleich.«

Ich drehte meinen Kopf zum Vater hin, erwartete eine Rüge, doch es kam keine. Stattdessen hielt Abu Mudschahid einen fesselnden, überraschenden Monolog.

»Früher war ich äußerst extremistisch«, sagte er. »Ich habe mit Bewunderung zu den Führern des Dschihad und der Hamas aufgeschaut. Ich war sicher, dass sie aus übermenschlicher Materie geformt sind, dass sie nicht aus Fleisch und Blut wie wir, sondern halb göttlich sind. Bis ich sie aus der Nähe kennenlernte, ihre ganzen menschlichen Schwächen: Einige waren völlig gewöhnliche Menschen, andere sogar Schurken. Dieser Einblick hat in mir etwas verändert.«

Es war faszinierend mit anzusehen, wie sich das Pathos verflüchtigte, als es auf die persönliche Ebene ging, um sein eigenes Leben. Er erzählte, wie er in den Jahren der Konfrontation vom Tod umgeben war, wie er viele und nahe Freunde und Familienangehörige verlor. Ein Teil kam im Feuer der israelischen Armee zu Tode, einige sprengten sich in Israel selbst in die Luft. Aber mit dem Tod der Intifada erwachte, wie bei vielen aus seiner Generation, das Verlangen nach Leben wieder. Die Ernüchterung machte auch vor dem extremen Dschihadisten nicht halt.

»Sind Sie der Politik müde geworden?«, fragte ich.

»Ja, es reicht. Alles Lüge.«

»Und Sie wollen nicht, dass Ihre Kinder Ihren Weg fortsetzen? Sich der Organisation anschließen?«

»Gott bewahre«, antwortete er auf der Stelle. »Ich gehöre zwar der Generation der Wüste an, aber für meine Kinder möchte ich eine völlig andere Zukunft. Ich will, dass sie leben. Heute schicke ich sie auf Privatschulen, baue ihre Zukunft auf, halte sie von Politik fern. Das ist mein wahrer Kampf: zu sehen, wie meine Kinder ein gutes Leben führen, Erfolg haben und vor allem mit ihrem Leben glücklich sind.«

Ein wichtiger Moment: Hinter dem fanatischen Dschihadisten kam die Gestalt des Vaters zum Vorschein. Ich spürte, dass ich einen Verbindungsfaden gefunden hatte, und beeilte mich, daran anzuknüpfen, indem ich eine Frage stellte, die mich beschäftigte, seit ich auf dem Sofa Platz genommen hatte.

»Sagen Sie, waren Sie an Anschlägen beteiligt?«

»Nehmen wir einmal an, ich hätte selbst einen Anschlag verübt. Hätte dreißig Israelis getötet. Oder wissen Sie, was? Hundert! Inwiefern hätte mich das weitergebracht? Was hätte ich dabei gewonnen? Ich hätte mich selbst dabei geopfert und nur Schmerz und Leid über meine Familie gebracht. Das ist nichts, was mir die Erde oder Palästina zurückgebracht hätte. Ich sitze zwar jetzt mit Ihnen hier, aber ich kann Ihnen versprechen, wenn ich wollte, könnte ich innerhalb einer Stunde mit einem Gewehr in der Hand im Herzen Tel Avivs sein.«

»Und wie würden Sie durch den Zaun kommen?«, fragte ich.

»Nichts leichter als das«, antwortete er achselzuckend.

»Warum gibt es dann keine Terroranschläge in Tel Aviv?«

»Weil wir Palästinenser leben wollen. Wir haben viele gute Leute verloren im Lauf dieser Jahre, ein spürbarer Verlust. Ihr Israelis begreift die Sache mit den Anschlägen überhaupt nicht. Sie sind nicht dazu gedacht, euch zum Verschwinden zu bringen oder zu vernichten. Unser Ziel ist, euch daran zu erinnern, dass das nicht euer Land ist, euch zu quälen, euch zu verletzen, euch in eurer angenehmen Lebensroutine aufzuscheuchen. Ihr sollt leiden, aus der Ruhe gebracht werden. Wir wissen schließlich, dass ein Anschlag, so groß er auch sein mag, Palästina nicht befreien wird, aber wir wollen, dass ihr nicht vergesst, nicht einmal für einen Augenblick, dass wir da sind.

Jetzt kommen Sie, schauen Sie sich das Haus an, das ich gebaut habe. Wir sind erst vor zwei Monaten eingezogen. Schön, nicht?«

Etwa eine Woche nach unserem Treffen, am Tag der israelischen Parlamentswahlen im September 2019, erhielt ich kurz vor Mitternacht einen Anruf von Abu Mudschahid. Ich war gerade dabei, meinen Sendeposten im Haus der Amerikanischen Zionisten abzubauen.

»Was ist los? Ich sehe Sie nicht auf Sendung.«

»Ich berichte über das Hauptquartier des demokratischen Lagers«, antwortete ich.

»Da hat man Sie an den langweiligsten Ort überhaupt geschickt«, erwiderte er spöttisch. »Sagen Sie, was soll aus euch werden? Die Orthodoxen werden bloß immer stärker. Was macht ihr denn? Versteht ihr nicht, dass euch das ins Unglück führt?«, sagte er und fing sofort an, herumzufantasieren und imaginäre Koalitionen zusammenzusetzen und wieder zu zerlegen, mit Zahlen zu spielen, seine Meinung über die verschiedenen Fraktionen zum Besten zu geben und über ihre jeweiligen Chancen, an einer Regierung beteiligt zu werden. Es war grotesk. Ich grübelte über diesen inneren Widerspruch in der Einstellung vieler Palästinenser zu Israel nach: annähern und entfernen, sich isolieren und kennenlernen wollen, mit Israel abrechnen wollen und im gleichen Atemzug nach einem gemeinsamen Leben und Koexistenz streben.

Der schi'itische Schatten

Es gibt nicht viele Begriffe im Islam, für die so zahlreiche unterschiedliche Interpretationen existieren wie für den Begriff des Dschihad. Dem klassisch koranischen Sinne nach bedeutet Dschihad die Konzentration von Anstrengungen und die Aufopferung für Allah; er ist unterteilt in zwei Formen: Die erste, für unser Thema weniger relevante, meint die spirituelle Praxis des Gläubigen, hauptsächlich den Kampf gegen die schwache Seele und ihre Begierden; sie muss erzogen werden, Allah zu dienen. Die zweite Form des Dschihad ist uns um einiges bekannter: ein göttliches Gebot für die muslimischen Gläubigen, Krieg gegen die Ungläubigen zu führen. Anders als verschiedene weltliche Begriffe für gewöhnliches Kampfgeschehen ist der Terminus »Dschihad« ausgesprochen religiös befrachtet. Während die Fatah von einem nationalsäkularen Hintergrund aus zur Befreiung ihrer Heimat in den Krieg zog, weist bereits der Name des Islamischen Dschihad darauf hin, dass er aus einer religiösen Motivation heraus handelt: einen Krieg im Namen Allahs gegen die Ungläubigen (die Juden) zu führen.

Obwohl der Islamische Dschihad die erste Bewegung war, die noch vor der Hamas einen religiösen Dschihad im palästinensischen Kontext predigte, blieb sie relativ klein, ihre Basis in der Bevölkerung sehr begrenzt, vor allem im Vergleich zu ihrer großen Schwesterorganisation Hamas. Dr. Chalil Schaqaqi, ein bekannter Meinungs- und Gesellschaftsforscher – sein Bruder Fathi Schaqaqi gehörte zu den Gründern des Islamischen Dschihad und wurde 1995 von Israel auf Malta liquidiert –, erzählte mir, als wir uns in seinem Büro in Ramallah trafen, dass sich laut Umfragen von 2019 die Unterstützungsrate der Bewegung im Gazastreifen um die 5 Prozent bewege, im Westjordanland seien es sogar nur 2 bis 3 Prozent. Einer der zentralen Gründe für das geringe Maß an Unterstützung ist ein Vorwurf, der den Islamischen Dschihad vom Tag seiner Gründung an begleitet: der Schi'a gegenüber zu offen zu sein. Denn die Bewegung ist bekannt für ihre guten Beziehungen zum schi'itischen Iran, operiert aber in einem ausgesprochen sunnitischen Raum – die Palästinenser sind alle Sunniten.

»Es gibt eine hohe Korrelation zwischen dem Prozentsatz der Unterstützung für den Islamischen Dschihad in den besetzten Gebieten und den Ereignissen im Nahen Osten«, sagte Dr. Schaqaqi. »In Phasen, in denen sich die Spannungen zwischen den Schi'iten und Sunniten verschärfen und die Agenda des Nahen Ostens beherrschen, wird die Unterstützung für den Islamischen Dschihad in den besetzten Gebieten schwächer – und umgekehrt. Im letzten Jahrzehnt hat die Rivalität zwischen der sunnitischen Mehrheit und der schi'itischen Minderheit um die Hegemonie im Nahen Osten einen Höhepunkt erreicht, und das hat der Unterstützung des Islamischen Dschihad in der sunnitischen palästinensischen Öffentlichkeit geschadet.«

Für viele Palästinenser ist die Schi'a, die vom Iran durch eine schwarze Fahne symbolisiert wird, Ketzerei, sie sehen in ihr eine gravierende Bedrohung ihrer Weltanschauung und Lebensweise. Deshalb macht der permanente schi'itische Schatten, der über dem Islamischen Dschihad liegt, die Bewegung in den Augen vieler unmittelbar verdächtig. Wiederholt wurden Beschuldigungen laut, dass Gruppen oder Einzelne in der Bewegung sogar so weit gegangen seien, Schi'iten zu werden.

Um die Gründe für die Konfrontation zwischen Sunniten und Schi'iten zu verstehen, muss man bis zum Nachfolgestreit zurückgehen, der sich nach dem Tod des Propheten Muhammad im Jahre 632 n. Chr. entwickelte. Während die Mehrheit der Gläubigen Abu Bakr, einen Verwandten und Getreuen des Propheten, als seinen ersten Nachfolger wählte, argumentierte eine Gruppe, der Schwiegersohn und Vetter des Propheten, Ali ben Abi Talib, sei der legitime Erbe. Sie spaltete sich von der Hauptströmung ab und nannte sich *schi'at 'Ali* (»Alis Unterstützung«). Seither stand, was in ihren Augen eine willkürliche Herrschaftsberaubung gewesen war, im Brennpunkt der Konfrontation zwischen den Schi'iten und der übergroßen sunnitischen Mehrheit. Von Anfang an sahen sich die Schi'iten also als Opfer einer Ungerechtigkeit. Generell kann man sagen, dass die Schi'iten den größten Teil der muslimischen Geschichte hindurch als Minderheit galten, zeitweise auch unterdrückt und verfolgt wurden.

Diese Situation hat sich in den letzten Jahren geändert, vor allem seit der islamischen Revolution im Iran. Zwar sind die Schi'iten, deren Anteil in der muslimischen Welt auf 10 bis 15 Prozent geschätzt wird, eine Insel in einem sunnitischen Ozean geblieben, doch die Kräfteverhältnisse im Nahen Osten haben sich zu verändern begonnen. Die Verknüpfung zweier revolutionärer Anschauungen aus der Schule des Ajatollah Chomeini sorgte für eine Hochzeit des schi'itischen Aktivismus: zum einen »die Herrschaft des Gesetzes«, der zufolge allein den religiösen Rechtsgelehrten die Herrschaftsrechte zustehen und auf deren Basis die islamische Republik im Iran errichtet wurde, und die Doktrin des »Revolutionsexports«, wonach die islamische Revolution in alle umgebenden Gesellschaften zu tragen und eine revolutionäre islamische Macht zu etablieren ist. Die Krakenarme des Iran begannen sich nach verschiedenen Staaten auszustrecken, vor allem nach solchen, in denen schi'itische Minderheiten leben. Der Sturz Saddam Husseins, der sich als Türhüter der arabischen Welt von Osten gesehen hatte, und einige Jahre später die Bürgerkriege, die in Syrien, im Irak und im Jemen ausbrachen, verfestigten den Griff des Irans im Nahen Osten.

Über den Hass zwischen Sunniten und Schi'iten sagt vielleicht eine Begegnung etwas aus, die ich in einer Moschee in Kairo mit einem einheimischen Religionsvertreter hatte.

»Jeder gläubige Muslim weiß, dass Israels Zeit begrenzt ist«, erklärte er mir. »Zu einer bestimmten Zeit wird Israel vernichtet werden, so wie es das heilige Buch – der Koran – bezeugt. Doch noch bevor Israel verschwindet, werden wir die Schi'iten vernichten, denn sie sind die wahren Feinde Allahs.«

Einen weiteren Blick auf die Spaltung der muslimischen Welt erhielt ich von einem israelischen Araber, der sich der mörderischen IS-Organisation angeschlossen hatte, gefasst und nach Israel ausgeliefert worden war.

»Ich habe mich dem IS nicht angeschlossen, weil ich Juden, sondern hauptsächlich weil ich Schi'iten gehasst habe wegen der Dinge, die sie meinen sunnitischen Brüdern in Syrien angetan haben«, erzählte er mir. »Ich bin noch im Vorbereitungsstadium gefasst worden, als ich nach schi'itischen Stätten im Ausland gesucht habe, wo ich Anschläge hätte verüben können. Drei Jahre habe ich in Israel im Gefängnis gesessen – und was habe ich dort entdeckt? Dass es Gefangene vom Islamischen Dschihad gibt, die Schi'iten geworden sind. Ich habe sie belauscht. Ich habe gehört, wie sie das ganz deutlich gesagt haben. Aber Sie wissen, die Schi'iten glauben an Verstellung, und sie haben das auch im Gefängnis gemacht.«

Damit meinte er *taqija* [Vorsicht, Geheimhaltung], eines der Grundprinzipien der Schi'a, das die Gläubigen zu vorsichtigem Verhalten verpflichtet, es ihnen erlaubt, ihren schi'itischen Glauben zu verheimlichen und sich zu verstellen, um in einer feindlichen Umgebung zu überleben. Es muss hier betont werden, dass die feindliche Umgebung in diesem Fall nicht Israel, sondern die palästinensische sunnitische Gesellschaft ringsherum ist.

Wie in vielen anderen Fällen ist auch hier das Gefängnis nur ein Spiegel der Außenwelt. In Gaza werden die Mitglieder des Islamischen Dschihad beschuldigt, für den schi'itischen Glauben zu missionieren und mit Hilfe der Freitagspredigten in den Moscheen, über die sie verfügen, Menschen einzufangen – und das gegen hohe Gehälter aus Teheran. Selbst wenn das der Wahrheit entsprechen sollte, so wird doch jede Aktivität, mit der die Akzeptanz der Schi'a befördert werden soll, nur im Dunkeln betrieben. Es ist sonst zu gefährlich.

Die einzige Gruppierung, die es gewagt hat, öffentlich für den schi'itischen Glauben zu missionieren, nennt sich *al-sabrin* oder mit vollem übersetzten Namen »Die sich für den Sieg Palästinas in Geduld fassen«. Sie wurde 2014 in Gaza mit dem erklärten Ziel gegründet, die Schi'a und die iranischen Interessen nach Gaza einzuschleusen, und bezog direkte Unterstützung vom Iran. Sie gilt als die palästinensische Bewegung, die den Zielen der Revolution Chomeinis am nächsten steht. Ihr Gründer Hischam Salam wurde von der Hamas inhaftiert und erst kürzlich entlassen, nachdem er sich anscheinend verpflichtet hatte, künftig auf jede politische und militärische Aktivität zu verzichten. Der iranische Versuch, einen religiösen Keil in Gaza zu treiben, blieb vorläufig eine Randerscheinung.

Trotz der erbitterten innermuslimischen Konfrontation konnte ich im Lauf der Jahre erleben, wie der schi'itische Iran und seine Fähigkeiten in den besetzten Gebieten zunehmend gewürdigt wurden. Kürzlich führte ich ein Gespräch mit einer Gruppe religiöser Muslime, teils ehemalige Hamasmitglieder. »Die Schi'iten verfügen über eine klare Ideologie mit einem eindeutigen Ziel und die Bereitschaft, dafür viel mehr zu opfern als die sunnitische Welt«, erklärte mir einer von ihnen. »Ein Teil von ihnen glaubt, dass der Mahdi, der schi'itische Messias, zum ersten Mal in Jerusalem erscheinen wird und von dort die letzte Religion, die wahre Religion mitbringen wird. Das sollte euch beunruhigen, denn ihrer Meinung nach wird der Mahdi erst mit der Befreiung Jerusalems kommen, und darauf arbeiten sie hin, zielstrebig und fest entschlossen, bis ans Ende der Tage. Für euch Juden wird es nicht leicht sein, gegen sie vorzugehen. Kämpf mal gegen ein Volk, das sich vom Weben ernährt. Man stelle sich nur mal vor, wie viel Geduld es von einer Familie erfordert, deren Söhne alle dasitzen und ein ganzes Jahr lang nur an einem einzigen Teppich weben. Und wenn sie damit fertig sind, fangen sie an, einen anderen Teppich zu weben, an dem sie wieder ein ganzes Jahr sitzen, und so weiter und so fort. Ihr werdet Probleme haben, es mit dieser Geduld aufzunehmen, mit dieser Zeitauffassung. So kalkulieren sie ihre Konfrontation mit euch, mit iranischer Zeit.«

Gazaer Mischung

Der prinzipielle Unterschied zwischen der Muslimbruderschaft, der Mutterbewegung der Hamas, und dem Islamischen Dschihad besteht in den Mitteln, nicht im Ziel. Die Muslimbrüder glauben, dass die Voraussetzung für den heiligen Krieg eine Veränderung der muslimischen Gesellschaft und aller ihrer Mitglieder sein muss – dass sie eine Islamisierung durchläuft und ihre säkularen Bestandteile aufgibt. Die Bewegung des Islamischen Dschihad wartet nicht darauf: Für sie ist Palästina das Hauptthema, und der bewaffnete Kampf ist das Ziel.

»Am Anfang stand der noch junge Islamische Dschihad der Fatah viel näher als den Muslimbrüdern (die die Basis der Hamas waren), weil beide Bewegungen einen national-palästinensischen Ansatz verfolgten«, erläuterte mir Dr. Chalil Schaqaqi. »Der Islamische Dschihad war vom ersten Augenblick an eine bahnbrechende patriotische palästinensische Bewegung. Beim Dschihad glaubte man, dass der Islam siegen würde, wenn man Palästina ins Zentrum stellte. Bei der Hamas glaubte man, dass man den Islam ins Zentrum stellen müsse, und zwar nur ihn. In diesem Sinne ist die Hamas eine Bewegung, die sich weniger auf Palästina bezieht und mehr auf den Islam.«

Bis heute werden im Islamischen Dschihad Befürchtungen geäußert, die Kompromissbereitschaft und der politische Pragmatismus der Hamas könnte auf Kosten der eigenen kämpferischen Organisation und des bewaffneten Kampfes gegen Israel gehen.

»Der Gründer unserer Bewegung, Fathi Schaqaqi, hat zwar von der Notwendigkeit gesprochen, aus der Revolution im Iran und ihrer Haltung zu Israel Kapital zu schlagen, hat aber betont, dass wir Sunniten bleiben müssen und nicht zur Schi'a übertreten«, erzählte mir ein Ehemaliger des Islamischen Dschihad, der Mitte der Achtzigerjahre seine

Gefängniszelle einige Monate lang mit Schaqaqi geteilt hatte. »Als ich mit ihm in der Zelle saß und seine Ideen genauer kennenlernte, habe ich beschlossen, die palästinensischen Muslimbrüder zu verlassen und mich der Bewegung anzuschließen, die er ins Leben gerufen hatte. Ich war ein enthusiastischer religiöser junger Mann, und ich lehnte mich dagegen auf, dass meine eigene Bewegung den Entschluss zur Konfrontation mit Israel immer weiter hinauszögerte. Ich erinnere mich, dass Schaqaqi im Gefängnis zu uns sagte: ›Die Fatah ist eine respektable Bewegung, die den Kampf propagiert, aber weit entfernt von der Religionsauffassung der Muslimbrüder ist, die wiederum eine respektable religiöse Bewegung sind, die nicht am Kampf teilnimmt. Daher nehme ich den Nationalismus der Fatah und die Religiosität der Muslimbrüder und werde eine neue Bewegung aufbauen.‹ So wurde der Islamische Dschihad geboren. Übrigens hat mich euer Schabak später über die Zeit verhört, die ich mit Schaqaqi in der Zelle verbracht habe. Einer der Ermittler sagte zu mir: ›Für jede Minute, die du mit ihm zusammen warst, wirst du eine Minute im Verhör zubringen.‹ Sie waren besessen, was ihn anging.«

Wie bei einer geschlossenen Organisation üblich, bleiben auch beim Islamischen Dschihad die internen Auseinandersetzungen und Spannungen in den Tiefen des Untergrunds verborgen, und wir haben von außen selten Gelegenheit, wenn überhaupt, etwas darüber zu erfahren.

»Schaqaqi war mit allen Fasern seiner Seele ein Liberaler, der an eine bunte Mischung von Meinungen und Weltanschauungen glaubte. Er las für sein Leben gern. Manchmal auch sechzehn Stunden am Tag«, erzählte mir der Ex-Dschihadist beim selben Gespräch. »Nicht weniger gelehrt und eindrucksvoll war auch sein Stellvertreter, Ramadan Schallah. Dagegen ist die gegenwärtige Führung, die in Damaskus sitzt, und vor allem der derzeitige Führer Siad Nachalah eine andere Nummer: extremer und viel weniger respekteinflößend. Der Islamische Dschihad ist nicht mehr die Bewegung, deren Teil ich war. Extreme, ultra-religiöse Elemente haben sich ihrer bemächtigt, Leute, die in der Religion und nicht in Palästina die Hauptsache sehen. Wir haben als eine patriotische, nationale Bewegung angefangen, die sich die Befreiung Palästinas auf ihre Fahne geschrieben hatte, und geworden sind wir eine messianische Bewegung mit Berührungspunkten zur Schi'a.«

Im November 2019 kam es in Gaza zu einer bewaffnete Auseinandersetzung mit Israel, bei der in den achtundvierzig Stunden, die sie dauerte, 450 Raketen in Richtung Israel abgeschossen wurden – und all das geschah zum ersten Mal seit der Machtübernahme der Hamas ohne deren Beteiligung. In Israel nannte man die Operation »Schwarzer Gürtel«; begonnen hatte sie damit, dass man einen Führer des militärischen Flügels des Islamischen Dschihad, Baha Abu al-Ata, liquidierte. De facto handelte es sich um die erste direkte militärische Auseinandersetzung Israels mit dem Islamischen Dschihad. Damit soll nicht gesagt werden, dass es die Parteien nicht schon früher bei jeder großen militärischen Operation und Kampfrunde in Gaza miteinander zu tun gehabt hätten, doch diesmal standen die Dschihadisten Israel fast allein an der Front gegenüber, und vor allem ohne Unterstützung der Hamas, die nur Zaungast war.

Abgesehen vom Geschehen auf dem Schlachtfeld war dieses Ereignis vor allem für das allgemeine Bewusstsein von immenser Bedeutung: Der Islamische Dschihad wurde zum ersten Mal als eine Bewegung begriffen, die die Zügel des Kampfes und des Widerstands an sich gerissen hatte. Wenn es auch nur für kurze Zeit war und der Feldzug, den sie führte, nicht sonderlich erfolgreich, so wird sie Gaza doch als die Bewegung im Gedächtnis bleiben, die es allein mit einer furchteinflößenden Armee aufgenommen hat – und als einzige außer der Hamas dazu in der Lage war. Während der ganzen Zeit hatte die Hamas aus bequemen Erwägungen und der Hoffnung, es werde sich mit Blick auf ein längerfristiges Abkommen mit Israel auszahlen, beschlossen, sich nicht in die Konfrontation einzuschalten.

Der Islamische Dschihad ist, wie gesagt, in militärischer Hinsicht die zweitgrößte und zweitstärkste Macht nach der Hamas im Gazastreifen. Man schätzt die Zahl der ausgebildeten Kämpfer, die in Gaza aktiv sind, momentan auf um die Zehntausend, verteilt auf drei Gebietseinheiten, die ihre Instruktionen vom militärischen und politischen Hauptquartier in Syrien erhalten. Soweit man weiß, unterhält der militärische Flügel des Islamischen Dschihad unabhängige Militärbasen in Gaza, besitzt ein Waffenarsenal mit Tausenden Raketen, die den Verlautbarungen ihrer Führer nach teils mit Unterstützung iranischer Ingenieure entwickelt wurden und Reichweiten bis Gusch Dan abdecken, während andere furchteinflößende Sprengköpfe bis zu dreihundert Kilometer weit tragen, wie sich bei der Konfrontation im November 2019 zeigte. Parallel dazu unterhält der Islamische Dschihad ein Kommando- und Kontrolltunnelsystem und grub in der Vergangenheit auch eigene Tunnel für Angriffe auf Israel.

Bei einem Teil der Auseinandersetzungen in den letzten Jahren waren es Bewaffnete des Dschihad, die die Hamas herausforderten, sie zur Aktion drängten, bisweilen auch gegen ihren Willen, und immer wieder das Feuer in Gaza entfachten. Das Leben ist einfacher, wenn man weder der Öffentlichkeit noch einem Staat verpflichtet ist, sondern hauptsächlich dem iranischen Geldgeber. Der Islamische Dschihad ist für die Hamas zur lauten internen Opposition und zum Katalysator der Eskalation geworden.

»Warum geht die Hamas dann nicht mit der gleichen Aggressivität, die sonst charakteristisch für sie ist, gegen den Dschihad vor, der sie immer wieder in Schwierigkeiten bringt?«, fragte ich jemanden aus Gaza, der der Hamas nahestand.

»Der Hauptgrund ist, dass die Dschihad-Organisation zu groß und zu furchterregend geworden ist«, gab er mir zur Antwort. »Eine direkte Konfrontation, ob militärisch oder beim Image, könnte der Hamas immensen Schaden zufügen. Wollen Sie, dass sie mit uns machen, was wir mit der Fatah gemacht haben? Dass sie uns zu Kollaborateuren machen? Und außerdem, am Ende der Geschichte sind wir eine Widerstandsorganisation, haben Sie das vergessen?«

Meiner Einschätzung nach gibt es noch einen Grund für die mangelnde Begeisterung der Hamas, mit dem Islamischen Dschihad auf Konfrontationskurs zu gehen. Sie verfolgt einen ähnlichen Ansatz wie Jassir Arafat als Fatahführer Mitte der Neunzigerjahre und Anfang Zweitausend gegenüber der Hamas: Gruppen, die militanter sind als man selbst, gewähren zu lassen, damit man sie als Kampfgenossen an der Seite hat. Mit kühler Berechnung lassen sich diese Gruppen nutzen, um je nach Bedarf Druck auf Israel auszuüben, ohne dass die Hamas selbst gezwungen wäre, den Preis dafür zu zahlen. Außerdem erinnert die Präsenz einer extremeren Gruppe alle – und besonders Israel – lebhaft daran, dass letztlich der Status quo vorzuziehen ist, weil er doch vergleichsweise erträglich ist und Raum für Kompromisse lässt.

»Die Leute vom Dschihad beschuldigen die Hamas oft, sie sei zu pragmatisch und zu moderat. Sie behaupten, dass die Bewegung vom rechten Weg abgekommen sei, dass sie die Worte Allahs nicht umsetzen würde«, sagte mir ein Mann aus Gaza, der Verbindungen zu beiden Bewegungen hatte. »Außerdem behaupten die Leute vom Dschihad, dass die Teilnahme der Hamas an den palästinensischen Parlamentswahlen eine Zusammenarbeit mit der ungläubigen westlichen Demokratie bedeute, eine Anerkennung des Osloer Vertrags und praktisch auch eine Anerkennung Israels. Andere sagen, die Hamas verrate sogar ihre Glaubensbasis, da sie durch ihre Bemühungen um Feuerpausen mit Israel das Element des Widerstands aufgibt, das sie in ihrem Namen trägt – *harakat al-muqawama al-islamija* (›die islamische Widerstandsbewegung‹).«

»Aber sie trägt doch die Verantwortung für die Bürger von Gaza«, warf ich ein.

»Das beeindruckt den Dschihad nicht. Er ist nicht den Menschen verpflichtet«, antwortete er.

»Aber der Glaube ist doch der gleiche, die Hamas und der Dschihad speisen sich aus denselben Quellen.«

Er lachte. »Ein Teil der Dschihad-Anhänger und ganz sicher die, die zu den salafistischen Organisationen in Gaza abgewandert sind, würde Ihnen sagen, dass die Hamas eine Organisation von Ungläubigen ist. Nicht weniger.«

Obwohl mir diese Behauptung geläufig ist, erstaunt sie mich jedes Mal von neuem. Wie konnte es so weit kommen, dass manche Leute in Gaza meinen, die Hamas sei zwar vom Ursprung her islamisch, aber nicht ihrem Wesen nach – und daher mit anderen Worten

»ungläubig«? Um das zu verstehen, sollte man einen genaueren Blick auf die *Salafija-Dschihadija* werfen, jene extremistische Strömung, die den Dschihad zu übernehmen versucht, um auf dem Weg zu einem islamischen Staat ein Instrument zur Verfügung zu haben, mit dem man gegen die Ungläubigen vorgehen kann. Ihre Form des Dschihads richtet sich nicht allein – wie beim Islamischen Dschihad – gegen Israel, sondern dahinter steckt das weitergehende Projekt, ein einziges großes islamisches Kalifat zu errichten. Und im Gegensatz zum Islamischen Dschihad oder der Hamas messen die Unterstützer der *Salafija-Dschihadija* in Gaza der palästinensischen nationalen Identität keinerlei Bedeutung bei, sondern sie agieren im Namen der gesamten islamischen *umma* [Nation, Gemeinschaft].

Die bekannteste Erscheinungsform der *Salafija-Dschihadija* ist bekanntlich der IS. Weshalb werden ihre Anhänger hier erwähnt? Weil sehr viele von ihnen in den diversen Organisationen in Gaza wie dem Islamischen Dschihad und der Hamas aktiv waren und es zuweilen immer noch sind.

Am 14. August 2009 wurde Gaza in seinen Grundfesten erschüttert. Ein lokaler salafistischer Prediger, Abd al-Latif Mussa, Anführer einer Organisation mit Namen *dschunud ansar allah* – wörtlich übersetzt »Heer der Gotteshelfer« – beschloss, die Herrschaft der Hamas herauszufordern. Aus Protest gegen den säkularen Charakter der Regierung in Gaza, die das islamische Religionsgesetz nicht vollzog, rief er in Rafah ein islamisches Emirat aus.

Bei der Hamas sah man darin eine versuchte Revolte. Innerhalb von weniger als vierundzwanzig Stunden umzingelten die al-Qassam-Brigaden die Ibn Timija Moschee in Rafah, in der sich Mussa und seine Leute aufhielten, und ließen ein Sperrfeuer von RPG-Raketen und Kalaschnikows los – auf ein muslimisches Gebetshaus. Zwanzig bis dreißig Menschen wurden bei der Konfrontation getötet, darunter der Anführer. Dem Sündenfall war die Strafe auf dem Fuß gefolgt.

Die scharfe Botschaft der Hamas kam an und wurde über lange Zeit von den Organisationen des salafistischen Dschihad beherzigt. Interessant ist übrigens, dass die Hamas diese Organisationen beschuldigte, sich während der Operation *Zuk eitan* vom Kampf gegen Israel ferngehalten zu haben. Nach Auffassung jener Organisationen nämlich sind »Hamas und Israel eins – Ungläubige«.

In Gaza wird erzählt, dass die Hamas seit diesem Vorfall ihre Kontrolle über die Moscheen verschärft hat, um sicherzustellen, dass sich keine extremen Ansichten in die Predigten der Imame einschleichen. Gleichzeitig begann sie umfassende Aktivitäten, um die Unterstützer der *Salafija-Dschihadija* zu bekehren. Religionsvertreter der Hamas führten theologische Debatten mit einflussreichen Salafisten und ihrer Anhängerschar, die in Gaza oder außerhalb im Gefängnis saßen, und versuchten dabei, mäßigend auf sie einzuwirken und eine Kursänderung zu erreichen.

»Gegenüber den Salafisten arbeiten sie mit Zuckerbrot und Peitsche«, sagte mir jemand aus Gaza, der sich auskannte. »Auf der einen Seite reden sie ganz sanft mit ihnen, führen ideologische und theologische Diskussionen, versuchen es mit Überzeugungsarbeit, um sie auf den rechten Weg und in den Schoß der Hamas zurückzubringen. Und wenn das nicht gelingt, dann ist auch Verhaftung und Brutalität angesagt.«

»Und warum verhaftet man sie nicht gleich?«, fragte ich.

»Sie müssen verstehen, die Mehrheit dieser Leute sind Abtrünnige vom militärischen Flügel der Hamas. Sie und ihre Familien sind tief in der Muslimbruderschaft von Gaza verwurzelt. Ein Teil kommt sogar aus der Aristokratie der Bewegung. Deren Druck auf die Entscheidungsempfänger bei uns tut das seine.«

Ironischerweise benutzen die Bewegungen des salafistischen Dschihad die gleichen Techniken, die einst der Hamas geholfen haben, die Herrschaft über Gaza an sich zu reißen: Sie machen der herrschenden Organisation ihre Vormachtstellung streitig und versuchen, sie zu delegitimieren. Nicht wenige Anhänger der Hamas und des Islamischen Dschihad sind empfänglich für die Hauptbeschuldigung der Salafisten, die Hamas habe die Grundsätze des Islams verraten und sei der eigenen Ideologie untreu geworden, und desertieren sogar aus ihren Organisationen.

Unter den Angriffszielen, die die salafistischen Organisationen in Gaza ausgemacht haben, findet sich selbstverständlich auch Israel. In den letzten Jahren schossen Aktivisten des salafistischen Dschihad einige Male Raketen auf Israel. Das diente dem Zweck, die Hamas in Verlegenheit zu bringen und die Spannungen zwischen ihr und Israel zu erhöhen. Auch innerhalb Gazas richteten Angehörige des salafistischen Dschihad im letzten Jahrzehnt Schaden an. Sie sind für eine Reihe von Anschlägen auf verschiedene Institutionen verantwortlich: Angefangen bei mehreren Attacken auf Sommercamps des Hilfswerks der Vereinten Nationen für Palästina-Flüchtlinge (UNRWA), da die Salafisten gegen gemeinsame Aktivitäten beider Geschlechter, wie sie in diesen Lagern üblich sind, opponieren, über solche auf Cafés und speziell Internet-Cafés – oder »Satanshöhlen«, wie sie von ihnen genannt werden – bis hin zu systematischen Angriffen auf christliche Einrichtungen in Gaza, die ihrer Auffassung nach »Vertretungen der Kreuzritter und Ungläubigen« sind. All das geschieht im Namen der Vorbereitungen für den islamischen Staat, der zukünftig errichtet werden soll.

Vorsichtigen Schätzungen nach zählt der harte Kern der *Salafija-Dschihadija* in Gaza höchstens einige Hundert Anhänger. In den letzten Jahren überquerten Dutzende von ihnen die Grenze und schlossen sich der »Sinai-Provinz« an, einem lokalen Ableger des IS, oder dem IS in Syrien und im Irak. Allein auf der Sinaihalbinsel wurden in den letzten Jahren mehr als zehn Menschen aus Gaza getötet, die auf Seiten des IS gegen die ägyptische Armee gekämpft hatten. Bis vor einigen Jahren erlaubte die Hamas salafistischen IS-Anhängern auch vereinzelt Solidaritätsaufmärsche in Gaza, wobei die Botschaft an Israel klar war: »Wenn ihr uns stürzt, dann wird euch das in Gaza erwarten.« Allerdings ist es auch das, was die Hamas selbst erwartete.

Im August 2019 gab es eine Reihe von Selbstmordanschlägen im Gazastreifen, die sich gegen Angehörige der Hamas-Sicherheitskräfte richtete; drei von ihnen kamen dabei ums Leben. Den Berichten nach, die in Gaza veröffentlicht wurden, gehörten dem Terrorkommando unter anderem Kämpfer vom militärischen Flügel des Islamischen Dschihad an. Dabei ist nicht so entscheidend, ob es einem Teil der salafistischen Aktivisten gelungen war, den Islamischen Dschihad zu unterwandern, oder ob sich Mitglieder des Islamischen Dschihad diesen Organisationen angenähert hatten. Klar ist, dass es zwischen den verschiedenen Organisationen eine ständige Fluktuation gibt, was gemäß der »Verhältnislehre« Gazas besagt: Jeder Extremist wird eines Tages feststellen, dass es jemanden gibt, der ihn überholt und unbemerkt einen relativ Gemäßigten aus ihm gemacht hat.

Ströme von Milch und Honig: Selbstmordattentate

»Es war ein Irrtum«, sagte mir ein Mann von der Hamas. Wir unterhielten uns über die Selbstmordattentate der Zweiten Intifada, und ich versuchte herauszufinden, ob sich seine Organisation wegen des massiven Einsatzes dieser »Waffe des Jüngsten Gerichts«, wie sie in den besetzten Gebieten bezeichnet wird, vor Stolz auf die Brust schlug. »Die Selbstmordanschläge waren ein bitterer Fehler. Mit diesen Anschlägen, vor allem innerhalb Israels, haben wir die Unterstützung der Welt und unseren Kompass verloren.«

Auch wenn seine Meinung nicht unbedingt den Mainstream der Hamas repräsentiert, ist klar, dass sich in den letzten Jahren etwas in der Handlungsdoktrin und vielleicht auch in der Denkweise der Bewegung geändert hat. Nach einem Jahrzehnt, in dem die Hamas Dutzende Selbstmordattentate in zwei Hauptwellen durchführen ließ, hörten diese im Jahr 2005 nahezu schlagartig auf. Seitdem haben Hamasaktivisten im Westjordanland (meist vom Ausland gelenkt) zwar versucht, für diesen Zweck und andere Anschläge Sprengladungen zu produzieren. Doch es war ersichtlich, dass die Bewegung, die die Hauptbrutstätte von Selbstmordattentätern in den besetzten Gebieten gewesen war, nun gerade jene Methode vorläufig aufgegeben hatte – wenn auch nicht offiziell –, die mehr als alles andere mit ihr verknüpft wurde.

Warum hörten die Selbstmordattentate auf? Die Gründe dafür sind vielfältig: der zunehmende Erfolg der israelischen Armee und des Schabak bei der Vereitlung von Anschlägen, der Bau des Trennzauns sowie die Sicherheitsmaßnahmen der Palästinensischen Autonomiebehörde, die entschieden gegen jede Gewaltanwendung und insbesondere

Selbstmordattentate vorgeht (auch im Wissen darum, dass diese ein zweischneidiges Schwert sind und sich am Ende auch gegen sie selbst richten könnten). Darüber hinaus sind durch die gesellschaftliche Debatte in Palästina viele zu der Überzeugung gelangt, dass die Selbstmordattentate, vor allem innerhalb der Grünen Linie, tatsächlich ein Fehler waren. Personen des öffentlichen Lebens, Intellektuelle und Religionsvertreter, die der Palästinensischen Autonomiebehörde nahestanden, argumentierten, dass der palästinensische Kampf durch die Selbstmordanschläge vom rechten Weg abgekommen sei, sie hätten die internationale Meinung gegen ihn eingenommen und die ihrer Meinung nach eigentlich gerechte Sache mit dem Ruch des Terrors versehen.

Selbst innerhalb der Hamas war – hinter verschlossenen Türen – Kritik zu hören. Die Mitglieder, mit denen ich in Kontakt bin, erzählten mir, dass viele ihrer Führer im Westjordanland sich bei Gesprächen im engsten Kreis mittlerweile dagegen aussprechen, die Selbstmordattentate wieder aufzunehmen, unter anderem aus der Einsicht heraus, dass Israel und die Palästinensische Autonomiebehörde der Bewegung andernfalls noch mehr zusetzen würden.

»Ein Araber mit Sprengstoffgürtel wird heutzutage in westlichen Augen automatisch mit dem IS verbunden«, sagte mir kürzlich ein Hamasanhänger. »Die Welt bringt keinerlei Toleranz für Sprengstoffgürtel und unterschiedsloses Töten von Zivilisten auf. Wenn wir ein normales Leben wollen und in der Völkerfamilie akzeptiert sein möchten, dürfen wir die Selbstmordattentate nicht wieder aufnehmen.«

Selbstmordanschläge, die Hauptwaffe des militanten Dschihads (im Gegensatz zum inneren Dschihad, der die Gläubigen zu moralischeren, frommeren Menschen bekehren soll), sind das extremste Mittel, das der Islam in der Auseinandersetzung mit dem Westen und noch häufiger bei Konflikten innerhalb der eigenen Welt gefunden hat. Das Phänomen ist von den religiösen Instanzen der sunnitischen Welt immer wieder diskutiert worden, nicht zuletzt, nachdem es im Konflikt zwischen Israelis und Palästinensern so massiv aufgetreten war (seit in diesem Zusammenhang 1993 der erste Selbstmordanschlag verübt wurde, haben sich mehr als hundertfünfzig weitere ereignet).

Die größte Herausforderung, vor der die Religionsgelehrten standen, war, dass im Islam differenziert wird zwischen dem Suizid aus einer persönlichen Notlage heraus, der absolut verboten ist und den Tätern ewige Höllenqualen beschert, und der Selbstopferung, dem erhabenen Tod im Namen Allahs, der einer direkten Eintrittskarte ins Paradies gleichkommt. Führende Geistliche aus der gesamten muslimischen Welt veröffentlichten Rechtsgutachten, die die Selbstmordanschläge gegen Israelis für zulässig erklärten, insbesondere weil die Auseinandersetzung mit Israel eine existenzielle Bedrohung darstelle. Die muslimische Rechtsliteratur knüpft den Gebrauch dieser Waffe an zahlreiche Einschränkungen, deshalb behalfen sie sich damit, Israel als ein Gebilde von Ungläubigen zu definieren, das aggressiv gegen die Palästinenser und den Islam vorgeht, woraus folgt, dass der Kampf dagegen als Dschihad der Verteidigung gilt – eine Kriegsart, die dem Schutz muslimischen Territoriums und seiner Bewohner dient.

Mitte der Neunzigerjahre entschied eine der großen Autoritäten der sunnitischen Welt, Scheich Jussuf al-Qaradawi, dass die Selbstmordanschläge, die die Hamas zu dieser Zeit verübte, als Dschihad anzusehen seien. »Wer aus dem Motiv gehandelt hat, die Erde und die Ehre gegen die Israelis zu verteidigen, die *falastin* geraubt haben, ist ein Schahid, der im Dschihad gefallen ist, und kein Selbstmörder.« Später fügte er noch hinzu, dass es bei einem Dschihad der Verteidigung auch Frauen erlaubt, ja sogar ihre Pflicht sei, sich daran zu beteiligen, im Allgemeinen durch Selbstmordanschläge.

Andere Religionsvertreter begrenzten die Erlaubnis zu solchen Anschlägen auf diejenigen Länder der Ungläubigen, die den Muslimen den Krieg erklärt oder sich, wie in Palästina und Tschetschenien, muslimischer Erde bemächtigt hatten. 2016 erklärte Qaradawi seine Rechtfertigung der Selbstmordattentate für nichtig: Sie seien nicht mehr notwendig, die Palästinenser hätten inzwischen andere Möglichkeiten, sich gegen Israel zu verteidigen. Auch diese Stellungnahme ist in meinen Augen ein Beleg für die veränderte Haltung der Hamas gegenüber Selbstmordattentaten.

Die Einführung von Selbstmordanschlägen als Waffe auf palästinensischer Seite hängt mit zwei Ereignissen zusammen, die ihr vorausgingen und sich im selben Zeitraum abspielten. Das erste fand Ende 1992 nach der Ermordung des Grenzschutzpolizisten Nissim Toledano statt: Mitten in der Nacht exilierte Israel vierhundertfünfzehn Mitglieder der Hamas und des Islamischen Dschihad in den Südlibanon, in das Lager Mardsch az-Zuhur. Zum ersten Mal seit Ausbruch der Intifada 1987 wurden so viele ranghohe Mitglieder der beiden Organisationen aus Gaza und dem Westjordanland an einem Ort konzentriert, und diese Zusammenballung sorgte für eine soziale und ideologische Klammer. Unter den Ausgewiesenen befanden sich gegenwärtige und ehemalige Hamasführer wie Isma'il Hanija, Mahmud az-Zahar, Abd al-Aziz ar-Rantisi und Aziz Dawiq. Dort, jenseits der libanesischen Grenze, machten die Kader der Hamas und des Islamischen Dschihads zum ersten Mal unmittelbare Bekanntschaft mit den Kampfmethoden einer sehr viel erfahreneren Organisation, die sich unter anderem auf die Herstellung und das Anbringen von Sprengsätzen verstand: der Hisbollah und der iranischen Revolutionswächter, die mit ihr zusammenarbeiteten.

Das zweite Ereignis war der Osloer Vertrag, der 1993 unterzeichnet wurde und die Palästinenser in Richtung einer Anerkennung Israels und eines territorialen Kompromisses lenkte. Hamas und Islamischer Dschihad wollten sowohl aus religiösen als auch aus nationalen Motiven klarmachen, dass ihre Weltanschauung nicht mit der politischen Agenda vereinbar war, die die PLO diktierte. Eine Alternative zu Oslo und dem eingeleiteten Friedensprozess musste her, jede Möglichkeit territorialer oder politischer Zugeständnisse an den zionistischen Feind sollte verhindert werden. Nach dem Anschlag bei der Machpela Höhle, bei dem der Israeli Baruch Goldstein im April 1994 neunundzwanzig Palästinenser ermordete, wurden auch für Selbstmordattentate, die aus Rache geschahen, eine religionsgesetzliche Legitimation verkündet.

Der erste Selbstmordanschlag auf dem palästinensischen Schauplatz ereignete sich 1993 in Machula im Jordantal. Ein Hamasaktivist sprengte einen Wagen neben Autobussen mit Soldaten in die Luft, es gab acht Verletzte. Hat allein der militärische Flügel der Hamas dafür gesorgt, dass dieser Weg eingeschlagen wurde, oder gab es eine Weisung der politischen Führung? Ich sprach einmal mit einem Hamasmann, der Anfang der Neunzigerjahre zusammen mit dem Gründer der Organisation, Ahmad Jassin, im Gefängnis gesessen hatte. Er erzählte mir von dessen Reaktion auf den Anschlag.

»Jassin hat ganz bestimmt nichts davon gewusst, dass der militärische Flügel vorhatte, mit Selbstmordanschlägen anzufangen, und er war erschrocken, als er davon erfuhr, dass die neue Aktionsmethode bereits umgesetzt wurde. Er gab den Mitgliedern des militärischen Flügels zwar vom Gefängnis aus weitgehende Handlungsfreiheit, aber als wir zusammen von dieser Aktion hörten – da bekam er einen Schock. Seine unmittelbare Reaktion war: ›Ich bin glücklich darüber, aber um ehrlich zu sein – ich bin völlig überrascht.‹«

Interessant, aber nicht ausreichend bekannt ist in diesem Zusammenhang, dass es in Wirklichkeit bereits sechs Jahre davor, 1987, am Vorabend der Ersten Intifada, auf palästinensischer Seite einen ersten Versuch für ein Selbstmordattentat gegeben hatte. Dahinter stand der Islamische Dschihad. Für die Ausführung des Anschlags war eine junge Frau aus Bethlehem namens Ataf Alian vorgesehen, die sich mit siebzehn der Bewegung angeschlossen hatte. Nach einem militärischen Training im Libanon war sie in die besetzten Gebiete zurückgekehrt und wollte die Selbstmordwaffe der Hisbollah auf dem eigenen Kampfschauplatz nachahmen. Als Ziel wurde das Haus des israelischen Ministerpräsidenten ausgewählt, das Mittel sollte ein mit Sprengstoff vollgestopftes Auto sein.

Ihr Komplize war ein junger Palästinenser aus Tulkarm. Als Teil der Vorbereitungen reiste er auf Einladung von Scheich Abdallah Azzam nach Afghanistan, wo er in der Handhabung von Waffen und der Vorbereitung von Sprengladungen unterwiesen wurde. Azzam, ein gebürtiger Palästinenser, galt als einer der wichtigsten Denker der sunnitischen Dschihadistenorganisationen und als der geistige Lehrer Osama bin Ladens. Diese Verbindung zwischen dem palästinensischen Islamischen Dschihad und dem weltweiten Dschihad war meines Wissens punktuell und lokal, doch es ist interessant zu sehen, dass sie bereits am

Anfang des Weges bestand. Die beiden jungen Leute wurden am Ende gefasst und das Selbstmordattentat nicht ausgeführt.

Ebenfalls bemerkenswert ist, dass gerade der Islamische Dschihad auch einen entscheidenden Beitrag zur theologischen Grundlegung der Selbstmordattentate in der Auseinandersetzung mit Israel geleistet hat. In seinem Buch *Märtyrertum im modernen Islam* analysiert Professor Meir Hatina ein Dokument mit dem Titel »Religionsgesetzliche Studien zum Märtyrertod«, das 1988 veröffentlicht wurde, fünf Jahre bevor die Selbstmordanschläge begannen. Als erste Schrift bereitet es der Anwendung des Mittels der Selbstopferung den Weg, indem es ein breites Spektrum an theologischen Quellen aufbietet, mit denen sich solch eine Tat religiös rechtfertigen lässt. Hier fand das Ethos des Todes Eingang in den palästinensisch-israelischen Konflikt, wobei das Ziel des Islamischen Dschihad war, die Intifada von einem zivilgesellschaftlichen Protest in einen blutigen bewaffneten Kampf zu transformieren.

Und in der Tat wurde das Wahrzeichen der Ersten Intifada, der Stein, in der Zweiten Intifada bereits durch den Sprengstoffgürtel ersetzt. Auch diesmal waren die Hamas und der Islamische Dschihad die führenden Organisationen hinter der Welle von Selbstmordattentaten, die 2001 begann. Doch im Gegensatz zur Anschlagswelle Mitte der Neunzigerjahre wurde dieses Mittel zum ersten Mal auch von den säkular-nationalen Organisationen wie der Fatah und sogar der marxistischen Linken der Volksfront eingesetzt, was dessen Etablierung und Akzeptanz bei den Palästinensern zugutekam. Die ursprünglich religiös konnotierte, durch bestimmte Auslegungen der Religionsgesetze ausdrücklich genehmigte Praxis der Selbstaufopferung durchlief einen Säkularisierungsprozess, wurde sozusagen verstaatlicht und in der Zweiten Intifada zum integralen Bestandteil des Kampfes in Israel.

Meinungsumfragen in den besetzten Gebieten zeigen, dass die Selbstmordattentate in der palästinensischen Gesellschaft zunehmend konsensfähig wurden. Während im Jahr 1996, mit Oslo im Hintergrund, nur 30 Prozent aller Palästinenser Selbstmordanschläge befürworteten, sahen sechs Jahre später, als sie ein gebräuchliches Instrument in den Händen aller palästinensischen Organisationen geworden waren, nahezu 70 Prozent darin legitime Aktionen. Der ehemalige Chef des Schabak, Joram Cohen, erzählte mir, dass es in einer bestimmten Phase der Zweiten Intifada Tausende(!) von Palästinensern gab, die den Wunsch hatten, auf diese Art Suizid zu begehen, und sich auf eine Art Warteliste eintragen ließen, damit sie irgendwann an die Reihe kamen, sich in Israel in die Luft zu sprengen.

Die Bedeutung der Selbstmordattentate lässt sich kaum überschätzen, nicht nur für die palästinensische Gesellschaft, sondern auch – und vielleicht hauptsächlich – für die israelische. Denn hierher rühren der Pessimismus, die Ernüchterung und der mangelnden Glaube an den palästinensischen Partner bei vielen Israelis. Ein Teil der in Israel geäußerten Kritik richtete sich auch gegen den Kult, der sich um die Attentäter herum entwickelte, gegen die Andenkenindustrie. Tatsächlich heiligte die palästinensische Gesellschaft ihre Märtyrer, trotz aller Einwände, die von Religionsvertretern, Politikern und einem Teil der Führung der Palästinensischen Autonomiebehörde gegen das Phänomen erhoben wurden. Den Familienangehörigen der Attentäter eröffneten sich Aufstiegsmöglichkeiten, ihr sozialer Status wurde aufgewertet, und sie erhielten einen materiellen Ausgleich. Die Schahids sind zu verehrten Helden der Kultur und zu Role Models geworden, nach denen Straßen und Institutionen benannt werden. Jahrelang waren Poster und Wandbilder von ihnen ein untrennbarer Bestandteil des Straßenbildes. Die finanzielle Unterstützung, die die Palästinensische Autonomiebehörde den Familien der Schahids gewährt, ist heute noch ein Streitpunkt, da Israel dies als faktische Unterstützung solcher Taten auslegt.

Gedenkzeremonie für den »lebenden Schahid«

Es ist nicht leicht, einen Einblick in diese Welt zu erhalten. Viele Familienangehörige von Selbstmördern weigern sich, über das Thema zu sprechen. Andere, die der Hamas oder dem Islamischen Dschihad nahestehen, lehnen es prinzipiell ab, mit einem Israeli zu reden.

Zwei Menschen jedoch haben mir die Tür geöffnet: Der eine war Hazam Takruri, dessen Bruder Bassam dem militärischen Flügel der Hamas in Hebron angehörte und am 18. Mai 2003 von der Organisation zu einem Selbstmordanschlag nach Jerusalem geschickt wurde. Er verkleidete sich als orthodoxer Jude, stieg an der Kreuzung Ha-giv'a ha-zorfatit in einen Autobus der Linie 6 und zündete den Sprengstoffgürtel, den er am Leib trug. Sieben Menschen wurden bei diesem Anschlag getötet.

Der Zweite war Abu Ahmad, der Vater von Ahmad Fakija, ein Aktivist des Islamischen Dschihad aus der Stadt Dura in der Nähe von Hebron. Am 27. Dezember 2002 verkleideten er und sein Komplize sich als israelische Soldaten. Sie drangen in eine Jeschiva, eine fromme jüdische Erziehungsanstalt, in Otni'el im Süden der Region Hebron ein und eröffneten das Feuer. Sie töteten vier Jeschivastudenten, bevor sie selbst erschossen wurden.

»Was wusstet ihr über die Aktivitäten deines Bruders?«, fragte ich Hazam Takruri.

»Wir wussten zwar, dass er beim militärischen Flügel der Hamas aktiv ist, aber keiner von uns hatte eine Ahnung, dass er beabsichtigte, Selbstmord zu begehen. Wäre uns das bewusst gewesen, hätten wir es um jeden Preis verhindert«, versicherte er. Dieses Bekenntnis habe ich im Lauf der Jahre immer wieder von Familienangehörigen gehört: dass sie alles getan hätten, um den Verwandten von einem solchen Anschlag abzuhalten, wenn sie rechtzeitig von seinen Absichten gewusst hätten. Ich kann bezeugen, dass ich nie bei einer Mutter oder einem Vater auf aufrichtige Freude über das Selbstmordattentat des eigenen Kindes gestoßen bin. Im Gegenteil: Es waren immer gebrochene Eltern, die beteuerten, sie hätten es verhindert, wenn sie vorher davon gewusst hätten.

»Fünf Jahre nach dem Anschlag kamen eines Abends zwei Männer mit verhüllten Gesichtern, Leute vom militärischen Flügel der Hamas, zu unserer Familie nach Hause und übergaben meiner Mutter einen Abschiedsbrief meines Bruders Bassam, den er geschrieben hatte, bevor er zu seinem Auftrag aufbrach«, erzählte mir Hazam. Diese ungewöhnliche Begebenheit zeugt von den ehernen Abschottungsregeln, nach denen die al-Qassam-Brigaden, speziell im Westjordanland, ihre Kommunikation mit der Außenwelt handhaben, auch mit den Familienangehörigen der Selbstmörder.

Der Fall von Ahmad Fakija ist ein weiteres prominentes Beispiel dafür. Sein Vater berichtete, die Familie habe zwar gewusst, dass ihr Sohn dem politischen Studentenverband der Hamas angehörte, er habe ihnen aber zu keinem Zeitpunkt auch nur angedeutet, dass er in Aktionen des militärischen Flügels der Organisation involviert war.

»Er hat uns weder informiert noch irgendeinem von uns angedeutet, was er vorhatte. Bei uns hat auch kein rotes Lämpchen aufgeleuchtet, als mein Sohn Ahmad am Tag des Anschlags, ganz gegen seine Gewohnheit, Süßigkeiten nach Hause mitbrachte und sie mit einem Lächeln im Gesicht an die ganze Familie verteilte.«

»Sie haben also an einer Gedenkzeremonie für Ihren Sohn teilgenommen, sozusagen für einen ›lebenden Schahid‹, ohne es in dem Moment zu verstehen«, sagte ich. Ich dachte daran, dass sein Sohn offenbar versucht hatte, eine analoge Zeremonie zu derjenigen abzuhalten, die nach seinem Tod stattfinden würde.

»Kann sein«, antwortete der Vater. »Wenn ich von seinen Plänen gewusst hätte, hätte ich alles in meiner Macht Stehende getan, um ihn daran zu hindern, sie in die Tat umzusetzen«, fügte er hinzu und brach in Tränen aus. In einem Moment der Aufrichtigkeit gestand er mir, dass er bis heute auf seinen Sohn wütend sei, weil er Suizid begangen hatte, und ebenso auf die Leute vom Islamischen Dschihad, die dafür verantwortlich waren.

»Als ich vom Tod meines Sohnes erfuhr, habe ich geweint und zutiefst gelitten. Ich empfand keinerlei Stolz oder Freude. Ich war sauer auf ihn, weil er die ganze Zukunft zerstört hat, die wir uns als Eltern für einen Studenten der Ingenieurstechnik am Polytechnikum von Hebron vorgestellt hatten. Ich war auch sauer auf Ramadan Schallah (Führer des Islamischen Dschihad zur Zeit des Anschlags), der zwei Tage später bei uns angerufen hat, um uns zu trösten. Aus meiner Sicht ist er ein Mensch, der niemals bereit wäre, seinen eigenen Sohn zu opfern, er schickt nur die Söhne von anderen in den Tod.«

Erwähnenswert ist, dass Abu Ahmad im Arabischen den Ausdruck »sich selbst töten« verwendete, womit ein gewöhnlicher Suizid im Gegensatz zum Märtyrertod ausgedrückt wird. Solche Stimmen, die im Widerspruch zum heroischen Ethos des Selbstmörders und seiner Familie stehen, die irdische Konflikte aufzeigen oder es als eine Form der Ausbeutung ansehen, andere Selbstmordattentate ausführen zu lassen, finden in der öffentlichen Diskussion fast keine Erwähnung, und doch sind sie hinter vorgehaltener Hand zu vernehmen.

Einen interessanten Fall hörte ich von einem Bewohner des Flüchtlingslagers Nuseirat in Gaza. Er berichtete mir, sein Vater und er hätten mitten in der Zweiten Intifada seinen jüngeren Bruder für drei Wochen zu Hause in einem Zimmer eingesperrt. Der Bruder war beim militärischen Flügel der Hamas aktiv und hatte ihnen gegenüber den Wunsch geäußert, ein Selbstmordattentat zu verüben. Sie konnten es am Ende glücklich verhindern. Der Bruder verließ später die Hamas, heute ist er Familienvater und verdient selbst seinen Lebensunterhalt in Gaza.

Für den Entschluss zu einem Anschlag gibt es noch einen wichtigen Faktor, der häufig als Katalysator dient oder zumindest dazu angetan sein kann, hemmende Grübeleien abzuschwächen: die warme Umarmung, die die Familie eines Selbstmordattentäters von der Gesellschaft erhält. Die Familienangehörigen der Schahids gewinnen an gesellschaftlichem Prestige und erhalten sowohl moralische als auch finanzielle Unterstützung – wie es denen gebührt, die ihr Allerteuerstes geopfert haben. Hazam Takruri erzählte mir:

»In den ersten vierundzwanzig Stunden fand eine *hafla* [Feier / Festlichkeit] statt, an der Tausende teilnahmen. Sie sind aus Hebron und von verschiedenen Orten im Westjordanland gekommen, um unserer Familie Ehre zu erweisen und der Tat meines Bruders Respekt zu zollen.«

Wie in anderen Fällen von Selbstmordanschlägen wurde auch bei ihnen zu Hause keine Trauerhütte errichtet, sondern eine Feier veranstaltet, die an eine Hochzeitszeremonie erinnerte.

»Am Tag nach der Tat sind massenhaft Leute zu uns nach Hause gekommen: Familien von Selbstmördern, die uns emotionalen Beistand leisten wollten, bis hin zu Hunderten von Kindern, vielleicht sogar mehr, die organisiert und geordnet mit Autobussen direkt aus verschiedenen Schulen angefahren wurden, um uns zu beglückwünschen.«

Als er das erzählte, dachte ich daran, welche organisierten Mechanismen in den besetzten Gebieten zu Anfang der Zweiten Intifada abliefen, wie das Erziehungssystem zur Mobilisierung und Indoktrinierung aufgeboten wurde, um die Taten der Schahids zu glorifizieren.

Dieses Phänomen gibt es nicht nur bei dieser Form von Selbstmordattentaten. Abu Salah aus dem Flüchtlingslager Qalandija, dessen Sohn Anan Abu Habasa Ende 2015 getötet wurde, als er einen Terroranschlag am Jerusalemer Damaskustor verübte, berichtete mir, dass im ersten Jahr danach das nächste Umfeld eingespannt wurde, um die Familienangehörigen des Schahids zu unterstützen.

»Ein ganzes Jahr lang wurde das Lager mobilisiert, jeden Tag Frühstück, Mittagessen und Abendessen zu machen, Kaffee zu bringen, wenn nötig, eigentlich alles. Nachbarn, Freunde und Familie waren da und haben für alles gesorgt, was wir brauchten. Wir sollten nicht einmal einen Löffel abspülen oder selber einen Kaffee kochen müssen. Das ist *ihtaram* (›Ehre‹). Seit dem Anschlag schaut uns die Gesellschaft voller Hochachtung an. Ich bin zu Abu al-Schahid [›Vater des Märtyrers‹] geworden und meine Frau zur Umm al-Schahid [›Mutter des Märtyrers‹].«

Ich suchte ihn in seinem Haus im Lager auf. Im Erdgeschoss wurde man von einem riesigen Bild der Leiche seines Sohnes empfangen. An den Wänden hingen zahlreiche Fotos, die von einer warmherzigen und liebevollen Familie erzählten.

»Sind Sie böse auf Ihren Sohn, dass er diese Tat begangen hat?«, fragte ich.

»Das ist ein Schicksal, das oben geschrieben steht«, antwortet er, »und das erleichtert es mir, es zu akzeptieren. Allah hat mich mit Geduld gesegnet. Ich vermittle meinen anderen Kindern eine klare Botschaft: Begeht keine solche Tat, der Schmerz ist unerträglich. Wissen Sie, wir nutzen für die interne Kommunikation im Lager Qalandija eine App. Als eure Armee angerückt ist, um wegen der Aktion meines

Sohnes mein Haus zu zerstören, habe ich eine Botschaft an das ganze Lager verschickt: Ich verzichte auf das Haus, wenn nur kein einziger Tropfen Blut fließt. Genug mit Tod und Töten.«

Im Gegensatz zu den Messeranschlägen, die individuelle Aktionen waren und deren Akteure keiner Organisation angehörten, wurden die klassischen Selbstmordattentate in der Regel von Aktivisten der verschiedenen palästinensischen Organisationen ausgeführt. Nach einem ungeschriebenen Gesetz wurde den Angehörigen die besondere Aufmerksamkeit der Organisation zuteil, die den Selbstmörder losgeschickt oder ihn in ihre Obhut genommen hatte. Man kümmerte sich und pflegte den Kontakt. In Takruris Fall zum Beispiel erhielt die Familie sofort nach dem Anschlag Telefonanrufe von hohen Hamasmitgliedern aus Hebron und Gaza, die ihnen gratulierten, dass sie das Glück gehabt hatten, ihren Sohn als Schahid ins Paradies zu schicken. In den ersten neun Jahren nach dem Anschlag rief Isma'il Hanija, der hohe Hamasfunktionär, die Familie in Hebron zuverlässig jedes Jahr zum Opferfest an, um dem Vater ein Frohes Fest zu wünschen.

Wenn wir nach den Gründen für die Popularität der Hamas in den besetzten Gebieten suchen, kann man sie unter anderem in dieser Politik finden, auch wenn sie hauptsächlich symbolisch ist: Sie drückt nicht nur Fürsorge und Empathie aus, sondern knüpft ein Band zwischen der Führung der Bewegung, deren lebendigen Symbolen und der Familie eines Symbols, das bei einem Selbstmordanschlag gestorben ist. So entsteht ein Gefühl von Kontinuität.

Das Weiterleben der Schahids im öffentlichen Bewusstsein findet seinen Ausdruck auch darin, dass Straßen nach ihnen benannt werden. Im April 2010 bekam eine Straße in Ramallah nahe dem Regierungszentrum den Namen des Ingenieurs Jahja Ajasch, außerdem wurde eine Tafel mit folgender Beschriftung angebracht: »Jahja Ajasch 1966–1996, geboren in Rafat. Studierte Elektrotechnik in Bir-Zajt. Er war Aktivist in den al-Qassam-Brigaden und Israel schreibt ihm eine Reihe von Anschlägen zu …«. Interessant ist dabei, dass die Palästinensische Autonomiebehörde gerade den Namen von Ajasch, einem Aushängeschild der Hamas, zum Gedenken wählte – und das ausgerechnet in einer Phase, in der die Hamas im Westjordanland für illegal erklärt wurde. Nach meinem Eindruck zeugt das von einer Nationalisierung des Schahid-Motivs, es ist nun in die palästinensische Gedenkkultur eingegangen, Allgemeingut geworden, und gehört nicht unbedingt einer einzelnen Bewegung.

In den letzten Jahren ist mir aufgefallen, dass die glorifizierenden Schahid-Bilder nach und nach aus dem Stadtbild verschwinden; sie hängen hauptsächlich noch an den Wänden in den Flüchtlingslagern oder nahe den Häusern ihrer Familien. Takruris Konterfei zum Beispiel wird nur einmal im Jahr an seinem Todestag von seinen Freunden in der Universität Hebron, an der er studiert hat, hochgezogen. In den ersten Jahren nach Ahmad Fakijas Tod hängten am Gedenktag Unbekannte, allem Anschein nach Mitglieder des Islamischen Dschihad, überall in seiner Heimatstadt Dura große Poster mit seinem Bild auf. In den letzten Jahren jedoch wird dieser Brauch kaum noch gepflegt. Der Wind hat sich gedreht. So sehr diese Symbolfiguren auch nationale Symbolfiguren sein mögen, heute betrachtet man sie als einer anderen Zeit und einer andere Kampfauffassung zugehörig, die im derzeitigen Stadium des Konflikts an Relevanz verloren hat. Zumindest ist das mein Eindruck.

Einer der zentralen Faktoren, mit denen man in Israel die Motivation für Selbstmordanschläge zu erklären versucht, ist die materielle Entschädigung für die Familie des Selbstmörders, vor allem in Fällen, wo die Täter aus einer niedrigen sozio-ökonomischen Schicht kamen. Oft stammen die finanziellen Zuwendungen, die die Familie erhält, aus der gut geölten Maschinerie, mit der Gelder, die meistens aus dem Ausland stammen, über Wohltätigkeitsfonds, Wohlfahrtsvereine, mit der Hamas verbundenen Banken, Schahid-Fonds und dergleichen mehr in die besetzten Gebiete transferiert werden. Zu Beginn der Zweiten Intifada sorgte der Irak für großzügige Zahlungen an Familien von Schahids. Auch der Iran kümmert sich um die Übermittlung von Geldern an Familien von Palästinensern, die seit Anfang 2000 bis heute getötet wurden. Verschiedentlich wird behauptet, diese Gewissheit des Selbstmörders, dass die Organisation nach seinem Tod für seine

Familie sorgen wird, sei ein Schlüsselelement bei der Rekrutierung und Überzeugung der angehenden Attentäter.

Hazam Takruri wies solche Behauptungen auf der Stelle zurück. »In den Jahren nach der Aktion haben wir nicht mehr als 4000 Dollar von der Hamasbewegung erhalten. Ausgeschlossen, dass mein Bruder den Anschlag aus materieller Motivation heraus begangen hat. Unsere Familie ist wohlhabend, und wir haben nie um irgendeine Unterstützung oder Zuwendung von der Hamas gebeten. Der Lohn muss nicht von der Hamasbewegung kommen, sondern von Allah.«

Eine weitere Quelle materieller Hilfe ist die Palästinensische Autonomiebehörde. Sie unterscheidet interessanterweise zwei Sorten Schahids: Wer bei einer militärischen Aktion getötet wurde, ist ein *schahid askari* (»militärischer Schahid«), wer hingegen in einem anderen Kontext den Tod fand, heißt *schahid madani* (»ziviler Schahid«). Die Definition des »militärischen Schahids« bezieht sich auf Gesuchte, Bewaffnete, Selbstmordattentäter, Menschen, die im Verlauf eines Kampfes, eines Anschlags und den Folgeerscheinungen getötet wurden. Die Familie eines »militärischen Schahids« erhält eine höhere monatliche Zuwendung als die eines »zivilen Schahids«, aber beide Familien kommen in den Genuss einer Krankenversicherung für sämtliche Angehörige, die von der Palästinensischen Autonomiebehörde finanziert wird. Häufig gewährt letztere auch noch einen pauschalen finanziellen Zuschuss oder beteiligt sich an den Kosten für den Neubau eines Hauses, das in der Folge eines Anschlags zerstört wurde.

Übrigens ist es die erklärte Politik der Palästinensischen Autonomiebehörde, dass es bedeutungslos sein soll, welcher Organisation der Schahid angehörte. Sie sieht sich als übergeordnete staatliche Instanz und unterstützt die Familien der Schahids aller Organisationen auf gleiche Weise. In Wirklichkeit besteht ein solcher Unterschied allerdings sehr wohl. In den letzten Jahren hat die Palästinensische Autonomiebehörde die Zahlungen an Familien eingestellt, die mit der Hamas assoziiert sind, und damit einhergehend die Gehälter von Hunderten gegenwärtigen sowie ehemaligen Hamashäftlingen gesperrt.

Und was ist mit der himmlischen Belohnung, die einen Schahid erwartet? Der Glaube daran zieht sich quer durch alle Schichten, Weltanschauungen und politischen Fraktionen. Selbst wenn die Effektivität und moralische Vertretbarkeit eines Anschlags zwischen den politischen Gruppen umstritten sind, besteht doch ein breiter Konsens darüber – vor allem unter Intellektuellen, die den islamischen Bewegungen nahestehen –, was den Schahid selbst nach seiner Tat erwartet.

»Als gebildeter Mann, der *da'awa* und Dschihad in seinem erzieherischen Sinn propagiert, und obwohl ich nicht mit der Tat meines Bruders einverstanden bin, akzeptiere und respektiere ich seine Entscheidung«, sagte Hazam Takruri zu mir.

»Wo ist Ihr Bruder jetzt?«

»Er ist glücklich. Er sitzt jetzt im Paradies, in Allahs Nähe, nicht mit seinem Körper, sondern mit seinem Geist, umgeben von 72 Huris.«

»Und wie sieht das Paradies aus?«, hakte ich nach und sah, dass sich sein Blick verschleierte.

»Das Paradies ist jenseits dessen, was das menschliche Gehirn begreifen und fassen kann. Ströme von Milch und Honig ergießen sich dort, aber wir können überhaupt nicht verstehen, was das bedeutet. Das Paradies ist größer und gewaltiger als alles, was sich der Mensch in dieser Welt ausmalen kann.«

Auch Muhammad Masalama glaubte, er würde ins Paradies kommen, doch im Gegensatz zu den Anhängern der Hamas oder des Dschihad war die religiöse Motivation für den vierzehneinhalbjährigen Jungen aus Bethlehem nur zweitrangig. Er gehörte der Fatah an und wollte um jeden Preis Israelis töten, um sich für den Tod seiner Freunde zu rächen und zu einer Symbolfigur zu werden. Zu Beginn der Zweiten Intifada bettelte er bei seinen Vorgesetzten um die Erlaubnis, sich in die Luft sprengen zu dürfen. Als er wegen seines jugendlichen Alters eine Absage erhielt, gab er sich nicht damit zufrieden. Er wandte sich an die nächst höhere Dienststufe, bis seinem Wunsch schließlich nachgegeben wurde.

Beim ersten Versuch bestückte er seinen Körper mit elf Kilo Sprengstoff, gelangte bis zu einer israelischen Militärsperre, stieß aber auf Schwierigkeiten, sie zu passieren, und kehrte nach Hause zurück.

Die zweite Gelegenheit bot sich ihm zufällig einige Wochen später, als israelische Armeepanzer 2002 bei der Operation *Chomat magen* Bethlehem besetzten. Die Infrastruktur der Organisation war schwer geschädigt, ein Großteil der Aktivisten bereits getötet, verhaftet oder exiliert worden, aber »einer von den Übriggebliebenen schaffte es, mir fünfzehn Kilo Sprengstoff in einer Tasche zu übergeben«.

Ausgerüstet mit der tödlichen Ladung schaffte es Muhammad, die Grenze zu überqueren und nach Jerusalem zu gelangen, wo ein Fahrer auf ihn wartete, ein Bewohner des nahegelegenen Flüchtlingslagers Dheischeh. Er war zu seiner Abholung geschickt worden und sollte ihn ins Stadtzentrum bringen, ohne zu wissen, wer der Fahrgast war und was er vorhatte. In dem Gespräch, das sich zwischen den beiden entspann, erzählte Muhammad dem perplexen Fahrer, er sei unterwegs zu einem Selbstmordanschlag.

»Der Fahrer drehte sofort in Richtung Bethlehem um«, erzählte mir Muhammad. »Er sagte zu mir: ›Ich sehe es dir an, dass du dich fürchtest, dass du nicht sterben willst. Du bist zu jung dafür. Komm, wir fahren nach Hause zurück, ich regle das alles mit der Organisation.‹«

Als mir Muhammad davon erzählte, eineinhalb Jahrzehnte nachdem es sich ereignet hatte, hätte ich gerne gewusst, wie viele solcher Geschichten wir nicht kennen, wo beinahe etwas passiert wäre und im letzten Moment verhindert wurde. Von gnädigen Zufällen, einem blinden Schicksal oder spontanen Entscheidungen, die Leben gerettet haben.

Sieben Monate später wurde Muhammad von den Sicherheitskräften verhaftet und zu dreizehn Jahren Gefängnishaft verurteilt. Etwa drei Jahre nach seiner Entlassung im Jahr 2018 traf ich ihn in Bethlehem. Ein zivilisierter Mann, verheiratet. Als ich sein Haus im Abiat-Viertel betrat, Anfang der Zweitausenderjahre eine Hochburg der Gesuchten in Bethlehem, konnte ich kaum an dem Zimmer vorbeigehen, das er zusammen mit seiner Frau für das Kind vorbereitet hatte, dessen Geburt auf sich warten ließ. Ein Zimmer ganz in Rot, in der Mitte ein rotes Bett und ein roter Teddybär, ein Ort, der Unschuld und Erwartung ausstrahlte. Als Muhammad von dem Kind sprach, hob er den Bären hoch und umarmte ihn.

»Es war ein schrecklicher Fehler. Dieser Vorfall hat mein Leben zerstört«, sagte er. »Ich war jung und dumm, gierig auf Rache. Was hätte ich davon gehabt? Nichts. Nur meine Familie hätte den Schaden davongetragen.«

»Was hat Sie damals dazu getrieben?«, fragte ich.

»Man hat uns gelehrt, dass alle Juden zum Tode verurteilt sind und dass wir ihr Schicksal beschleunigen müssen. Heute begreife ich, dass das Unsinn ist, aber damals haben wir wirklich geglaubt, dass die Juden keine menschlichen Wesen sind und deshalb sterben müssen. Um mich herum war überall Tod, und aus meiner Sicht war der Feind völlig klar.«

»Hatten Sie keine Angst?«

»Nein, ich wusste, dass ich ins Paradies komme, dass ich ein Gebot Allahs erfülle.«

Wir unterhielten uns auf Hebräisch, eine Sprache, die er im Gefängnis lieben gelernt hatte. Von seinem Hass auf Israel war er, seinen Worten nach, vollkommen kuriert. Heute möchte er hauptsächlich dorthin einreisen, um zu arbeiten, möchte gut verdienen und für sich und seine Familie eine Zukunft aufbauen. Wir redeten über die schönen Jahre, die er versäumt hatte, hauptsächlich aber darüber, dass er es im Gefängnis mit einem anderen Israel zu tun hatte als dem, das er kannte. Hatte er dem Land zuvor die Existenzberechtigung abgesprochen, wich diese Haltung nun dem Glauben an eine Versöhnung und eine Zwei-Staaten-Lösung.

Muhammad Masalama ist meiner Ansicht nach ein typischer Vertreter der Generation, die die Zweite Intifada angeführt hat. Viele daraus pflegten einen regelrechten Todeskult, der mittlerweile der Sehnsucht nach Leben Platz gemacht hat. Zu diesem Bewusstseinswandel hat manches beigetragen: Die Protagonisten sind älter geworden, sehen die großen Opfer, die sie gebracht haben, und haben begriffen, dass all das zu nichts geführt hat. Ich bin trotzdem nicht der Meinung, dass die Unterbrechung der Selbstmordattentate darauf zurückzuführen ist, dass diese in der palästinensischen Gesellschaft geächtet wären oder ihre Legitimität grundsätzlich in Zweifel gezogen würde. Vielmehr hängt sie mit den äußeren Umständen zusammen und damit, dass man die Kosten derzeit für höher hält als den Nutzen.

An die Stelle der organisierten Selbstmordattentate traten individuelle Anschläge, die im September 2015 plötzlich losgingen und im Lauf der Zeit wieder verebbten. Wenn ich mir allerdings die Zielobjekte der Attentäter ansehe (im allgemeinen Mitglieder der bewaffneten Polizei), die Schauplätze, an denen sie in Aktion traten (vorhersehbar und bekannt), und berücksichtige, wie die Anschläge endeten (meist mit dem Tod der Attentäter) und dass die Anzahl der Verletzten im Gesamtzeitraum verhältnismäßig niedrig war, so kann ich eigentlich nur zu dem Schluss gelangen, dass das Ziel des Anschlags mitunter eher war, Suizid zu begehen, als andere Menschen zu töten. Auch ist das Profil der Einzelattentäter in vielen Fällen von familiären Problemen und persönlichen Krisen gekennzeichnet.

Es gibt eine ganze Reihe von Gründen, angefangen von nicht bestandenen Prüfungen bis hin zum Streit mit den Eltern, die viele dieser jungen Leute dazu trieben, die Anschläge zu verüben. So wurden daraus im wahrsten Sinn des Wortes »Selbstmordanschläge«. Genau das war in der Vergangenheit die Sorge der muslimischen Religionsgelehrten in den theologischen Debatten und bei den religionsrechtlichen Genehmigungen: dass diese Anschläge benutzt würden, um das kategorische Selbstmordverbot im Islam zu umgehen. Der Golem erhob sich gegen seinen Schöpfer.

Das sinkende Schiff: die Fatah

Müsste man die palästinensische Politik und die palästinensische Staatlichkeit als menschlichen Körper darstellen, wäre die PLO, die Palästinensische Befreiungsorganisation, zweifellos das Skelett und die zu ihr gehörige Fatah, die Bewegung zur nationalen Befreiung Palästinas, die Wirbelsäule. Zusammen bildeten sie das Grundgerüst des Körpers.

Seit die PLO im Jahr 1964 als Dachorganisation der Diaspora-Palästinenser gegründet wurde, ist sie zu einem Synonym für die palästinensische Nationalbewegung geworden. Lange Jahre hindurch wurde sie als die hegemoniale Bewegung schlechthin auf palästinensischer Seite betrachtet, quasi das Gegenstück zur Mapai [Arbeiterpartei] im Israel der Fünfziger- und Sechzigerjahre. Man identifizierte sie mit der palästinensischen Sache, die sie mehr als jede andere Organisation in der Welt vertrat und ihr in der internationalen Öffentlichkeit Aufmerksamkeit verschaffte. Die PLO verfügte über eine derart exklusive Stellung, dass die Welt in ihr ab 1974 de facto die einzige Vertretung des palästinensischen Volkes zu sehen begann. Aktuelle Politik, strategische Ziele, Vergangenheit und Zukunft – alles kreiste um die PLO. Und von den elf Organisationen, die unter ihrem Dach agieren, ist die Fatah die bedeutendste und dominante.

Die Fatah wurde Ende der Fünfzigerjahre von palästinensischen Studenten aus Ägypten in Kuwait gegründet; ihr Anführer war ein gewisser Muhammad Abd ar-Rahman Abd ar-Rauf Arafat al-Qudwa al-Hussaini, besser bekannt als Jassir Arafat. Die neue Organisation galt unter anderem deshalb als bahnbrechend, weil sie sich bereits 1964 zur Strategie des bewaffneten Kampfes bekannte. Dem palästinensischen Narrativ zufolge nahm die Fatah einen Haufen schwacher, orientierungsloser und entrechteter Menschen, zum Teil entwurzelte Flüchtlinge, und machte aus ihnen Kämpfer mit Selbstachtung und einer ausgeprägten Identität – darin bestehe ihre historische Bedeutung.

Die absolute Dominanz der Fatah in der palästinensischen Politik kam auch in ihrer ideologischen Hegemonie zum Ausdruck. Über zwei Jahrzehnte lang und bis zur Ersten Intifada waren die Kampfdoktrin, die sie vertrat, und ihre Weltanschauung nahezu konkurrenzlos. Dieses Monopol wurde erst gebrochen, als die islamischen Bewegungen, speziell die Hamas, auf der Bildfläche erschienen: Mit dem Islamismus gab es auf dem Feld der Ideologie zum ersten Mal eine ernst zu nehmende Alternative.

Die Unterschiede zwischen den Weltanschauungen der Fatah und der Hamas (die sich, wie auch der Islamische Dschihad, nie der PLO anschloss) verschärften sich hauptsächlich nach der Unterzeichnung des Osloer Vertrags 1993. Während die Fatah den Verhandlungs- und Versöhnungsweg einschlug und das Konzept des »bewaffneten Kampfs« aufgab, das sie jahrelang verfolgt hatte, hielt ihre Kontrahentin daran fest, radikalisierte es sogar. Und bei ihr steckten nicht nur nationale Motive dahinter, sondern auch religiöse.

Die strahlende Vergangenheit der PLO und der Fatah ist in den letzten Jahren sehr verblasst, und es ist offenkundig, dass sich die palästinensische Nationalbewegung in einer tiefen, geradezu existenziellen Krise befindet. Dafür gibt es viele Gründe, doch in meinen Augen steht die Fatah vor allem vor dem Problem, dass sie mit ihrer Ideologie und der Vision, die sie zu bieten hat, in eine Sackgasse geraten ist. Sprach sie früher Israel kompromisslos die Existenzberechtigung ab und klammerte sie sich an die Doktrin des »bewaffneten Kampfs«, an dessen Ende die rosige Aussicht stand, dass die palästinensische Fahne über ganze Palästina flattern würde, so wurde dies mit den Jahren durch die Anerkennung Israels und die Bereitschaft zu schmerzhaften territorialen Kompromissen ersetzt. Aus palästinensischer Sicht waren diese durchaus dramatisch, bedeuteten sie doch einen Verzicht auf 78 Prozent der Fläche des historischen Palästinas. Und dennoch: Ein palästinensischer Staat schien niemals näher zu sein, auch wenn es ein »Kleinstaat« gewesen wäre, weit entfernt von dem Ideal und dem Traum, der jahrelang gehegt wurde.

Doch über zweieinhalb Jahrzehnte nach Oslo ist es dem Zwei-Staaten-Konzept nicht gelungen, wirklich Fuß zu fassen, und die Fatah ist als eine verwirrte Bewegung zurückgeblieben, die ihren Kurs verloren hat und vor dem Scherbenhaufen ihrer Ideologie steht. Wie soll man den Palästinensern auch eine Idee verkaufen, die sich schon seit über einem Vierteljahrhundert nicht realisieren lässt? Und mehr noch: Nach Auffassung der Palästinenser hat Israel sie betrogen und zu einem territorialen Kompromiss verleitet, ohne dass sie irgendeine Gegenleistung erhalten hätten.

Einen guten Eindruck von der Orientierungslosigkeit der Fatah habe ich bei einem der Aufmärsche zu ihrem Gründungstag in Bethlehem bekommen, als ich einen Bewaffneten ansprach, der nahe am Eingang zum Lager Dheischeh hin und her ging und sein Gewehr zur Schau stellte.

»Warum brauchen Sie die Waffe?«, fragte ich und deutete darauf.

»Ich bin von der Fatah, und wir sind eine Befreiungsbewegung«, antwortete er.

»Und was wollen Sie befreien?«

»Palästina.«

»Von wem?«

»Von euch, von Israel.«

»Aber ihr erkennt Israel an, ihr habt mit ihm einen Friedensvertrag geschlossen. Warum braucht ihr dann immer noch eine Waffe?«, wunderte ich mich.

»Weil wir eine Befreiungsbewegung sind«, erwiderte er.

Catch-22.

»Keine Intifada ohne die Fatah und kein Friedensvertrag ohne die Hamas«

Es gehört zu den Grundmustern der palästinensischen Politik, dass der Wettkampf um die Popularität beim Volk und die Unterstützung der Institutionen die verschiedenen Organisationen dazu treibt, ihre Aktivitäten zu radikalisieren, im Allgemeinen gegenüber Israel. Das war es, was zu Beginn der Zweiten Intifada geschah, als die Fatah angesichts der Popularität von Hamas und Islamischem Dschihad, die diese sich als treibende Kräfte hinter Terror und Selbstmordanschlägen erworben hatten, befürchten musste, ins Hintertreffen zu geraten und ihre Macht zu verlieren. Das war es auch, was genau fünfunddreißig Jahre davor geschehen war.

Die Fatah wurde zwar bereits 1959 gegründet, aber den ersten Terroranschlag auf israelische Ziele verübte sie erst sechs Jahre später, am 1. Januar 1965. Drei Aktivisten schlichen sich von Jordanien aus nach Israel ein und brachten zu Sabotagezwecken eine Sprengladung an der Überlandwasserleitung an. Was die Führung der Organisation dazu bewog, zum ersten Mal auf Terroranschläge zu setzen, war der Kampf um die Vorherrschaft bei den Palästinensern, den man sich mit einer gerade erst gegründeten Organisation lieferte, die sich Palästinensische Befreiungsorganisation, kurz PLO, nannte.

Der Aufstieg der Fatah und ihre Wandlung zur dominanten Organisation innerhalb der PLO nahm mit der Wahl Jassir Arafats zum PLO-Vorsitzenden im Februar 1969 ihren Anfang. In den Siebzigerjahren folgte ein weiterer Schritt: Die Fatah beschloss, von einer militärischen Bewegung par excellence zu einer Massenbewegung zu werden. Ihre Reihen öffneten sich, und ab da konnte sich ihr jedermann anschließen. Neben einer Jugendorganisation entstanden eigene Gewerkschaftsverbände. Fortan galt de facto als Leitprinzip: Um Mitglied der Fatah zu werden, musste man nicht zur Waffe greifen.

Der nächste Meilenstein war die siebte Gipfelkonferenz der Arabischen Liga 1974 in Rabat, die hauptsächlich dafür in Erinnerung bleiben wird, dass die arabischen Staaten die PLO als legitime und ausschließliche Vertretung der Palästinenser anerkannten. Noch im gleichen Jahr erhielt die PLO eine ähnliche Anerkennung von der UN. Damals verabschiedete die PLO auch ihren berühmten »Stufenplan«, der sich für die Errichtung eines palästinensischen Staates auf jedem Teil Palästinas, der befreit werden würde, aussprach, mit Schwerpunkt auf dem Westjordanland und Gaza.

Ansätze zu Veränderungen in der strategischen Ausrichtung der PLO zeichneten sich mit dem Libanonkrieg im Jahr 1982 ab, als man im August auch das Hauptquartier der PLO und der Fatah aus Beirut abzog. Manche Forscher sind der Meinung, dass die PLO von dem Moment an gezwungen war, den politischen Ansatz als einzige praktikable Strategie zu akzeptieren. Einige Jahre später mündete dies in der Anerkennung Israels und der Unterzeichnung des Friedensvertrags.

Auf dem Weg nach Oslo ist auch das Jahr 1988 erwähnenswert, ein dramatisches Jahr voller einschneidender Ereignisse, die letztlich dazu führten, dass die PLO bald auf eine politische Lösung des Konflikts setzte: die Intifada, die im Dezember 1987 ausbrach, der Rückzug Jordaniens aus dem Westjordanland, die Anerkennung des Teilungsplans von 1947 seitens der PLO (womit die Organisation in der Praxis das Existenzrecht des Staates Israel anerkannte) und die Einwilligung der Vereinigten Staaten, offizielle Gespräche mit der PLO aufzunehmen. All diese Ereignisse gelten als Faktoren oder frühe Vorboten eines Bewusstseinswandels bei der PLO: Allmählich gelangte sie zu der Einsicht, dass der »bewaffnete Kampf« allein nicht genügte, um eine Befreiung Palästinas herbeizuführen, und dass dieses Ziel nur auf politischem Weg erreicht werden würde.

Fünf Jahre später wurde die Wende vollzogen: In Oslo schlossen die Regierung Israels und die PLO-Führung einen Vertrag. Was heute als selbstverständlich vorausgesetzt wird, war tatsächlich noch nie dagewesen und bahnbrechend – für Israel wie für die PLO gleichermaßen. Die Grundsatzerklärung am 13. September 1993, die als der Vertrag von Oslo bekannt ist, eröffnet mit Worten, die bis dahin noch nie gesagt worden waren:

»Die Regierung des Staates Israel und die palästinensische Abordnung, die das palästinensische Volk repräsentiert, sind sich einig, dass es an der Zeit ist, jahrzehntelange Konfrontationen und Konflikte zu beenden, die gegenseitigen legitimen und politischen Rechte anzuerkennen und danach zu streben, in friedlicher Koexistenz und beiderseitig in Sicherheit zu leben, um eine gerechte, dauerhafte und umfassende Friedensregelung und historische Aussöhnung durch den vereinbarten politischen Prozess zu erreichen.«

Mit diesem Schritt gab die PLO, zumindest erklärtermaßen, die Doktrin des »bewaffneten Kampfes« auf, erkannte Israel an und setzte auf Verhandlungen, um ein Ende der Besatzung und die Errichtung eines palästinensischen Staats zu erreichen.

Auch eine historische Analyse, die Oslo extrem kritisch gegenübersteht, muss meines Erachtens den großen Durchbruch anerkennen, der mit diesem Abkommen erzielt wurde. Ob die palästinensische Führung nun alles, was sie unterschrieben hat, tatsächlich so meinte oder nicht – die große Errungenschaft des Vertrags besteht darin, dass die palästinensische Nationalbewegung offiziell erklärte, Israel zu akzeptieren, und grundsätzlich auf den Großteil Palästinas verzichtete. Später sollte sich das als zweischneidiges Schwert, als zentraler Grund für die große Krise der Fatah herausstellen: Heute werden sie und die Palästinensische Autonomiebehörde intern von allen Seiten dafür kritisiert, auf Palästina verzichtet zu haben für … eigentlich für nichts.

Mit der Verhandlungsstrategie und der Ablehnung von Gewalt wird vor allem Mahmud Abbas identifiziert. Er steht an der Spitze der drei dominanten und wichtigsten Organisationen und Gruppierungen auf palästinensischer Seite: die PLO als Repräsentantin der Palästinenser in den besetzten Gebieten und in der Diaspora; die Fatah als politisch vorherrschende Bewegung innerhalb der PLO; und die Palästinensische Autonomiebehörde als Körperschaft, die kraft der Osloer Verträge entstanden und für die Verwaltung in den besetzten Gebieten verantwortlich ist. Mitglieder der Fatah und der PLO waren es auch, die überhaupt die Grundlagen für die Etablierung der Palästinensischen Autonomiebehörde gelegt haben, und bis heute ist ein Großteil der dortigen Positionen von Fatahanhängern besetzt. Mit den Jahren sind die drei Institutionen und Gruppierungen nahezu zu einer verschmolzen.

Am Tag der palästinensischen Präsidentschaftswahlen im Januar 2005, etwa zwei Monate nach Arafats Tod, erhielt ich die Gelegenheit, in Ramallah über den Ablauf zu berichten. In einer der Schulen in der Stadt, unweit vom Manara-Platz, filmte ich, wie Mahmud Abbas eintraf und die jungen Männer vor den Kameras ermunterte, ihn zu wählen. Es ist zu bezweifeln, dass irgendjemandem in den besetzten Gebieten später angesichts der Wahlergebnisse der Atem stockte – wenn einer aus der Gründergeneration gegen federgewichtige Kandidaten antrat und die Hamas die Wahlen boykottierte, waren die Ergebnisse vorauszusehen.

Ich studierte die Wahlbroschüre, die das Programm des Fatah-Präsidentschaftskandidaten zusammenfasste – und zur Erinnerung: Wir befanden uns im Endstadium der Zweiten Intifada. Der Tenor des Textes war zurückhaltend, er war der Ton eines Führers, der nicht an eine bewaffnete Intifada oder an Terroranschläge glaubte, selbst in den schlimmsten Tagen der Intifada nicht. Ich fand kein Wort vom bewaffneten Kampf, stattdessen ein Bekenntnis zu der Verpflichtung, die unterzeichneten Verträge zu respektieren und am politischen Verhandlungsprozess festzuhalten.

Fünfzehn Jahre danach sitzt ein alter, schwacher, nahezu von allen verlassener Führer an der palästinensischen Spitze, der es seinem Empfinden nach mit mächtigen Kräften aufnehmen muss, die vereint gegen ihn arbeiten, um sein politisches Lebenswerk – die Vision der zwei Staaten – zu zerstören: Die Vereinigten Staaten, die hinter dem angeblichen »Jahrhundert-Deal« steckten, wollen diesen um jeden Preis – was in Ramallah als Unglück betrachtet wird –, Israel widersetzt sich Verhandlungen, setzt den Siedlungsbau fort und betreibt eine Annexionspolitik, und die Hamas, die ewige Kontrahentin, hat ihm Gaza gestohlen. Doch obwohl in den besetzten Gebieten die Stimmen immer lauter geworden sind, die nach einer Rückkehr zum bewaffneten Kampf rufen, hält der palästinensische Präsident an den Prinzipien fest, die in jener Broschüre formuliert sind, und lehnt vor allem Terroraktionen jeglicher Art weiterhin ab. Bis Juni 2020 war der schärfste Akt, den Mahmud Abbas je vollzog, dass er die Sicherheitskoordinierung mit Israel einstellte und aus Protest gegen die geplante Annexion von Teilen des Westjordanlands den Kontakt abbrach.

»Minhadder halna« (»wir bereiten uns vor«), flüsterte mir erst kürzlich ein Fatahmann, der mich seit Jahren begleitet, am Telefon zu. »Wir haben unsere Lehren gezogen aus dem Einmarsch eurer Armee in die Sicherheitszentralen während der Invasion 2002 (Operation *Chomat magen*) und aus dem Umsturz der Hamas in Gaza.«

Er erzählte mir, dass die palästinensischen Sicherheitskräfte angefangen hätten, aus den verschiedenen Stabszentralen des *muchabarat* einen Großteil der geheimen Akten herauszuholen, einschließlich solcher mit sensiblen Informationen über den gemeinsamen Feind – die Hamas.

»Diesmal machen sie das in Zivil, tarnen die ganze Aktion als Ausflüge. Sie fahren mit den Unterlagen hinaus zu verlassenen Ruinen in den Bergen. Ein Teil der Dokumente geht in Flammen auf, andere werden versteckt. Das letzte Mal, dass sie das gemacht haben, war bei der Zweiten Intifada. Sie bereiten sich auf das Schlimmste vor.«

Ich fragte ihn, ob das Schritte in Richtung Krieg seien.

»Nein. Solange Abu Mazen in der *muqata'a* sitzt, ist es ausgeschlossen, dass wir den Befehl erhalten, mit Gewalt gegen euch vorzugehen. Ihr werdet euch aber noch nach Abu Mazen sehnen, den einzigen palästinensischen Führer, der mit euch den Friedensvertrag unterschreiben konnte.« Eine Aussage, die den breiten Konsens in den besetzten Gebieten wiedergibt.

Wie in Israel so wächst auch auf der palästinensischen Seite die Einsicht, dass die Zwei-Staaten-Lösung mittlerweile irrelevant geworden ist. Wie ein Spiegelbild der Debattenlage bei uns hat sich in der palästinensischen Öffentlichkeit im Lauf der Jahre die Auffassung durchgesetzt, dass Israel »kein Partner« sei, sondern alles in seiner Macht Stehende tue, um ernsthafte Verhandlungen und die Errichtung eines palästinensischen Staates zu verhindern. Sollte das tatsächlich stimmen und Mahmud Abbas' Abgang von der Bühne das endgültige Verschwinden der Zwei-Staaten-Lösung ankündigen – dann muss man beginnen, nach einer Alternative zu suchen.

Das erste und gravierendste Opfer der politischen Stagnation ist die palästinensische Nationalbewegung. Einige bedeutende Wissenschaftler, darunter der israelische Historiker Avraham Sela, sein Kollege Hussein Agha von der Universität Oxford, der die Palästinensische Autonomiebehörde in einigen geheimen Verhandlungskanälen mit Israel vertritt, und Ahmad Chalidi, ehemaliger Berater Arafats und Abbas', haben in den letzten Jahren die These vertreten, die palästinensische Nationalbewegung habe das Ende ihres Weges erreicht und liege im Sterben. So behaupten Agha und Chalidi zum Beispiel, dass die Fatah mit dem Tod Arafats ihre Existenzberechtigung verloren habe. Ihnen zufolge hat die Fatah heutzutage keine klare Ideologie und keinen definierten Charakter mehr, es mangelt ihrer Führung an frischem Blut, oder in ihren eigenen Worten, »sie ist eine Befreiungsbewegung, die nicht befreit, sondern in ineffektiven und fruchtlosen Verhandlungen feststeckt … und sie ist mit kleinlichen und provinziellen Machtkämpfen unter ihren Mitgliedern beschäftigt«.

In seiner Not setzte Mahmud Abbas auf einen anderen Weg: den der Verlagerung des Kampfes auf den Schauplatz der internationalen Diplomatie. Aber auch das hat den Palästinensern bislang nichts eingebracht und kann das Scheitern der Führung und den Mangel an greifbaren Erfolgen nicht vertuschen. Im Endeffekt bin ich der Meinung, solange Abbas noch die Zügel in der Hand hält, besteht wohl ein Grund zu glauben, dass die Fatah ihren Widerstand gegen den bewaffneten Kampf aufrechterhält. Doch die Frustration, die fehlenden Erfolge, die Befürchtung, hinter der Hamas zurückzubleiben, und die ursprüngliche DNA der Bewegung, die bei einem Teil ihrer Mitglieder immer noch im Blut fließt, könnten unter gewissen Umständen für einen Umschwung sorgen.

Schon heute lässt sich eine merkwürdige Diskrepanz in den Botschaften entdecken, die die Fatah aussendet. In den letzten Jahren wurde in einigen Aufrufen der Bewegung sowie in offiziellen Erklärungen ihrer Führungspersönlichkeiten verlautbart, dass »der bewaffnete Kampf der einzige Weg zur Befreiung Palästinas ist«. Verwirrung – auch in der Fatah.

»Die Palästinenser werden keine Intifada ohne die Fatah machen können und ohne die Hamas keinen Friedensvertrag unterschreiben können«, sagte ein hoher Fatahfunktionär zu mir, in Anlehnung an den israelischen Spruch »die Rechte ist gut zum Frieden und die Linke gut zu Kriegen«. Die Logik dahinter ist einfach: Bei einem echten Kampf gegen Israel muss die Fatah als Gründungsbewegung mit dabei sein, wiewohl sie dem Anschein nach den Konfrontationskurs verlassen hat, doch bei jeder zukünftigen Regelung mit Israel, deren Aussichten momentan äußerst düster scheinen, wird auch die heutige Fackelträgerin des Kampfes, die Hamas, mit von der Partie sein müssen.

Das verbotene Land: Tanzim und al-Aqsa-Märtyrerbrigaden

Wer im ersten Jahrzehnt unseres Jahrhunderts in den besetzten Gebieten unterwegs war, hat die Generation der Wüste kennengelernt. Sie war von dort kaum wegzudenken, beherrschte fast jede Stadt und jedes Flüchtlingslager im Westjordanland. Bewaffnete junge Männer voller Kampfgeist, die sich Gefechte mit der israelische Armee lieferten und vor allem eine lange Reihe von Terroranschlägen, darunter auch Selbstmordattentate, gegen Israelis geplant und durchgeführt haben. Sie sahen sich zu jener Zeit des Kriegs als Schutzpanzer der Gesellschaft, als Reinkarnation früherer militanter Verbände: von der al-Asifa unter der Führung Jassir Arafats über die Black Panther, die Fatah-Falken bis zur Volksarmee der Ersten Intifada. Die ruhigen Tage von Oslo waren mit Ausbruch der Zweiten Intifada jäh ans Ende gekommen, und der militärische Flügel der Fatah erstand wieder auf. Sein neuer Name lautete »al-Aqsa-Märtyrerbrigaden«.

Zu Beginn der Zweiten Intifada waren nicht alle in der Fatah damit einverstanden, den bewaffneten Kampf wiederaufzunehmen. Die prominenteste politische Stimme gegen eine Eskalation war meines Wissens Mahmud Abbas. Bei den Sicherheitsorganen war es der damalige Kommandeur des palästinensischen Nachrichtendienstes im Westjordanland, Dschibril Radschub, der sich gegen eine Militärisierung des Kampfes aussprach. Ihm gegenüber stand Marwan Barghuti, Befehlshaber der Tanzim, der bei seiner Vernehmung gestand, dass er Arafats Schweigen als grünes Licht für sich interpretiert habe, Anschläge zu verüben, und dass sich ein Teil der oberen Ränge der Palästinensischen Autonomiebehörde von ihm losgesagt habe, weil er die Eskalation unterstützte. Barghuti wurde zur Verkörperung der militanten Linie. Im Gefängnis näherte er sich der Hamas so weit an, dass hohe Kader der Organisation seinen Vertrauten versprachen, er würde beim Schalit-Austauschhandel freigelassen werden. Es kam bekanntlich anders.

In den Jahren der Ersten Intifada waren Aktivisten der al-Aqsa-Brigaden meine Eintrittskarte für das unbekannte Land jenseits der Grünen Linie. In den Augen der israelischen Gesellschaft ist es das verbotene Land, das mit Terror, Gewalt und Gefahr gleichgesetzt wird. Wenn ich Nablus betreten oder in Dschenin drehen wollte, brauchte ich Genehmigungen und Begleitung. Sehr rasch knüpfte ich in fast jeder größeren oder kleineren Stadt Kontakte zu Einheiten der Brigaden und zu vielen Menschen aus den Flüchtlingslagern. Es war beinahe wie die Mitgliedschaft in einem exklusiven Klub. Sobald ich eine Zugangsberechtigung für eine Örtlichkeit erhalten hatte, taten sich immer mehr Orte vor mir auf, bis mir das gesamte Westjordanland zugänglich wurde, solange ich in der Gesellschaft der bewaffneten Fatahaktivisten herumlief.

Im Gegensatz zu den militärischen Flügeln anderer Organisationen, die streng darauf achteten, im Schatten zu bleiben, sich stets abzuschotten und die Anonymität ihrer Kameraden zu wahren, waren die Männer der al-Aqsa-Brigaden sehr deutlich sichtbar und auch bei zufälligen Besuchen kaum zu verfehlen. Oft ging ich durch palästinensische Städte und fand mich plötzlich, ohne jede Vorwarnung, inmitten einer Art Waffenschau wieder.

Ein Fall ist mir besonders in Erinnerung geblieben. Während ich nahe der *muqata'a* in Ramallah drehte, hielt ein Jeep mit vier Bewaffneten neben mir. Der Fahrer war der Einzige, dessen Gesicht nicht verhüllt war. Doch die Läufe der Kalaschnikows versuchte keiner zu verstecken. Der Fahrer stellte sich vor: Sein Name sei Halid Schawisch, und er freute sich sichtlich, auf jemanden von den israelischen Medien zu treffen. Der Name sagte mir nichts. Als ich fragte, woher er komme, deutete er auf den *muqata'a*-Distrikt hinter sich und sagte, er wohne dort, schon lange, und früher sogar Wand an Wand mit dem Vorsitzenden Arafat. Als ich ihn interviewen wollte, außerhalb seines Wagens, deutete er auf seine Beine und sagte, er könne nicht gehen, er sei Invalide.

Erst als ich nach Hause kam und Recherchen über ihn anstellte, entdeckte ich, dass er auf der Fahndungsliste stand. Er war für die Ermordung von acht Israelis verantwortlich, darunter das Ehepaar Kahane, das bei einem Attentat im Dezember 2000 erschossen worden war. In Israel schreibt man ihm die Beteiligung an einer langen Reihe von Anschlägen zu, inklusive der Entsendung von Selbstmordterroristen. Weiter stellte sich heraus, dass Schawisch seine Lähmung von einer Schießerei mit israelischen Soldaten einige Jahre zuvor davongetragen hatte. Der Kontrast zwischen der ruhigen Unterhaltung, die wir geführt hatten, und seiner Vergangenheit, vor allem aber seiner mörderischen Gegenwart war schier unfassbar und schwer zu verdauen.

Doch was mir von dieser Begegnung besonders im Gedächtnis geblieben ist, waren die offenkundige Bewunderung und der warme Empfang in der Öffentlichkeit, die ihm allenthalben zuteilwurden, während er mit seinem Jeep durch Ramallahs Straßen fuhr. Es waren exakt die gleichen Reaktionen, die ich auch in Nablus erlebte, als ich mit den Bewaffneten durch die Kasbah ging, ebenso wie im Lager Nur asch-Schams in Tulkarm, in Dschenin, Qalqilija oder jedem anderen Ort.

Die Entstehung und Entwicklung der al-Aqsa-Brigaden ist überaus aufschlussreich, weil sich an ihr zeigen lässt, in was für einer Situation es zu einer Radikalisierung kommt – und solch ein Szenario könnte sich unter bestimmten Bedingungen wiederholen: Wenn nämlich der Niedergang der zentralen Herrschaftsmacht in Ramallah zu allgemeiner Anarchie führt. Anders als manche in Israel meinen, hätte so etwas nicht nur keinerlei Nutzen für uns, sondern könnte sogar zu einer der größten Bedrohungen für Israel und das delikate Gefüge mit seinen Nachbarn werden.

Die Wiege der al-Aqsa-Brigaden war Tanzim, die institutionalisierte militärische Organisation der Fatah. Tanzim wurde 1983 als operativer Flügel der Fatah in den besetzten Gebieten gegründet, und sie war es auch, die dort die Aktivitäten der Fatah während der Ersten Intifada anführte. In dieser Zeit kam es zu Spannungen zwischen der alten Fatahführung im Exil unter dem Vorsitz von Jassir Arafat und den Mitgliedern vor Ort mit Tanzim an der Spitze, die als eigentliche nationale Führung angesehen wurde, weil sie aus der Basis erwachsen war. Die Tanzim wurde in hohem Maße unabhängig, und obwohl viele ihrer Mitglieder in die 1994 eingerichtete Palästinensische Autonomiebehörde integriert wurden, blieb die Tanzim eine halbmilitärische Miliz. In der politischen Landschaft nach Oslo stellte die Tanzim ein Gegengewicht zur Hamas dar, gleichermaßen jedoch auch zu den palästinensischen Sicherheitsapparaten, deren Führungskräfte zu einem großen Teil mit Arafat aus dem Ausland gekommen waren.

Während der gesamten Phase zwischen dem Vertrag von Oslo und der Zweiten Intifada verzichtete die Fatah auf Terrorakte, abgesehen von einem einzigen Anschlag ein paar Tage nach der Vertragsunterzeichnung. Am Ende der sieben guten Jahre und mit dem Ausbruch der Zweiten Intifada vollführte der militärische Flügel der Organisation eine scharfe Kehrtwendung und nahm den bewaffneten Kampf wieder auf, was von einem Teil der Fatah-Führungsriege unterstützt und ermutigt, von einem anderen Teil jedoch abgelehnt wurde. Die Aktivisten nutzten die unklare Haltung der zentralen Instanz in Ramallah und begannen, eigenständig zu handeln, auch ohne Direktiven der obersten Führung, sie beuteten das Chaos und die Anarchie in den besetzten Gebieten aus. Ab da, bis zur Auflösung der Organisation im Jahr 2007, begannen die sieben schlechten Jahre – und die Fatah, die dem Anschein nach die Waffen niedergelegt hatte, kehrte zum Terror zurück, ja, sie praktizierte ihn sogar besonders intensiv.

Bei Ausbruch der Zweiten Intifada war es die Tanzim, die sich an die Spitze der Falken setzte, und sehr bald waren ihre Mitglieder an Terroraktionen beteiligt, hauptsächlich Anschläge mit Schusswaffen. Altgediente Mitglieder der Tanzim wie Marwan Barghuti agierten innerhalb eines geordneten organisatorischen Rahmens und vor allem in Abstimmung mit einem Teil der politischen Führung. Die bewaffnete Auseinandersetzung trieb die Tanzim jedoch dazu, eine gezielte Trennung vorzunehmen und eine halb unabhängige Organisation mit dem Namen »al-Aqsa-Märtyrerbrigaden« zu gründen, deren Anbindung an die Zentralherrschaft in Ramallah lockerer war. Auch heute, zwanzig Jahre nach der Gründung, besteht in den besetzten Gebieten keine Einigkeit über die Identität des Gründers oder den genauen Zeitpunkt ihrer Entstehung. Laut einem Sprecher der Organisation wurde sie im ersten Monat der Zweiten Intifada gegründet, doch die offizielle Bekanntmachung erfolgte erst drei Monate danach, am 1. Januar 2001, dem Tag, der als Gründungstag der Fatah bezeichnet wird.

Die neue Organisation, hauptsächlich von Mitgliedern der Tanzim geleitet, wurde in der gewaltsamen Konfrontation mit Israel zur Speerspitze der Fatah. Nachdem die Terroranschläge zunächst auf die besetzten Gebiete begrenzt gewesen waren, trat die Fatah ab Februar 2002 in eine neue Phase ein, die auch Massenselbstmordattentate innerhalb Israels beinhaltete. Obwohl die säkulare Organisation im Lauf der Jahre strikt darauf geachtet hatte, die religiöse Identität der nationalen zu unterwerfen, übernahm sie in Gestalt der al-Aqsa-Brigaden Merkmale des radikalen Islams, ob es die verwendete Terminologie (Schahid, Dschihad) war, die Veröffentlichung von Selbstmordtestamenten oder die Kooperation mit anderen religiösen Organisationen.

Was veranlasste säkulare palästinensische Bewegungen dazu, sich an Selbstmordanschlägen zu beteiligen? Dazu gibt es eine Reihe von Antworten: der Kampf um die Führung der Intifada, der Krieg um die Herzen der Palästinenser auf den Straßen, die immense Resonanz, die die Selbstmordattentate hervorriefen, und das Verlangen nach Rache für die Liquidierung von Fatahführern wie Raid Karmi, einem Aktivisten der Tanzim aus Tulkarm, Anfang 2002.

Wer sind die Leute, aus denen sich die al-Aqsa-Brigaden zusammensetzen und die von einem bestimmten Zeitpunkt an die Intifada faktisch auf ihren Schultern trugen? Viele von ihnen stammten aus der jungen Generation, die infolge des israelischen Vorgehens gegen die alte militärische Führung der Fatah und des dadurch entstandenen Vakuums ins Zentrum der Bühne gedrängt wurden. Die Fatah war nicht mehr im selben Maße wie zuvor in der Lage, die bewaffneten al-Aqsa-Brigaden zu kontrollieren, so dass diese häufig zu autonomen Gruppen mit eigener Agenda wurden, die die Zentralmacht nicht in ihrer Gewalt hatte.

In jenen Jahren erlebte ich vor Ort eine Vielzahl von unabhängigen, separaten Gruppen und Untergruppen, die jede für sich auf ihrem eigenen Terrain agierte, teils anarchistische Gruppierungen, teils in der Grauzone zur Kriminalität. Mit der ursprünglichen Fatah hatten sie kaum noch etwas gemeinsam. Die Initiative ging auf die lokalen Führungen über, das Chaos blühte. Jedes Flüchtlingslager, jede Kleinstadt oder Stadt hatte ihre eigenen al-Aqsa-Brigaden, die manchmal aus einer eigenständigen Weltanschauung heraus agierten, oft die lokalen Interessen über die offiziellen der Gesamtorganisation stellten. In vielen Fällen wurde eine Zusammenarbeit der Bewaffneten mit dominanten Gruppierungen in der Gegend bekannt, zum Beispiel mit der Hamas, dem Islamischen Dschihad und sogar der Hisbollah.

Den al-Aqsa-Brigaden und den Fatahaktivisten, die in der gesellschaftlichen und physischen Peripherie das Sagen hatten, kam noch eine weitere Bedeutung zu: Ihre Aktivitäten waren Teil eines Versuchs, einen Elitenwechsel herbeizuführen und das Machtzentrum der Fatah vom Ausland in die besetzten Gebiete zu verlegen. Die jungen Führungsfiguren, Kinder der besetzten Gebiete, viele aus den Flüchtlingslagern, waren durch den Kampf gegen Israel und vor allem mit der Ersten Intifada hochgekommen, nun wurden sie dominanter und versuchten, die alte Führung der Fatah zu verdrängen, die mit deren Sitz in Tunis identifiziert wurde. Mit begrenztem Erfolg.

Denn im Juli 2007 besann sich die Palästinensische Autonomiebehörde. Der Umsturz der Hamas in Gaza, der sich einen Monat vorher abgespielt hatte, hatte zu der Erkenntnis geführt, dass sich dasselbe auch im Westjordanland wiederholen könnte, wenn die Ordnung nicht wiederhergestellt würde und die Sicherheitsorgane nicht bedeutend verstärkt würden. Noch im selben Monat veröffentlichte Mahmud Abbas, der Vorsitzende der Palästinensischen Autonomiebehörde, den Präsidentenerlass, »alle bewaffneten Milizen und militärischen Gruppen, die nicht regulär sind, aufzulösen«. Sie wurden per Gesetz verboten, einschließlich der al-Aqsa-Brigaden, dem militärischen Flügel der Organisation, an deren Spitze er stand.

Was Mahmud Abbas dabei half, die Ordnung wiederherzustellen, war das Amnestieabkommen, das im selben Jahr mit Israel unterzeichnet wurde. Viele von denen, die auf den Fahndungslisten standen, verpflichteten sich, den Pfad des Terrors zu verlassen. Sie übergaben ihre Waffen den Sicherheitsorganen der Palästinensischen Autonomiebehörde, wurden für eine Zeitspanne von drei bis sechs Monaten in eine Art Vorbeugehaft in palästinensischen Gefängnissen genommen, durften danach wieder heraus und sich in den palästinensischen Städten frei bewegen. Irgendwann wurde aus der Teilamnestie eine volle Amnestie. Die Sicherheitsorgane der Autonomiebehörde nahmen die Ex-Häftlinge auf, und sie wurden ein Teil des regulären militärischen Systems. Insgesamt wurden 469 Gesuchte amnestiert. Meiner Einschätzung nach war das einer der wichtigsten Schritte, die Israel unternommen hat, weil er im Westjordanland wieder Ruhe einkehren ließ und das Kapitel der Zweiten Intifada abschloss.

Heute, eineinhalb Jahrzehnte danach, gibt es so manchen, der sich nach jenen Tagen zurücksehnt, in denen der Besitzer einer Waffe im Besitz einer eindeutigen Meinung war. Es ist eine Zeit des Wartens auf die Epoche nach Mahmud Abbas. Wie sie aussehen wird, das weiß keiner. Also bereitet man sich vor, besorgt sich eine Waffe, schließt Bündnisse.

»Ich habe mindestens dreißig bewaffnete Leute«, sagte mir kürzlich eine meiner Quellen, ein Fatahmann, der in der Vergangenheit eine Zelle der al-Aqsa-Brigaden angeführt hatte, die sich auflöste, sich in diesen Tagen jedoch in aller Stille wieder zusammentut.

»Wir kaufen Waffen und Munition von wem immer möglich. Ich schätze, das Ganze hier wird auseinanderbrechen, und wir werden diese Waffen brauchen, um uns selbst zu verteidigen in dem Tohuwabohu, das hier herrschen wird. Aber Sie können sicher sein, dass diese Waffen nicht gegen euch gerichtet werden. Ich glaube, dass euer Schabak das weiß – meine Gewehre werden niemals auf Israel gerichtet sein.«

Eine interessante Aussage, die den derzeitigen Stand der Dinge gut zusammenfasst. Doch auch wenn meine Informationsquelle und viele andere nicht auf eine Konfrontation mit Israel brennen, ist bekannt, dass eine Kalaschnikow, die an der ersten Front auftaucht, auch an der letzten schießen könnte.

Ich mache Schawarma aus dir

Von den Aktivisten der al-Aqsa-Brigaden ist Zakaria Zubeidi in der israelischen Öffentlichkeit zweifellos am bekanntesten. Er ist eine der herausragenden Symbolfiguren für die Generation der Zweiten Intifada: ein junger, Hebräisch sprechender Mann aus dem Flüchtlingslager Dschenin, der als Bauarbeiter in Israel und als Schauspieler am lokalen Theater gearbeitet hat; er ist mit den Friedensversprechungen der Neunzigerjahre aufgewachsen und musste miterleben, wie diese Welt mit dem Ausbruch der Intifada und dem Tod seiner Mutter schlagartig kollabierte (Berichten zufolge kam sie während der Operation *Chomat magen* im Feuer der israelischen Armee um).

Zu Beginn der Auseinandersetzungen war er noch einer von Tausenden ähnlichen Waffenträgern, doch einige Umstände hoben ihn heraus: das Vakuum, das als Folge der Operation *Chomat magen* im Flüchtlingslager Dschenin an der Spitze des militärischen Flügels der Fatah entstanden war, seine Hebräischkenntnisse und die exklusive, öffentlich präsente Beziehung mit der linken israelischen Aktivistin Tali Fahima. Und es gab noch etwas – seine guten Kontakte zu den israelischen Medien.

Anfang der Zweitausenderjahre wirkte Zubeidi, der eine Bande von

Bewaffneten in Dschenin anführte, wie eine einheimische Version des *Paten.* Jedes Mal, wenn ich mit ihm in Dschenin herumging, wiederholte sich das gleiche Schauspiel. Die jungen Leute blickten ihn mit Bewunderung an, während viele von den Älteren ihn um Hilfe baten – von Geld bis zur Schlichtung von Meinungsverschiedenheiten.

»Ich bin ein Mann des Volkes – von ihm beziehe ich meine Macht«, sagte er einmal zu mir und nickte der älteren Frau zu, die ihn um Hilfe anflehte. Er zog ein dickes Bündel Scheine aus der Tasche und gab ihr einige davon. In jenen Tagen gegen Ende der Intifada ermöglichte die Fragmentierung der palästinensischen Politik Leuten wie Zubeidi einen raschen Aufstieg. Und wie viele andere wurde er in den besetzten Gebieten zu einer nahezu mythischen Gestalt, je mehr Anstrengungen Israel unternahm, ihn zu liquidieren.

Eines Tages, als ich ihn für eine Reportage gefilmt hatte, saßen wir zusammen im ersten Stockwerk eines Schawarmalokals im Zentrum von Dschenin, während ein Bewaffneter an der Tür Wache hielt.

»Warum legen Sie die Waffen nicht nieder?«, fragte ich. »Es gibt so viele Wege, Konflikte zu lösen – je mehr ihr kämpft, desto weiter rückt euer Traum von einem palästinensischen Staat in die Ferne.«

»Das wird nicht passieren, solange es die Besetzung gibt«, antwortete er. »Aber Sie müssen wissen, dass sich unser Kampf nicht gegen israelische Zivilisten, sondern gegen Soldaten richtet.«

»Heißt das, wenn Sie auf einen israelischen Zivilisten stoßen würden, der aus Versehen nach Dschenin geraten ist, würden Sie ihn heil und gesund nach Hause zurückschicken?«, fragte ich überrascht.

»Ja«, sagte er, »klar. Genauso, wie Sie hier mit mir sicher und geschützt sind. Aber das gilt nur unter der Bedingung, dass Sie kein Soldat sind.« Er schaute mich durchdringend an. »Wenn Sie hier mit der Uniform eurer Armee hereinkommen würden, Ohad«, fuhr er fort und spießte ein Stückchen Schawarma mit der Gabel auf, »dann würde ich das hier aus Ihnen machen – Schawarma.«

Mir verging der Appetit.

Irgendwann, als die Intifada zu Ende ging und die Sicherheitsorgane der Palästinensischen Autonomiebehörde wieder an Boden gewannen, verschwand er. Anfangs beantwortete er noch Anrufe, erzählte, dass er von der Autonomiebehörde verhaftet worden sei und aus dem Gefängnis spreche. Dann war er auch telefonisch nicht mehr erreichbar. Wie ich später erfuhr, hatte man ihn wegen des Verdachts, er habe sich mit den oppositionellen Elementen innerhalb der Fatah zusammengetan, vier Jahre lang in die Gefängnisse der Autonomiebehörde eingesperrt, zuerst in Dschenin und anschließend in Beitunja bei Ramallah.

2018, nachdem er aus dem Gefängnis entlassen und sogar in den Revolutionsrat der Fatah gewählt worden war und eine Arbeit im Büro der Gefangenen erhalten hatte, kam ein Anruf von ihm. Als ich ihn fragte, was er mache, erzählte er, dass er an der amerikanischen Universität in Dschenin für einen zweiten Abschluss studiere und parallel dazu als Dozent an der Universität arbeite. Das war auch der Grund, weshalb er anrief. Er bat mich, ihm alle Reportagen zu schicken, die ich zu der Zeit über ihn gemacht hatte, als er gesucht wurde – für eine Seminararbeit. Der Mann, der praktisch zum Gesicht der Zweiten Intifada geworden war, die berühmteste Gestalt auf Israels Fahndungsliste, war nun mit der Korrektur von Seminararbeiten beschäftigt. Die Wende war vollzogen. Jedenfalls dem Anschein nach.

In Kindermärchen war das immer das Ende der Geschichte, doch in unserer traurigen Realität ist dem nicht so. Im Februar 2019 wurde Zubeidi von der israelischen Armee und dem Schabak zusammen mit einem Ostjerusalemer Rechtsanwalt namens Tarik Bargouth unter dem Verdacht verhaftet, in der Gegend von Beit El eine Reihe von Anschlägen verübt zu haben, bei denen Autobusse unter Beschuss genommen worden waren. Nachdem ihm im September 2021 zusammen mit fünf Mithäftlingen der Ausbruch aus einem Hochsicherheitsgefängnis geglückt war, wurde er nach einigen Tagen gefasst und sitzt seitdem wieder in Haft.

Anfang 2020, als Zakaria Zubeidi seit knapp einem Jahr im Gefängnis war, sah ich, wie junge Leute aus dem Flüchtlingslager bei der Kundgebung zum Gründungstag der Fatah Bilder von ihm schwenkten. Diese Szene drückt in nuce die generelle Situation aus: den Orientierungsverlust, die Wiederauferstehung und die abermalige Verwirrung der Fatahbewegung. Ich traf diese jungen Leute übrigens auf einem Platz, der nach Dalal Mughrabi benannt ist, einer Palästinenserin, die eine Fataheinheit angeführt hatte, die 1978 einen Autobus auf der Küstenstraße in ihre Gewalt brachte. Im Verlauf der Terroraktion wurden 35 Israelis ermordet, darunter auch viele Kinder. Mughrabi wird in den besetzten Gebieten als Nationalheldin betrachtet, zahlreiche Institutionen sind nach ihr benannt.

Der Platz liegt wenige Meter vom Tor der *muqata'a* von Dschenin entfernt, dem Sicherheits- und Behördendistrikt, von dem aus unter anderem die Sicherheitskoordination mit Israel geleitet wird. Als ich Minuten später filmte, wie Leute von den Sicherheitskräften der Palästinensischen Autonomiebehörde bei der Kundgebung ihre Gewehre schwenkten, tanzten und Fatahlieder sangen, beugte sich ein Offizier zu mir und flüsterte mir auf Hebräisch zu:

»Sehen Sie diese Waffen? Mit diesen Gewehren zerreißen wir die Hamas in der Luft.«

All das, so widersprüchlich es zum Teil ist, ergibt meiner Meinung nach ein gutes Bild der Fatahbewegung von heute: eine Kombination aus Verehrung von Figuren wie Dalal Mughrabi, die für mörderischen Terror verantwortlich sind, Krieg gegen den Terror im Rahmen der Sicherheitskoordination – und schließlich der gemeinsame islamische Feind von Fatah und Israel.

Im Paradies gibt es auch Juden

Abu Nimer, eine der berühmtesten Persönlichkeiten der Tanzim, traf ich während eines Besuchs in einem Gefängnis für sicherheitsrelevante Häftlinge. Viele betrachten ihn als die wichtigste Instanz der Fatah im Gefängnis, ein Mensch, dem sich nicht nur Hunderte von Häftlingen der Bewegung unterordnen, sondern der auch bei der Spitze der palästinensischen Sicherheitsorgane und den Führern der Fatah draußen Gehör findet. Er verbüßt seit 2002 eine lebenslängliche Haftstrafe für seine Beteiligung an einem Terroranschlag und versuchten Mord. Wie viele aus der militärischen Riege wurde er mit der Zeit zu einem politischen Führer.

Ich schloss meine persönliche Bekanntschaft mit ihm vor einem Tisch voller Erfrischungen, die die Häftlinge zubereitet hatten. Er hat sich gut gehalten, spricht fließend Hebräisch und kennt die israelische Gesellschaft in ihren zahlreichen Schattierungen. Was meine Aufmerksamkeit jedoch am meisten fesselte, war der Tenor seiner Worte.

»Ich bin ein Soldat der Fatah – und daher glaube ich mit ganzem Herzen an Versöhnung und Frieden«, sagte er.

Ich wollte mehr erfahren, das Thema vertiefen mit einem Anführer der Intifada, der heute von Frieden spricht. Die Gelegenheit dazu ergab sich erst kürzlich, als er mich überraschend aus dem Gefängnis anrief. Es war der Auftakt zu einer Reihe telefonischer Unterhaltungen, die in exzellentem Hebräisch geführt wurden. Ich versuchte, in seinen Kopf hineinzuschauen, aus erster Hand zu hören, wie er und seine Bewegung eine gemeinsame Zukunft von uns beiden – falls es die überhaupt gibt – auf dieser Erde sehen.

»Die Fatah ist die Mutter des palästinensischen Volkes«, begann er, nachdem ich ihn nach dem Wesen der Bewegung gefragt hatte, die vor Kurzem fünfundfünfzig Jahre ihres Bestehens verzeichnet hatte. »Sie ist eine demokratische Bewegung, die es ewig geben wird, auch nach der Gründung eines palästinensischen Staates, schlicht deswegen, weil sie sich im Zentrum befindet. Die Fatah integriert Professoren und Doktoren neben dem kleinen Jungen, der einen Stein in der Hand hält – das ist ihr Wesen.«

»Aber es waren nicht nur Steine«, setzte ich nach. »Sie haben Terroranschläge verübt, inklusive Selbstmordattentaten, Sie haben Zivilisten und Kinder, völlig Unschuldige, getötet. Das ist Terror, jeder Definition nach.«

»Wir haben auf unserem Weg Fehler gemacht«, gab er zu. »Als Abu Mazen allein dastand und sagte: ›Setzt nicht jedes Mittel ein, das euch zur Verfügung steht‹, dachte er wie ein Politiker, wie ein Führer. Es gab viele Politiker, die uns warnten, die flehten, wir sollten vorsichtig sein, Verantwortung übernehmen. Aber wir, die Jungen, verstanden das nicht, wir handelten aus dem Bauch heraus, nicht mit dem Kopf. Wer eine Kalaschnikow in der Hand hält, ist sich sicher, dass er alles im Griff hat. Wir kamen zu unsrem Legislativrat (das palästinensische Parlament) und haben jeden mit Eiern und Tomaten beworfen, der nicht so dachte wie wir. Wir waren auf dem Holzweg.«

Das Eingeständnis eines Fehlers dieser Größenordnung ist außergewöhnlich. Selbstanklage, nach innen gewandte Kritik und die Einsicht, dass die Wahl des »bewaffneten Kampfes« ein Fehler war, wurden meist nur untereinander geäußert und sickerten nicht nach draußen, auch nach Jahren nicht. Als ich ihn nach der heutigen Schwäche der Fatah fragte, verteidigte er sich und zog es vor, die Kritik auf Israel abzuwälzen.

»Dem Volk fällt es schwer, mit der Situation zu leben, die ihr uns in den letzten eineinhalb Jahrzehnten aufgezwungen habt. Ihr stehlt Land für die Siedlungen, redet von Annexion, zerstört Häuser, beherrscht al-Aqsa. Die Leute bei uns haben das Gefühl, dass sie ihre grundlegenden Rechte verlieren. In so einer Situation erwartet das Volk von der Fatahbewegung, dass sie handelt, Widerstand leistet, die Beziehungen zu Israel abbricht. Wir verfügen über die Fähigkeiten, Israel zu bekämpfen, doch wir entscheiden uns täglich dafür, das nicht zu tun. Wenn die Fatah eine schwache Führung hätte, hätte der innere Druck das Seine getan und wir hätten ganz leicht in einen Krieg hineingezogen werden können. Ihr schätzt Abu Mazen gering, aber ich sage Ihnen: Er ist der klügste Mensch weit und breit, er hat uns den Weg vorgezeichnet.«

Ich stoppte ihn. »Aber er hat nichts getan, um dem Frieden näherzukommen. Sitzt in der *muqata'a* und ist beleidigt. Er hatte durchaus Gelegenheiten, die Sache abzuschließen, aber er hat sie versäumt. Der Status quo ist bequem für ihn …«

Er unterbrach mich hitzig mitten im Satz. »Das stimmt nicht. Wie in Israel, so ist es auch bei der Fatah: Wenn sie etwas sagen, halten sie es auch. Wir sind bereit, jederzeit und an jedem Ort mit den Juden zu leben. Wir haben kein Problem, ein anderes Volk und euch als Partner anzuerkennen.«

»Sie sagen, dass sie wirklich bereit sind, an unserer Seite zu leben?«, erwiderte ich. »Ich habe ganz andere Dinge von Leuten von der Hamas und vom Islamischen Dschihad gehört. Ihrer Argumentation nach trägt jeder Muslim, welcher auch immer, die Gewissheit in sich, dass wir Juden hier auf geborgte Zeit leben. Also wartet ihr auf die geeignete Stunde, und inzwischen unterschreibt ihr Abkommen, die ihr brechen könnt, wenn ihr wieder stärker geworden seid.«

»Wer die Sache aus religiöser Sicht betrachtet, wird Ihnen zustimmen – wir nicht«, entgegnete er entschieden. »Ihr, die Juden, seid hier sechs Millionen Menschen, wir sind fünf Millionen. Keiner wird letztlich von hier verschwinden, es gibt Platz für uns alle. Wir sagen wirklich nicht, dass wir einen Staat errichten, und in zehn oder in hundert Jahren erobern und verbrennen wir Israel. Wir sind Nachbarn, und Nachbarn leben zusammen.

Der Dschihad und die Hamas sind aus einer religiösen Kultur hervorgegangen, und dort ist das ein Nullsummenspiel – entweder wir oder ihr. Sie sagen: Machen wir *hudna* [Waffenstillstand], und wer in den nächsten zehn oder zwanzig Jahren stärker sein wird, vernichtet den anderen. Das ist die Logik der religiösen Organisationen.

Im Gegensatz dazu sehe ich mich mit der Fatah als einen Teil der Welt und möchte der internationalen Gemeinschaft angehören. Die meisten Staaten erkennen uns an. Ich glaube wirklich und wahrhaftig nicht, dass man die Juden töten muss. Wenn ihr in euren Grenzen bleibt und wir in unseren, wir uns gegenseitig respektieren und die Wirtschaft läuft – dann braucht ihr keine Angst zu haben vor einem ernsthaften Abkommen mit uns.«

Das Staatsmännische in seinen Worten war schwer zu überhören.

»Passen Sie auf.« Er wurde konkreter. »Die finanziellen Mittel, die die Fatah seit 1967 und bis heute auftreibt, kommen dem ganzen Volk zugute, dienen nicht dem Wohl eines bestimmten Gesellschaftssegments. Seit dem Tag, an dem wir aus Gaza abgezogen sind: Zeigen Sie mir eine einzige Schule oder ein Krankenhaus, das die Hamas errichtet hätte. Ihr Geld fließt in die eigenen Taschen, unser Geld geht an alle. Wer denkt, dass wir morgen gegen euch in den Krieg ziehen wollen, der soll sich die Rechtsinstitutionen und die Gerichte anschauen, die wir aufgebaut haben.«

»Aber immer noch ist die Hamas in Gaza sehr stark, und den Umfragen nach ist sie zu fürchten«, sagte ich.

»Ich fürchte niemanden. Wir sind viel mächtiger. Mit unseren Grundsatzpositionen geben wir immer noch den Ton an. Sogar bei uns im Gefängnis haben wir 70 Prozent der jungen Leute aus Gaza, die in den letzten zwei Jahren auf den Rückkehrmärschen demonstriert haben, für die Fatah gewinnen können. Wenn sie hier ankommen, geben sie zu, dass die Hamas sie dazu gedrängt hat, am Zaun zu demonstrieren, gestehen aber, dass sie nicht an ihren Kurs glauben.«

»Die Hamas ist schon seit Langem ein Problem für euch in der Fatah geworden, nicht nur für Israel«, beharrte ich.

»Stimmt. Das Problem ist, dass ihr sie nicht so gut kennt wie wir, hauptsächlich hier im Gefängnis, wo wir an ihrer Seite leben. Nehmen Sie zum Beispiel die islamische Wendung *al-wala wa-l-bara,* kennen Sie die? Das ist die grundlegende Auffassung der Hamas: Wer nicht für mich ist, ist zwangsläufig gegen mich. Wenn du einer von der Hamas oder den Muslimbrüdern bist, bist du verpflichtet, die Anweisungen des Emirs zu befolgen, du darfst keinerlei Fragen aufwerfen. Wenn dir gesagt wird, erschieß deinen Bruder, erschießt du ihn. So wie es in Gaza passiert ist. Sie glauben wirklich, dass es der Emir der Hamas ist, der dir ein Visum ins Paradies gibt, andernfalls kommst du in die Hölle. Ihre ganze Interpretation der Religion ist falsch – allein Allah entscheidet, wer ins Paradies kommt oder nicht. Und ob Sie es glauben oder nicht, im Paradies gibt es auch Juden und Christen, nicht nur Muslimbrüder.«

»Was würden Sie also mit der Hamas machen?«, fragte ich.

»Trotz meiner harten Kritik an ihr könnten wir Partner sein. Das Problem ist nur, dass die Hamas mit anderen Bewegungen oder Staaten verbunden ist, die ihre eigene Agenda haben, wie die Muslimbruderschaft oder der Iran. Sie betrachtet und akzeptiert niemand anderen als Partner. Auch in den Gefängnissen lieben sie nur sich selbst. So ist das, wenn du das Gefühl hast, dass Allah selbst dich erwählt hat. Mich hat, im Gegensatz zu ihnen, das Volk gewählt.«

»Was Sie sagen, klingt für mich zu schön, um wahr zu sein«, sagte ich. »Können Sie wirklich garantieren, dass Muhammad aus Ramallah oder Samir aus Kelil die Existenz Israels als souveränen jüdischen Staat in den Grenzen von 1967 akzeptieren wird?«

»Hören Sie, ich weiß, dass ein großer Teil des palästinensischen Volkes nicht so denkt wie ich und nach *tel ar-rabi* (›Frühlingshügel‹; wörtliche Übersetzung von Tel Aviv im Arabischen, wird bei der Argumentation benutzt, dass es sich um eine besetzte palästinensische Stadt handelt) zurückkehren will. Aber jetzt kommt das Wichtigste, das Sie von mir hören werden: Wir haben eine mutige Führung, die einem Vertrag zustimmen würde, auch wenn das nicht populär und gegen die Meinung eines Teils der Bevölkerung ist. Unsere Führung hat von 1988 bis heute mutige Entscheidungen getroffen. Wir haben die Grenzen von 1967 akzeptiert. Das war nicht einfach, aber wir haben sie akzeptiert. Wir wären einverstanden, im Rahmen eines Abkommens über eine nur begrenzte Rückkehr von Flüchtlingen zu reden. Wir können zu einer Verständigung gelangen, die niemanden erniedrigt oder verletzt, was aus meiner Sicht das Ende des Konflikts bedeuten würde Ich möchte genauso wenig wie Sie, dass hinterher einer von uns aufsteht und sagt: Der Konflikt ist noch nicht zu Ende.«

»Wen vertreten Sie überhaupt? Wie beurteilen eure jungen Leute die Situation?«, fragte ich.

»Wie alle anderen leben auch meine Kinder mit Facebook, auch sie öffnen sich der Welt. Sie wollen wie die Kinder sein, die in Spanien oder England leben, und wissen Sie was: auch wie die in Israel. Wir in der Fatah schicken viele junge Leute in verschiedenem Rahmen nach Europa, damit sie sehen, wie es möglich und richtig ist zu leben. Im Gegensatz zu anderen schicken wir sie nicht in den Iran, sondern in den Westen. Ich zum Beispiel habe meinen Kindern nie in den Kopf gesetzt, dass sie nach Jaffa zurückkehren sollen. In den Schulen im Westjordanland lehrt man sie, Ärzte und Ingenieure zu werden. Nicht umsonst sind wir Palästinenser die Gebildetsten in der arabischen Welt.«

Ich konnte nicht umhin, mich zu fragen, wie viel das Bild, das er mir präsentierte, mit der Wirklichkeit zu tun hatte.

»Sie sind schon seit vielen Jahren im Gefängnis, während ich in den besetzten Gebieten herumfahre«, sagte ich zu ihm. »Wissen Sie, was mein Eindruck ist? Dass ihr unter der Hand eure jungen Leute für einen ewigen Kampf mobilisiert.«

»Stimmt. Ich mobilisiere für den Kampf, aber für den Kampf um ein normales Leben. Wenn mein Sohn Sänger werden möchte – *ahlan wa-sahlan* [willkommen]. Hightech – bitte. Wir sind ein lebenshungriges Volk, und was wollen unsere Kinder? Karriere, ein schönes Haus, einen neuen Wagen, ein angenehmes Leben. Nur in den Universitäten und in den Gefängnissen werden Sie die Ideologen aus der jungen Generation finden. Nur dort sind junge Menschen, die wirklich die politischen Gruppierungen und die politische Lage kennen. Viele aus unserer Jugend heute kennen nicht einmal die Grenzen Palästinas.«

»Und wie sehen Sie Israel?«, fragte ich.

»Ihr sucht nach keiner Lösung. Punkt. Ihr erinnert euch schon fast nicht mehr an die Besatzung, aber sie existiert und ist die ganze Zeit präsent. Die Mehrheit bei euch sind gewöhnliche, normale Leute, die leben und überleben wollen. Mit diesen Menschen haben wir eine ernsthafte Chance zusammenzuleben. Aber es gibt bei euch viele, die nicht bereit sind, die dafür nötigen Schritte zu unternehmen. Ihr entwickelt keine Strategie für die nächsten dreißig Jahre, sondern schaut nur gerade bis zu eurer Nasenspitze. Der Irak war der stärkste arabische Staat, und Sie sehen, was mit ihm passiert ist. Denken Sie wirklich, die arabische Welt wird so bleiben, wie sie ist? Einstweilen ist eure Situation gut. Wir sehen im Gefängnis im Fernsehen, wie gut ihr jetzt lebt, ins Ausland reist, Geld ausgebt. Aber was wird morgen sein? Wenn Sie uns nicht anerkennen, wird unsere und eure Zukunft schwarz sein, jeden Moment kann sich hier etwas ändern.«

Gassen des Zorns: die Flüchtlingslager

Ich werde mich nie an die palästinensischen Flüchtlingslager im Westjordanland gewöhnen. Jedes Mal, wenn ich am Eingang stehe, fühle ich mich wie jemand, der direkt ins Innerste eines geheimnisvollen, zeitlosen Universums eintritt, dessen Gesetze ihm immer verborgen bleiben werden. Sobald ich mich in den engen Gassen, das Kennzeichen der Flüchtlingslager, bewege, befällt mich Klaustrophobie. Jeder Besuch ist von einer Anspannung begleitet, die mein Gefühl für Zeit und Raum verschwimmen lässt.

Woher rührt diese Anspannung? Ist es der Geist der Vergangenheit in den Gesichtern der Schahids, die mich von den Wänden herab anstarren? Oder ist es gerade die bedrohliche Gegenwart, in der mich üblicherweise bewaffnete Männer eskortieren, die hier die Macht besitzen? Auch meine Fremdheit als Israeli sticht in den Flüchtlingslagern besonders ins Auge angesichts der Armut und Bedürftigkeit, die aus allen Ecken aufscheint. Doch zu alldem gibt es etwas, das diese Orte so einzigartig macht: das emotionale Erbgut, von dem sie geprägt sind, einfach weil die Flüchtlingslager das pulsierende Herzstück des Konflikts sind.

Die Lager bieten fast immer einen stereotypen Anblick: zu beiden Seiten der Hauptstraße eine zufällige Anhäufung von Häusern, unverputzter Beton, drangvolle, erschreckende Dichte. Aussichtslos, hier irgendeine architektonische Logik oder Planung finden zu wollen. Das abgesteckte, begrenzte Areal diktiert die einzig mögliche Ausdehnung – in die Höhe. In der Tat gibt es in den Flüchtlingslagern zum Teil bereits Häuser mit fünf oder sechs Geschossen, die im Lauf der Jahre hinzugefügt wurden. Der Sicherheitsstandard ist extrem niedrig.

So, wie die Jahresringe eines Baumstamms sein Alter bezeugen, so verraten die aufgestockten Geschosse, wie viele Generationen von Flüchtlingen in jenem Gebäude wohnen. Auf beiden Seiten der Hauptstraße zweigen überall schmale, gewundene Gassen ab, die tiefer ins Lager hineinführen. In einem Teil der Flüchtlingslager, zum Beispiel in Schati in Gaza, sind die Gassen so eng und überfüllt, dass ein korpulenter Mensch Mühe hat durchzukommen.

Mein genereller Eindruck ist der von Armut und Verwahrlosung. An den nackten Wänden und den Türen der Geschäfte hängen Bilder von Schahids, wobei jedes Lager Bilder seiner eigenen Toten hat, wie ein individueller Fingerabdruck. Alles dort schreit Provisorium – als seien seit der Errichtung der Flüchtlingslager nicht über siebzig Jahre vergangen. Es ist erkennbar, dass eine lenkende Hand die Situation so belässt, wie sie ist, um daran zu erinnern, dass es sich hier nur um eine Übergangsstation handelt, als würde man eins, zwei, drei wieder weggehen, nach Hause zurückkehren. Schließlich ist das auch der eigentliche Zweck der Lager: das Flüchtlingsproblem zu verewigen, es zu konservieren, bis es zur einzigen Lösung kommt – der Rückkehr.

Die Bewohner der Lager verdienen ihren Lebensunterhalt im Allgemeinen in den benachbarten Städten oder Dörfern. Die Arbeitslosenrate dürfte fast immer höher sein als in der Umgebung und der sozioökonomische Standard niedriger. Jeder, der kann, nutzt die Häuser nicht nur zum Wohnen, sondern auch als Einkommensquelle und betreibt im Erdgeschoss irgendein Geschäft, zum Beispiel ein improvisiertes Café oder Internet-Café zwischen den Gassen, das sich rasch mit Arbeitslosen füllt, die sich dort die Zeit vertreiben, da sie nichts Besseres zu tun haben.

Wer verwaltet diese komplexe Einrichtung Flüchtlingslager? Für einen Großteil der Bildung, Gesundheit, sozialen Fürsorge und Wohlfahrt sorgt die UNRWA, das Hilfswerk der UN für arabische Flüchtlinge aus Palästina, das ein Netz von Schulen und Polikliniken betreibt und die Verteilung von Nahrungsmitteln unterstützt. Parallel dazu unterhält die PLO ein spezielles Flüchtlingsbüro, sodass es in jedem Lager ein Volkskomitee der PLO gibt, das hauptsächlich für die Unterstützung der Armen verantwortlich ist und sich um den Erhalt der Häuser und alles, was damit zusammenhängt, kümmert. In einem Teil der Lager im Westjordanland sind die Tanzimmitglieder in die Ortsverwaltung eingebunden.

»Geleitet werden die Lager ausschließlich von der UN und der PLO«, sagte ein führender Vertreter der Tanzim im Flüchtlingslager Dheischeh bei Bethlehem zu mir. »Israel und selbst der Palästinensischen Autonomiebehörde ist es untersagt, zu uns hereinzukommen, es sei denn, die UN stimmt vorher zu. Im Gegensatz zu den Israelis, die hereinmarschieren, wann immer ihnen danach ist, betritt die Palästinensische Autonomiebehörde das Lager ausschließlich nach vorheriger Absprache mit uns. In der Praxis laden wir die Leute von der Autonomiebehörde ein und heißen sie willkommen. Das passiert normalerweise, wenn im Lager Verbrechen geschehen wie Mord, Drogenhandel, Autodiebstähle und Ähnliches. Schließlich und endlich wollen wir nicht, dass unsere Lager Zufluchtstätten für Kriminelle werden.«

Die Geschäfte in den Lagern sind ein gutes Barometer für die wirtschaftliche Lage der Gesellschaft ringsherum. Während einer Wirtschaftsflaute in den besetzten Gebieten füllen sich die Flüchtlingslager mit Besuchern von außerhalb – Städter, die hauptsächlich kommen, um Obst und Gemüse billiger einzukaufen. Es kommen auch alte Bauern aus dem Umland hierher, um ihre landwirtschaftlichen Erzeugnisse zu verkaufen. »Am Freitag nach dem Gebet findet man sie draußen vor unserer großen Moschee, mit improvisierten Ständen. Sie kommen aus all den nahegelegenen Dörfern nach Bethlehem, um das bisschen Gemüse zu verkaufen, das sie anbauen konnten«, erzählte Muhammad Ja'far, von dem zu Beginn des Buches die Rede war. Neben den Gemüsehändlern gibt es auch immer kleine Lebensmittelläden, die Essen, Kurzwaren und einfaches Spielzeug verkaufen, und daneben Friseure und Cafés, die die grundlegendsten Bedürfnisse, exakt auf das Lager zugeschnitten, befriedigen. Mit den Jahren hat sich in einem Teil der Lager die kommende Generation von Geschäften ausgebreitet: für Computer, Textilien und Mobiltelefone, nur geringfügig billiger als draußen. Die markante Kluft besteht bei den Wohnungspreisen.

»Eine Mietwohnung im Lager Dheischeh kostet dreihundert, maximal dreihundertfünfzig Dollar im Monat, weniger als die Hälfte der Preise in der Stadt«, sagte Ja'far. »Die Mieter sind ausgerechnet keine Flüchtlinge, sondern normalerweise arme Familien, die sich eine Wohnung in Bethlehem nicht leisten können. Es gibt noch ein Phänomen, wenn auch nur am Rande: Unter den Mietern sind welche, die von den historischen Vergünstigungen profitieren wollen, die die Flüchtlinge in den Lagern genießen – sie bezahlen kein Wasser, keinen Strom und keine Steuern. Das war das Geschenk von Jassir Arafat an die palästinensischen Flüchtlinge.«

»Das klingt echt wie all diese Dinge, die jüdische Einwanderer erhalten oder die Siedlungen an den heißen Grenzen bei uns«, lachte ich. »Und weshalb hat er euch diese Vergünstigung beschert?«

»Hör mal, wir fühlen uns nicht wie gewöhnliche palästinensische Bürger – wir sind Flüchtlinge, das heißt, vergleichbar mit Gästen im palästinensischen Staat. Wir haben uns vorübergehend hier niedergelassen, bis wir auf unsere Erde zurückkehren, und diese Vergünstigung ist ein Geschenk, das die Palästinensische Autonomiebehörde ihren Gästen macht«, erwiderte er, womit er im Wesentlichen den Rückkehrtraum zusammenfasste, der immer noch lebt und atmet.

In manchen Lagern sind die einzigen öffentlichen Bauten die Schulen und Polikliniken der UNRWA. In den größeren Lagern kann man Beschäftigungszentren für junge Leute mit Gruppen für Fußball oder Basketball, Debka-Tanz sowie Lernzirkel und weiteres finden. »Wir hatten früher richtige Klubs für die Jungen«, berichtete Muhammad, »aber eure Regierung hat beschlossen, dass sie lauter Terroristen produzieren, und hat sie geschlossen.«

Im Gegensatz zu den Städten und Dörfern in den besetzten Gebieten werden viele Flüchtlingslager von Israel als autonome Zellen des Widerstands angesehen, deren Kontrolle und Beherrschung eine besonders große Herausforderung darstellt. Es überrascht nicht, dass die Erste Intifada ausgerechnet im Flüchtlingslager Dschabalija in Gaza nach einem Verkehrsunfall ausbrach, bei dem vier Arbeiter aus dem Lager getötet worden waren. Auch die Zweite Intifada wurde von zahlreichen jungen Männern aus den Flüchtlingslagern getragen, Mitglieder der al-Aqsa-Brigaden, die in einem gewissen Stadium sogar als ihre Anführer betrachtet wurden.

Doch nicht nur Israel hatte in der Vergangenheit Schwierigkeiten, die Flüchtlingslager zu beherrschen und dort der Autorität des Staates Geltung zu verschaffen. Im Lauf der Jahre sah sich auch die Palästinensische Autonomiebehörde im Westjordanland gezwungen, sich mit Widerstandsherden in den Flüchtlingslagern auseinanderzusetzen, die ihre Autorität herausforderten und in ihr ein fremdes, sogar feindliches Element sahen. Zeitweise wollten die Sicherheitskräfte in die Flüchtlingslager eindringen, um Ordnung zu schaffen und Gesuchte zu fassen, wie in einigen Fällen in den Lagern Balata und Dschenin. Bei ihrer Ankunft stießen sie auf bewaffneten Widerstand, sodass sie einen immensen Kraftaufwand betreiben mussten. Auch die bis heute größte Bedrohung für die Herrschaft der Hamas in Gaza, die sozioökonomische Protestbewegung *bidna na'isch* (»wir wollen leben«), ging 2019 von zwei Lagern in Gaza aus: Deir al-Balah und Dschabalija.

Bisweilen verschmelzen die Flüchtlingslager mit der Stadtlandschaft ihrer Umgebung, sodass sie oberflächlich betrachtet wie ein weiteres Viertel wirken. Nur die dicht gedrängte Bebauung verrät, dass es sich um etwas anderes handelt. Und es gibt noch ein Unterscheidungsmerkmal: Fast zu jeder Tageszeit sind die Gassen dort voll von spielenden Kindern.

Eines Tages im Mai 2019 traf ich im Lager Dschenin ein, um über eine Kundgebung von Aktivisten der Hamas und des Islamischen Dschihad zu berichten. Weil ich zu früh da war, nahm mich mein Begleiter zum ultimativen Entspannungsort für den *schabab* [junger Mann] mit – einem Fitnessstudio voller Gewichte und Testosteron. Unterwegs stießen wir in einer dunklen Gasse auf eine merkwürdige Szene: Zwei sehr kleine Menschen spazierten mit verhüllten Gesichtern und mit M-16-Gewehren in der Hand herum, blieben ab und zu stehen, zielten mit ihren Waffen auf einen verborgenen Punkt im Dunkeln und gingen weiter. Auf meinen fragenden Blick hin winkte mein Begleiter ab.

»Kinder«, meinte er, »die spielen Krieg – das interessiert nicht.«

Ich fand es allerdings hochinteressant. Seine demonstrative Gleichgültigkeit legte ein beredtes Zeugnis ab von der eigenartigen Lebensrealität hier. Es war nicht schwer, die beiden Kleinen zum Reden zu bringen. Einer von ihnen spielte einen palästinensischen Kämpfer, während der zweite ein Soldat der israelischen Armee war. Sie brachen zu bewaffneten Streifzügen durch die Gassen auf, suchten den Feindkontakt, töteten und wurden getötet. Das Realitätstheater, auf das wir in der Gasse zufällig stießen, spielte sich nicht weit entfernt vom »Freiheitstheater« der Kinder in Dschenin ab, das unter anderem von dem Schauspieler Giuliano Mer Hamis, dem ehemaligen Kommandeur der al-Aqsa-Brigaden in Dschenin, Zakaria Zubeidi, und dem linken Aktivisten Dror Feiler gegründet wurde. Der erste wurde ermordet, der andere sitzt im Gefängnis, und der dritte lebt in Europa.

Diese Kinder erinnerten mich an andere, die ich ein Jahr davor am gleichen Ort, im Lager Dschenin, getroffen hatte, oder vielleicht waren es ja auch dieselben. Es handelte sich um eine Gruppe von etwa Zehnjährigen. Damals waren die Spielgewehre zwar simpler, doch wem sich die Kinder emotional zugehörig fühlten, war ausgesprochen deutlich: Sie hatten sich die grünen Bänder der Hamas oder die schwarzen des Islamischen Dschihad um die Stirn gebunden.

Zur Erinnerung: Seit die Hamas 2007 mit Gewalt die Macht im Gazastreifen an sich gerissen hatte, war es im Westjordanland strikt verboten, ihre Fahnen oder die des Islamischen Dschihad zu schwenken. Der einzige Ort, an dem man diese Fahnen bis heute ganz offen, am helllichten Tag, sehen kann, sind die exterritorialen Flüchtlingslager, in denen die Bewohner die Herrscher sind.

Als ich die Kinder nach der Bedeutung des Spiels fragte, antworteten sie alle, sie stellten sich vor, was sie machen würden, wenn sie ein bisschen älter seien: gegen Juden kämpfen.

»Wir wollen Schahids werden, das ist unser Traum«, sagten sie zu mir.

Ihre Antwort überraschte mich weniger als die Reaktion der Erwachsenen, die die Szene beobachteten – völlige, fast stoische Akzeptanz der Realität: Kinder, die Krieg spielen und die Hoffnung aussprechen, im Namen Allahs zu sterben. Keiner der Erwachsenen hob auch nur die Augenbraue.

Flüchtlinge in Zahlen

Mit Stand 2019 besitzen über 5 600 000 Palästinenser ein offizielles Flüchtlingsdokument der UNRWA. Damit hat sich die Anzahl der registrierten Flüchtlinge seit dem Jahr 1950 verachtfacht; damals belief sie sich auf 711 000. Der drastische Anstieg rührt daher, dass sich bei den palästinensischen Flüchtlingen – und ausschließlich bei ihnen – der Flüchtlingsstatus vererbt, auch wenn die Nachkommen die Staatsbürgerschaft des Gastlandes erhalten haben.

Die Flüchtlinge von 1948 wurden im Lauf des ersten arabisch-israelischen Kriegs aus 417 Dörfern, wo sie in den Bereichen der Grünen Linie lebten, sowie aus gemischten Städten wie Jerusalem, Jafo und Haifa vertrieben, oder sie flohen von dort. Sie verloren fast fünf Millionen Dunam [ein Dunam entspricht 0,1 Hektar] Land und fanden Zuflucht in fünf Gegenden: Gaza, Westjordanland, Jordanien, Syrien und Libanon – die Orte, an denen die UNRWA tätig war. In geringerer Zahl wohnen palästinensische Flüchtlinge auch im Irak, in Saudi-Arabien, in Libyen, im Jemen und in Ägypten.

Laut dem Flüchtlingsbüro der PLO leben 85 Prozent aller palästinensischen Flüchtlinge in den besetzten Gebieten und den Ringstaaten Jordanien, Syrien und Libanon, weitere 10 Prozent sind in anderen Staaten im Nahen Osten (hauptsächlich den Golfstaaten) ansässig und die restlichen fünf Prozent außerhalb des Nahen Ostens. Und noch eine interessante Tatsache: 72 Prozent aller palästinensischen Flüchtlinge wohnen in keinem der 59 Flüchtlingslager, sondern außerhalb. Mit anderen Worten, es ist vielen Flüchtlingsnachkommen gelungen, dem ihnen bestimmten Schicksal zu entrinnen, vor allem denjenigen, die in ihrem Gastland die Möglichkeit erhielten, zu arbeiten und in Würde zu leben. Ein Teil hat es geschafft, in der sozioökonomischen

Rangleiter aufzusteigen und die Flüchtlingslager hinter sich zu lassen, andere haben nie dort gewohnt.

Auch heute besteht Unklarheit über die exakte Zahl der palästinensischen Flüchtlinge. Die Mehrheit von ihnen ist im Gazastreifen konzentriert, ihre Anzahl bewegt sich zwischen 1 200 000 (laut dem palästinensischen Zentralbüro für Statistik) und 1 350 000 (laut UNRWA). In jedem Fall handelt es sich um mehr als die Hälfte der 2 100 000 Einwohner des Gazastreifens. Ein großer Teil der Flüchtlinge lebt in einem der acht Flüchtlingslager, die sofort nach dem Krieg 1948 dort errichtet wurden. Im Westjordanland gibt es zwar 19 Flüchtlingslager, aber mit einer geringeren Anzahl von Personen, schätzungsweise sind es 900 000.

Das Flüchtlingslager Schu'afat ist ein Ausnahmefall, da es sich innerhalb der Stadtgrenzen Jerusalems befindet und damit auch auf israelischem Gebiet. Es zählt einige Zehntausend Bewohner, die israelische Ausweise besitzen. Das Lager ist von einem hohen Trennzaun umgeben und wird von israelischer Seite, der Stadtverwaltung und der Justiz, anhaltend vernachlässigt. Im Allgemeinen vermeidet man, es zu betreten, und das nicht nur wegen der Gefahren, die dort lauern, sondern auch aus mangelndem Interesse und Gleichgültigkeit. Die palästinensischen Sicherheitsorgane wiederum halten sich fern, weil es sich um israelisches Gebiet handelt. Schu'afat ist ein herrenloses Areal, das mit den Jahren zu einer Zufluchtsstätte für Gesetzesbrecher, Waffen- und Drogenhändler und manchmal auch für Kriminelle aus dem Westjordanland geworden ist, die vor der Palästinensischen Autonomiebehörde flüchten.

Nach dem Krieg von 1948 suchten viele Flüchtlinge eine Lösung außerhalb der Grenzen Israels und verstreuten sich in alle Richtungen. Drei Staaten nahmen sie damals – wider Willen – auf, davon sind sie in Jordanien am stärksten vertreten. Nach heutigem Stand leben dort circa 2 200 000 Menschen palästinensischer Herkunft mit Flüchtlingsausweis, ein Teil davon bevölkert noch die zehn Flüchtlingslager im Land. Die palästinensischen Flüchtlinge, die nach 1948 nach Jordanien geflohen sind, gelten als Glückspilze, da der Großteil von ihnen und ihrer Nachkommenschaft die jordanische Staatsbürgerschaft erhalten hat: Sie besitzen Pässe, haben Wahlrecht und vollen Zugang zu staatlichen Leistungen.

Die Lage in Syrien sieht wesentlich anders aus. Laut offiziellen Angaben der UNRWA lebten dort am Vorabend des Bürgerkriegs circa 590 000 palästinensische Flüchtlinge, von denen jedoch 2011 infolge des Kriegsausbruchs circa 100 000 flohen und weitere circa 280 000 als entwurzelt gelten, da sie ihr Zuhause verlassen haben, aber immer noch in Syrien leben. In den letzten Jahren wurde das große Flüchtlingslager al-Jarmuk zu einem der blutigen Symbole der palästinensischen Tragödie im Bürgerkrieg: Ab Juli 2014 wurde es von den Truppen des syrischen Regimes belagert, danach waren von den circa 170 000 Bewohnern nur noch wenige Tausend übrig.

Einer verbreiteten Annahme zufolge ist von den Ringstaaten, die palästinensische Flüchtlinge aufnahmen, die Situation im Libanon am schlimmsten. Den Dokumentationen der UNRWA nach leben dort circa 400 000 Flüchtlinge, allerdings wird geschätzt, dass ihre Anzahl in Wirklichkeit geringer ist. Nicht weniger als 50 Prozent davon leben in einem der zwölf Flüchtlingslager, was im Vergleich zu allen anderen Ländern den höchsten Anteil an Lagerbewohnern darstellt. Hier herrschen die härtesten Bedingungen, vor allem, seitdem der Libanon verboten hat, Baumaterial für Renovierungen in die Lager auf seinem Gebiet einzuführen.

Heute noch leiden die Palästinenser im Libanon unter Diskriminierung, die in der Verfassung verankert ist. Ihnen werden zahlreiche politische und soziale Rechte vorenthalten, beispielsweise die freie Berufsausübung, Sozialleistungen wie Krankenversicherung und das Recht auf Landbesitz. Die libanesischen Sicherheitskräfte betreten die Lager kaum, und so sind sie eine Brutstätte für extremistische bewaffnete Milizen und schwere Gewalt.

Das Flüchtlingsthema und die Forderung nach einem Rückkehrrecht machen die eklatanten Unterschiede in den Narrativen beider Seiten deutlich. Der israelischen Erzählung nach ist die überwiegende Mehrheit der Flüchtlinge während des Kriegs freiwillig, ohne dass sie dazu gezwungen wurden, weggegangen, wohingegen nach der palästinensischen Version die Fälle organisierter Vertreibung wesentlich stärker ins Gewicht fallen. Auch bei der Definition, wer überhaupt Flüchtling ist, sind die zwei Seiten geteilter Meinung: Die UNRWA definiert palästinensische Flüchtlinge als Personen, deren ständiger Wohnsitz zwischen dem 1. Juni 1946 und dem 15. Mai 1948 in Palästina lag und die ihren Wohnsitz und ihre Lebensgrundlage durch den arabisch-israelischen Krieg von 1948 verloren haben. Die UNRWA und die Palästinenser schließen in ihre Definition, wie erwähnt, auch die Nachkommen der Flüchtlinge ein – im absoluten Gegensatz zur israelischen Auffassung.

Die Juden der arabischen Welt

Um unter den Bewohnern der Flüchtlingslager das Gemeinschaftsgefühl zu stärken, ihre gegenseitige Solidarität und außerdem die Bindung an die Erde, von der sie entwurzelt wurden, sind Organisationen tätig, die die Nachkommen der Dörfer zusammenscharen, die bei der *nakba* [Katastrophe; die große arabische Niederlage 1948] zerstört wurden. Jedes zerstörte Dorf hat seinen eigenen Verein.

Wer einen dieser Vereine besucht, die ihren Sitz häufig im Flüchtlingslager haben, den erwartet eine Zeitreise, die ihm ein Rückkehrerlebnis beschert. In manchen Vereinen werden dem Besucher Dutzende von Schwarz-Weiß-Bildern präsentiert, die das Leben des Dorfes von einst vermitteln, neben Schildern mit den Namen der großen Sippen, die im Dorf wohnten, und *tatriz*, die traditionelle Stickerei auf Kleidern und Stoffen. Jedes Dorf mit seiner eigenen Stickerei.

»Die Alten, zu denen ich mich auch zähle«, sagte Nadschi Abu Hamid, ein ehemaliger Bewohner des Flüchtlingslagers al-Amari an der Einfahrt nach Ramallah, lächelnd, »können exakt die Herkunft der Trägerin eines bestickten Kleids erkennen, bis auf das Dorf genau, allein am Stil der Stickerei.«

Zu den Aktivitäten dieser Vereine gehören gelegentliche Versammlungen, die Teilnahme der Nachkommen des Dorfes an Festen, Begräbnissen und Ähnliches mehr. Zuweilen werden auch Ausflüge angeboten – zu den Ruinen des Dorfes selbst oder zu anderen Orten. Im Lager al-Amari zum Beispiel wurden in den letzten Jahren einige Reisen zu Flüchtlingslagern in Syrien und im Libanon organisiert, um die Bindung zwischen den Bewohnern der Lager, vor allem der Kinder, mit palästinensischen Flüchtlingen in anderen Staaten zu stärken. Manchmal knüpfen Familien aus einem Lager auch verwandtschaftliche Bande zu Flüchtlingsfamilien von Lagern außerhalb.

Das Ziel dieser Vereine ist, ein Netzwerk und eine lebendige Gemeinschaft zu schaffen, um das zerstörte Dorf wiederaufleben zu lassen, den Zusammenhalt der Nachkommen zu bewahren und damit praktisch die gesellschaftlichen Strukturen vorzubereiten, die die Rückkehr dorthin bewerkstelligen sollen. Zum selben Zweck sind in manchen Flüchtlingslagern die Viertel nach den Herkunftsdörfern eingeteilt, aus denen die Bewohner geflüchtet sind oder vertrieben wurden. In alldem drückt sich eine tief verwurzelte Einstellung aus, die bewahrt werden soll, um die einzige überhaupt mögliche Perspektive im Blick zu behalten: die physische Rückkehr in die ursprüngliche Heimat, die die Generation von 1948 verlassen hat.

Im öffentlichen Raum wird die kollektive Erinnerung daran mit weiteren Mitteln wachgehalten. So ertönt zum Beispiel am Tag der *nakba,* der auf den 15. Mai festgelegt wurde, eine Sirene; in den mit schwarzen Fahnen zugehängten Stadtzentren finden Massenaufmärsche statt. Außerdem werden in den Flüchtlingslagern und den Städten Straßen nach zerstörten Dörfern benannt. In Dschenin, Jericho oder dem Flüchtlingslager al-Aida wurden riesige Skulpturen zum Gedenken aufgestellt. Im Westjordanland sowie in Gaza sorgen die Machthaber, die Palästinensische Autonomiebehörde wie die Hamas, dafür, diese Erinnerungskultur sorgfältig zu pflegen. Michael Milstein, der sich als Wissenschaftler mit den Palästinensergebieten auseinandersetzt, meint, dass das Gedenken an die *nakba* im Jahr 1998 wiedererwacht sei – spiegelbildlich zur Fünfzigjahrfeier von Israels Staatsgründung.

Daneben gibt es die mündliche Überlieferung, die von Generation zu Generation »mit Hilfe des Gencodes und der Muttermilch« weitergegeben worden ist, wie mir Muhammad Abu Habasa sagte, ein Bewohner des Flüchtlingslagers Qalandija nördlich von Jerusalem. Jede Flüchtlingsfamilie hat ihre eigenen *nakba*-Geschichten. Viele erzählen, dass sie in ihrer Kindheit dasaßen und ihren Eltern aus der ersten oder zweiten Flüchtlingsgeneration zuhörten, wie das Leben in dem verlorenen Paradies gewesen war. Aber es war nicht immer so.

»In den ersten Jahren nach dem Krieg«, erzählte Nadschi Abu Hamid, »war es ähnlich wie in anderen solchen Fällen in der Geschichte. Die Elterngeneration litt unter der Verachtung und dem Zorn der Jungen, vor allem der zweiten Generation. Sie waren wütend auf ihre Eltern, weil sie so schwach gewesen waren, dass sie in ihrer Generation Palästina verloren hatten und in alle Richtungen zerstreut wurden; sie machten sie für die Zerstörung des Hauses und den Verlust des Landes verantwortlich.«

In Kafr Qadum in Samaria führte ich ein nicht gerade alltägliches Gespräch über die Beziehung zwischen Mensch und Erde mit einem hartgesottenen und vermummten Demonstranten. Ich erfuhr nicht einmal seinen Namen. Er sagte mir nur soviel, dass er aus dem Dorf sei, das heißt: kein Flüchtling, über vierzig, verheiratet, mit Kindern. Er erzählte mir, dass er jede Woche zum »Dienst« antrete, um gegen die Sperrung der Verbindungsstraße zu protestieren – der Hauptstraße, die vom Dorf in die Umgebung führt und die im Lauf der Jahre von der israelischen Siedlung Kedumim vereinnahmt wurde. Seit 2011 verleihen die Dorfbewohner der Forderung, sie zu öffnen, mit wöchentlichen Demonstrationen Nachdruck. Es gibt dabei ein festes Ritual: Nach dem Mittagsgebet am Freitag ziehen Dutzende bis Hunderte Demonstranten in Richtung der gesperrten Straße, und vermummte Jugendliche rollen Reifen von großen Haufen, die in der Nähe lagern, und zünden sie an.

»Jeder, der im Lauf der Woche ins Dorf zurückkehrt und unterwegs Reifen findet, lädt sie in seinen Wagen ein«, erklärte er mir, als ich staunte, wie groß einer der Reifenhaufen war. »Wir hoffen, dass der Rauch den Siedlern in die Augen dringt, ihnen die Luft abwürgt und sie quält, so wie sie uns quälen.«

Und ich fragte mich, wie es kommt, dass von den großen Protesten der Zweitausenderjahre dieses Dorf, Kafr Qadum, fast als letzter Mohikaner übrig geblieben ist. Inzwischen warteten sie mit Steinen und Schleudern in den Händen auf die Armee. Als der erste Jeep eintraf, wurde das Zeichen gegeben, und der Hagel begann. Das Gespräch mit dem Vermummten war surreal. Es riss immer wieder ab, wenn sich ein Armeetrupp näherte und diverse Mittel einsetzte, um die Demonstration aufzulösen – dann verschwand mein Gesprächspartner. Er war abwechselnd damit beschäftigt zu entkommen und wieder Steine zu schleudern.

»Ihr habt uns zweimal eine *nakba* verpasst. Die erste war 1948 und die zweite 1967 (sie wird *nahsa* genannt und bezeichnet die Niederlage der arabischen Staaten im Sechs-Tage-Krieg). Diese beiden Generationen, die unserer Eltern und Großeltern, hatten Angst vor euch, sie waren naiv. Aber Sie können mir glauben – ich schwöre bei Allah –, damit ist es vorbei. Wir haben unsere Lektion gelernt. Uns kann man nicht mehr von unserer Erde wegbekommen – sie ist heilig. Der einzige Weg für euch, uns von hier zu entfernen, ist schlicht, uns zu töten.«

Den Schluss des Satzes sagte er mit besonders lauter Stimme. Ich fragte ihn, ob er mich hasse.

»Nein«, erwiderte er. »Ich hasse eure Besatzung, nicht Sie persönlich. Aber ich habe die Ehre eines Mannes. Ich werde Sie nie besuchen, werde nicht zu Ihnen kommen und nicht bei Ihnen oder für Sie arbeiten.«

Ich begriff, dass ich zum ersten Mal in meinem Leben einem Palästinenser gegenüberstand, der lauthals verkündete, dass er Israel gezielt und aus ideologischem Grund nicht besucht hatte und nicht besuchen werde. Ob er wirklich nie bei uns gewesen ist? Man weiß es nicht.

»Die Palästinenser sind die Juden der arabischen Welt«, behauptete Abu Salah, der Flüchtling aus dem Lager Qalandija. »Eine verfolgte Minderheit, die unter erschwerten Bedingungen zurechtkommen muss und es schafft, sich von allen anderen abzuheben. In jedem arabischen Staat wird man feststellen, dass die Palästinenser zu den Gebildetsten und den Führungsschichten zählen, dass sie diejenigen sind, die den Staat generell vorwärtsbringen. Und unter ihnen befinden sich die

Flüchtlinge – die Minderheit der Minderheit. Viele unserer Gebildeten sind Flüchtlinge, aufgrund unserer schwierigen Ausgangslage, die direkt mit der *nahsa* zusammenhängt. Was wir damals verloren haben, wollen wir heute zurückholen.«

Abu Salah verknüpfte in seiner Erklärung Bildung mit Identität. Ich musste jedoch daran denken, dass die Palästinenser die Flüchtlinge zwar als konstitutiven Bestandteil ihrer Identität ansehen, deren Stellung innerhalb der eigenen Gesellschaft aber niedriger ist als die anderer Bevölkerungsgruppen. Es scheint, als hätten die Wirren der Geschichte und das kapitalistische Prinzip der freien Marktwirtschaft zusammengewirkt, um dieses Ergebnis zu zeitigen. An der Spitze der gesellschaftlichen Hierarchie in den besetzten Gebieten befinden sich die Städter, im Allgemeinen Leute mit Geld und Bildung. Nach ihnen kommen die Landbesitzer, die Bauern aus den Dörfern, während die Bewohner der Flüchtlingslager, vertrieben und ohne Besitz, ganz unten stehen. Mit den Jahren haben sich die Unterschiede etwas verwischt, die gesellschaftliche Mobilität hat das ihre getan. Viele der Flüchtlinge haben Bildung erworben, ein Teil hat die Lager verlassen, doch der Prozess ist mitnichten abgeschlossen.

»Früher waren die Klassenunterschiede deutlicher«, erzählte mir Nadschi Abu Hamid, »doch es gibt bis heute noch Fälle, in denen die Eltern nicht damit einverstanden sind, ihre Kinder mit Jungen oder Mädchen aus den Flüchtlingslagern zu verheiraten, obwohl der offizielle Grund natürlich ein anderer sein wird. Ich habe zum Beispiel nicht wenige Freunde, deren Liebesgeschichten mit einem Abschied geendet haben, nur wegen ihres Flüchtlingsstatus.«

Ein Verkehrsunfall namens *nakba*

Über allem schwebt das zentrale, auslösende Ereignis, das die palästinensische Identität geformt hat: die *nakba.* In der palästinensischen Vorstellungswelt herrschte in Palästina bis zur Ankunft der Juden Utopia – dort lebte ein friedliches und sorgloses Volk, das nicht rechtzeitig die Größe der Gefahr und das Ausmaß der Krise begriff, die sich vor ihm abzeichneten. Constantin Zureiq, ein libanesischer Intellektueller, der den Begriff *nakba* bereits 1948 prägte, beschrieb in jenem Jahr die Juden als »starken und entschlossenen Feind, reich an Mitteln und Ressourcen und mit weitreichendem Einfluss«, und den Zionismus als »ein internationales Netz, das Staaten beherrscht, die Welt beeinflusst und seine ganze Kraft in die Umsetzung seines Ziels investiert – den Aufbau einer Heimat für seine Söhne in Palästina«. Über sieben Jahrzehnte nach dieser Beschreibung scheint mir, dass die überwiegende Mehrheit der Palästinenser weiterhin an diese Worte glaubt, dass sie relevanter denn je sind.

Offenbar besteht die größte Diskrepanz zwischen uns Israelis und den Palästinensern beim Thema des Rückkehrrechts. In Israel wird es – mit Recht – als rote Linie betrachtet, denn seine Umsetzung würde den Charakter und die Identität Israels als jüdischen Staat bedrohen. Die überwältigende Ablehnung, ebenso wie das Bestreiten jeglicher Verantwortung für die *nakba,* geht in Israel quer durch Lager und Schichten. Würden die Palästinenser hingegen auf die Rückkehr verzichten, bedeutete das in den Augen vieler Israelis die faktische Anerkennung Israels als Staat des jüdischen Volkes. Und solange es diese Verzichterklärung nicht gibt, kann über ein Ende des Konflikts nicht geredet werden.

Doch auf palästinensischer Seite bleibt der Konsens bei dem Thema in gleichem Maße bestehen. Flüchtlinge wie Stadtbewohner, Islamisten oder Säkulare, gebildet oder nicht – nahezu alle halten an der Auffassung fest, dass der Konflikt erst gelöst werden kann, wenn die »historische Gerechtigkeit« aus ihrer Sicht hergestellt worden ist: durch die Rückkehr.

»In jedem palästinensischen Haus werden Sie die Landkarte Palästinas an der Wand hängen sehen«, erklärte Abu Salah. »Sie ist heilig, genauso wie der Koran den Muslimen heilig ist.« Auf dieser Karte existiert Israel natürlich nie.

»Das ist eine geografische Karte«, versuchte mir einmal jemand zu erklären, als ich auf das Thema zu sprechen kam.

»In den Lehrbüchern?«, fragte ich. »Am Eingang zu den Flüchtlingslagern? Auf den Karten, die in den Häusern und den Büros der Palästinensischen Autonomiebehörde hängen oder auf den Steinskulpturen an jeder Ecke? In den offiziellen Erklärungen der palästinensischen Führung, in der Erziehung von der Wiege an oder bei der Indoktrinierung der jungen Generation? Überall geografisch?«

Die Antwort lautet natürlich: nein. Das Rückkehrrecht war und bleibt meiner Meinung nach die Basis, auf die sich die gesamte palästinensische politische Philosophie gründet, in deren Forderungskatalog die Rückkehr weiterhin an vorderster Stelle steht, als ein heiliges Recht. Ohne sie kann es nie zu einem Friedensabkommen kommen. Die Anzahl der palästinensischen Intellektuellen, die erklärtermaßen zu einem Verzicht auf die Rückkehr bereit wären, kann man beinahe an einer Hand abzählen. Tatsächlich ist die Rückkehr physisch gemeint, nach Hause – darauf kommt es an. Sie stellt bei den Palästinensern alles andere in den Schatten, sogar die Unabhängigkeit und die politische Selbstbestimmung. Das sind nur Mittel und nicht das Ziel.

Die jüdische Seite begann ihren Weg in die Unabhängigkeit, als sie schwach, unterdrückt und verfolgt war, und es ist ihr im weiteren Verlauf wie durch ein Wunder gelungen, einen Staat aus dem Nichts zu erschaffen. Bei den Palästinensern setzte das traumatische Zusammentreffen mit den Juden jedoch einen umgekehrten Prozess in Gang: Sie wurden mit einem Schlag aus dem Paradies, das in ihrer Wahrnehmung bestand, in die Hölle des Flüchtlingsdaseins geworfen. Die prachtvolle Vergangenheit musste Platz machen für eine erbärmliche Gegenwart und eine nebulöse Zukunft.

Aus meinen Aufenthalten in den besetzten Gebieten in all den Jahren ist ganz klar der Eindruck zurückgeblieben, dass die palästinensische Opfererfahrung im kollektiven Ethos und Bewusstsein vehement nachhallt. Ihr Ursprung liegt natürlich in der *nakba.* Es war Muhammad Beiruti, selbst ein Flüchtling, der mir anhand eines Vergleichs erklärte, was die *nakba* in den Augen der Palästinenser ausmacht.

»Die *nakba* ist wie ein Verkehrsunfall, der zwei Menschen das Leben gekostet hat und bei dem noch sechs andere schwer verletzt wurden. Die Gestorbenen wurden begraben, ihre Familien haben Entschädigungen erhalten, und eigentlich ist die Geschichte hier zu Ende. Aber wir, die Millionen von Flüchtlingen, die heute leben, wir sind die Verletzten von jenem Verkehrsunfall und leben mit dem permanenten physischen und psychischen Schmerz, der uns daran hindert, ihn jemals zu vergessen, und uns als Invaliden zurücklässt.«

Anders als man in Israel vielleicht denken mag, sehen nur wenige Palästinenser die *nakba* als einmaliges, zeitlich begrenztes Ereignis mit klarem Anfang, dem Kriegsbeginn 1948, und klarem Ende, der Niederlage. Im herrschenden palästinensischen Narrativ wird die *nakba* als ein Prozess begriffen, der noch nicht beendet ist. Wann hat er angefangen? Manche haben sich die Definition zu eigen gemacht, dass die »andauernde *nakba*« mit der britischen Besetzung 1917 begonnen habe und bis in die heutige Zeit andauere. Andere, mit denen ich sprach, bezeichneten das Jahr 1939 und das Ende des großen arabischen Aufstands als Beginn der Krise. Doch die dominante Auffassung ist, dass der Ursprung der *nakba* im Krieg 1948 und seinen traurigen Ergebnissen für die Palästinenser liegt. Der gemeinsame Nenner bei allen ist jedenfalls der Glaube, dass die *nakba* erst dann abgeschlossen sein wird, »wenn die Nachkommen der Flüchtlinge zu ihrer Erde zurückkehren«, oder wie ein Palästinenser zu mir sagte: »Die Flüchtlingslager sind die *nakba.* Die Rückkehrmärsche an Gazas Grenze sind die *nakba,* das jüdische Jafo ist die *nakba.*«

»Die *nakba* ist nicht beendet«, sagte Abu Salah zu mir, der sich selbst als Flüchtling aus dem Dorf Saris (das heutige israelische Schoresch) definiert. »Jeder, der außerhalb lebt, nicht auf seiner Erde, lebt weiter die *nakba.* Wir durchleben noch immer das Trauma und leiden daran. Mein Großvater war ein großer reicher Mann, der viertausend Dunam besaß, während ich, sein Enkel, arm geworden bin.«

Zur Eröffnung unseres Gesprächs in seinem Haus, wenige Minuten nachdem wir uns niedergelassen hatten und noch bevor wir zu reden anfingen, reichte er mir aufgeregt einige Unterlagen, die er vorbereitet hatte. Die erste Seite, die auf Türkisch geschrieben war und aus einem osmanischen Archiv stammte, entpuppte sich als Fotografie eines Dokuments aus dem Jahre 1596. Es war eine namentliche Liste der Steuerzahler in Saris. Er erklärte mir, dass sich unter diesen Namen auch die seiner Vorfahren befanden. Aus seiner Sicht war das ein schlagender Beweis für das Recht seiner Familie, auf ihr Land zurückzukehren. Ich hatte einen Menschen vor mir, in dem auch im Alter von siebzig Jahren die absolute Wahrheit brannte.

»Die Rückkehr auf mein Land ist ein heiliges Recht, und kein palästinensischer Führer hat die Befugnis, jemals darauf zu verzichten«, sagte er, während er sich über die zahlreichen Fotografien vom Alltagsleben im Dorf vor dem Kriegsausbruch 1948 beugte, die er zusammengetragen hatte. Es ist übrigens erwähnenswert, dass auch die UNRWA ein großes Archiv besitzt, das über 17 000 000 Dokumente, unter anderem Geburtsurkunden, Kaufverträge und Kuschans (Grundbucheintrag zur Zeit des Osmanischen Reichs) und mehr enthält, die zum größten Teil von vor 1948 stammen.

»Ich bin auf dem Weg hierher geboren«, sagte Abu Salah. »Meine Mutter hat mich 1949 unter einem Baum geboren, als wir herumgewandert sind. Irgendwann kamen sie hier an, an diesem Ort, wo Sie jetzt sitzen, das Lager Qalandija. Hier haben meine Eltern das Zelt aufgeschlagen, aus dem rasch eine kleine Holzhütte wurde, die sich zu einem Raum mit Mörtel entwickelt hat, in dem wir alle wohnten, und der gewachsen und gewachsen ist, bis daraus ein Haus wurde.«

Er verfügt über einen Abschluss in Staatswissenschaften, hat in Beirut und an der Universität Abu Dis studiert. Seine finanzielle Lage war gut. Als ich ihn fragte, weshalb er das Lager nicht verlassen habe, grinste er.

»Finanziell könnte ich es mir jederzeit leisten, das Lager zu verlassen und ein Haus in Ramallah zu kaufen. Ob Sie es glauben oder nicht, es gibt hier im Lager auch Millionäre, die sich überall, wo es ihnen im Westjordanland gefällt, eine Villa kaufen könnten, aber die meisten gehen nicht weg. Das Lager ist der Boden unter meinen Füßen und das, was mich ausmacht. Es ist meine Identität. Hier spüre ich, dass ich noch ein Flüchtling bin und dass die Suche nach der Lösung in mir brennt. Von hier aus werde ich nur an zwei Orte gehen – nach Saris oder ins

Grab«, sagte er entschieden. Ein Beispiel für das weitverbreitete Denken in Dichotomien, die Vorstellung, es gäbe nur zwei Möglichkeiten.

Immer wieder tauchte das Thema Identität in Gesprächen mit den Lagerbewohnern auf, als sei das Flüchtlingsdasein an sich eine ganze Identität, die zur grundlegenden Existenz gehöre. Nadschi Abu Hamid sagte zu mir:

»Obwohl ich mich im Lager am sichersten gefühlt habe, ist das Beste, was mir je im Leben passiert ist, dass ich aus dem Lager weggegangen und in die Stadt gezogen bin – da habe ich zum ersten Mal den echten Geschmack des Lebens gekostet. Wenn du im Lager wohnst, auf einem so niedrigen Niveau, beeinflusst das das Denken, schränkt es ein. Es wirkt sich sogar auf die Träume aus: Du kannst keine Träume haben wie ein normaler Mensch an jedem anderen Ort auf der Welt und dir ein Leben auf angemessenem Niveau wünschen, ein Haus mit Garten, Platz. Das ist alles verschwunden, es bleibt nur das Überleben.«

Abgesehen davon, dass sie Flüchtlinge sind, gibt es noch etwas, das Muhammad Abu Habasa und Nadschi Abu Hamid gemeinsam haben: Beide sind sie Verwandte ersten Grades von Personen, die schwere Anschläge auf Israelis verübt haben. Der Sohn des ersteren, Anan Abu Habasa, verübte im Dezember 2015 zusammen mit einem Freund aus dem Flüchtlingslager ein Messerattentat am Damaskustor. Zwei Israelis wurden dabei ermordet. Die Familie von Abu Hamid fällt ohnehin auf: Fünf Brüder von Nadschi Abu Hamid verbüßen lebenslange Haftstrafen in Israel. Der jüngste Bruder kam als Letzter ins Gefängnis; er wurde erst kürzlich verurteilt, nachdem er Ronen Lubarski von der Duvdevan-Kommandoeinheit im Flüchtlingslager al-Amari ermordet hatte. So angestrengt ich auch nachdachte und das Gedächtnis anderer bemühte, ich stieß auf keinen ähnlichen Fall, bei dem so viele Mitglieder einer einzigen Familie an Morden an Israelis beteiligt waren.

»Bringen die Flüchtlingslager mehr Terror und Gewalt hervor als die Städte?«, fragte ich ihn.

»Ja«, antwortete er und verwahrte sich sofort gegen den Gebrauch des Wortes »Terror«, das in seinem Mund zu *muqawama,* Widerstand, wurde.

»Die Kombination von Armut, Arbeitslosigkeit und Langeweile zusammen mit trüben Zukunftsaussichten für die jungen Leute hat die Bewohner nationalistischer gemacht und die Lager zu einem Nährboden für die bewaffneten palästinensischen Organisationen und junge Leute, die nichts zu verlieren haben.«

»Aber Sie werden doch an vielen Orten in der Welt arbeitslose, arme Jugendliche ohne Zukunft finden – und sie ziehen nicht los, um mit Messern zu stechen, zu schießen und zu morden«, wandte ich ein.

»Wenn in der Nacht Soldaten ins Lager kommen, ist das Krieg – und im Krieg wird man getötet.«

UNRWA

Wenn ich an einem Flüchtlingslager vorbeikomme oder es betrete und eine Schule oder Poliklinik sehe, schießt mir jedes Mal durch den Kopf, wie ironisch es ist, dass das Erkennungszeichen der Lager, die Farbe der UNRWA, ausgerechnet blau-weiß ist. Neben der PLO hat die UN-Organisation einen Ehrenplatz im palästinensischen Pantheon. Das liegt nicht nur daran, dass sie Lebensmittel austeilt, Bildungs- und Gesundheitseinrichtungen betreibt. Nein, sie ist die Essenz des Lagers.

UNRWA ist zu einem Synonym für den palästinensischen Rückkehrtraum geworden. Die Organisation, die 1950 gegründet wurde, ist in der Tat das einzige Programm der UN, das sich ausschließlich um eine einzelne ethnische Flüchtlingsgruppe kümmert, weshalb die Existenz der UNRWA an sich allein von der Existenz der palästinensischen Flüchtlinge abhängt. Während die Welt erwartete, dass sich diese nach 1948 im arabischen Raum assimilieren, wieder Fuß fassen und wie in anderen Fällen von Emigrationswellen dauerhaft niederlassen würden – und man ermutigte arabische Staaten, die eine ablehnende Haltung einnahmen, dies zu fördern –, drängte die UNRWA ständig in die entgegengesetzte Richtung: Sie konservierte strikt das Narrativ, dass das Flüchtlingsdasein ein fortwährendes Provisorium sei, und nährte den beständigen Glauben an das Rückkehrrecht.

Die Anomalie, die mit der Organisation verbunden ist, ergibt sich zum Teil aus ihrer Definition von »Flüchtling«. Die palästinensischen Flüchtlinge sind, wie erwähnt, die einzigen, deren Status von Vater zu Sohn und die nachfolgenden Generationen vererbt wird. Das dürfte der Grund dafür sein, dass von der UNRWA jeden Monat 10 000(!) neue palästinensische Flüchtlinge registriert werden. Dabei handelt es sich natürlich nicht um Flüchtlinge von 1948, die bei den Registrierungen »vergessen« wurden, sondern um Neugeborene, manchmal die vierte oder fünfte Generation nach der *nakba*. Und mit dem Anstieg der Flüchtlingszahlen, auch wenn er künstlich forciert wurde, scheinen die Existenz der Organisation und die Weiterführung ihrer Aktivität in den Flüchtlingslagern berechtigter denn je.

Im Lauf der Jahre habe ich aus erster Hand zahlreiche Aussagen junger Palästinenser gehört, wonach in den Schulen der UNRWA der Rückkehrtraum am Leben gehalten und eine Vorstellung von der Wirklichkeit vermittelt wird, in der gar keine andere Lösung als die Rückkehr auf das Gebiet Israels in Betracht kommt. Die Flüchtlinge identifizieren sich total mit der Organisation, da sie ihnen täglich ihren Status und ihren Rückkehranspruch bestätigt. Für sie sind die bloße Existenz der UNRWA und die UN-Resolution 194 (die u. a. konstatiert, wer als Flüchtling in sein Haus zurückkehren und in Frieden mit seinen Nachbarn leben will, dem solle dies auch zum frühestmöglichen Zeitpunkt erlaubt sein) der Beweis dafür, dass die internationale Gemeinschaft ihre Forderung unterstützt.

Es gibt außer der Ideologie noch einen weiteren Grund, warum die UNRWA an vorderster Front dazu beiträgt, dass an der Rückkehrlösung festgehalten wird: Sie ist eine große, bürokratische Organisation mit um die dreißigtausend Angestellten, davon der größte Teil palästinensische Flüchtlinge aus den jeweiligen Lagern. Und wie jede bürokratische Institution dieser Art will sie um jeden Preis ihr eigenes Fortbestehen sichern. Damit stand sie vor einer größeren Herausforderung, als die US-Regierung unter Donald Trump beschloss, die Zahlung von Hilfsgeldern an die UNRWA einzustellen, weil Vorwürfe aufgekommen waren, dass das Geld anderen Zwecken zufließe.

»Bis wann wird Ihr Flüchtlingslager, al-Amari, noch weiterbestehen?«, fragte ich Abu Hamid.

»Bis ihr Israelis begreift, dass wir dieselben Rechte haben wir ihr, und uns ermöglicht, in unsere Häuser zurückzukehren. Ohne das Rückkehrrecht wird es nie eine Lösung geben. Das ist für uns eine Frage der Ehre, der Tradition, der Religion und im Wesentlichen auch der Identität.«

»Aber eure Rückkehr würde den Tod des Staates Israel als Heimstatt des jüdischen Volkes bedeuten. Kein Israeli wird das akzeptieren«, wandte ich ein.

»Unsinn. Was habt ihr schon zu befürchten?«, entgegnete er. »Wie viele Flüchtlinge werden denn schon zu ihren Häusern zurückkehren? Ein paar Hunderttausend? Maximum eine Million. Die meisten haben sich nach über siebzig Jahren an ihr Leben gewöhnt und sich dort, wo sie wohnen, assimiliert. Es fällt mir zum Beispiel schwer, mir vorzustellen, dass die Flüchtlinge aus Jordanien hierher zurückkommen. Sie haben sich schon über drei Generationen ein Leben dort aufgebaut. Sie haben hier nichts mehr verloren. Die überwiegende Mehrheit hat die jordanische Staatsbürgerschaft, sie leben dort in Würde, genießen die Rechte normaler Jordanier. Außerdem gibt es heute schon dermaßen viele Erben für jedes Stückchen Land, dass es schlicht unmöglich ist, sich in irgendeiner Form davon zu ernähren, und daher werden sie sich nicht darum reißen zurückzukehren.«

»Und was ist mit den Flüchtlingen aus Syrien und dem Libanon?«

»Ja, die werden wohl alle zurückkommen, hauptsächlich wegen der schlechten Bedingungen, unter denen sie dort leben. Und selbst wenn – na und?«

Ich sah ihm direkt in die Augen. »In diesem Moment haben Sie das größte Hindernis für einen Frieden aufgestellt – das wird nie passieren.«

»Dann werden wir weiter mit dem Schwert leben«, antwortete er.

Balata – ein Kriegsfilm

Wie so viele Geschichten begann auch diese mit einem Anruf mit unterdrückter Telefonnummer. Am anderen Ende der Verbindung war Muhammad, ein Palästinenser, nach dem gefahndet wurde, Fatahmitglied aus dem Flüchtlingslager Balata bei Nablus. Wir kennen uns schon seit Jahren. Zur Abwechslung war es nicht die israelische Armee, die nach ihm suchte.

»Komm sofort her«, bat er. »Die Autonomiebehörde ist hinter mir her. Wenn du zu spät kommst, liquidieren sie mich womöglich. Ich muss was veröffentlichen – und du bist meine Lebensversicherung.«

Das überraschte mich nicht. In den letzten Jahren bin ich zu einer Anlaufstelle für diverse Anti-Establishment-Gruppierungen in den besetzten Gebieten geworden, Menschen, die sich außerhalb der offiziellen Politik bewegen. Ein Teil waren Mitglieder der Hamas oder des Islamischen Dschihad, die von der Autonomiebehörde verfolgt wurden und sich in Flüchtlingslagern versteckten. Daneben gab es die »Dahlanisten«, die Anhänger Muhammad Dahlans, Erzfeind von Mahmud Abbas und seine große Nemesis. Es befanden sich auch Leute darunter, die aus verschiedenen Gründen mit dem Gesetz in Konflikt geraten waren, teils in den Gefängnissen der Autonomiebehörde gefoltert worden waren, teils aus Angst geflüchtet waren.

Alle, die sich an mich wandten, hatten den gemeinsamen Nenner, dass sie keinen Zugang zu irgendwelchen etablierten Medien hatten – eines der Probleme in undemokratischen Gesellschaften, in denen die Meinungs- und Pressefreiheit ein bloßes Lippenbekenntnis ist. Sich deshalb an die israelischen Medien zu wenden, fiel manchen von ihnen nicht leicht, vor allem wenn sie politisch dem radikalen Islam anhingen. Bisweilen jedoch schien es das einzig Mittel zu sein, das sie nutzen konnten, um ihre Stimme zu Gehör zu bringen.

Ich brach nach Balata auf, das Lager an der Straße, die von Süden nach Nablus führt. Normalerweise gelangt man von der Hauptstraße (Derech Jeruschalajim) dort hinein, doch ich war gerade durch einen Anruf instruiert worden, von Osten zu kommen, da die Sicherheitsorgane der Autonomiebehörde das Lager belagerten und ständig beschossen. Wie um die erhaltenen Anweisungen zu untermalen, waren Salven übers Telefon zu hören, die mir eindeutig signalisierten, dass ich in ein Kampfgebiet unterwegs war. Zudem beunruhigte mich, dass ich in der Vergangenheit die Erfahrung gemacht hatte, dass die Sicherheitskräfte der Autonomiebehörde es gar nicht schätzen, wenn ein israelischer Journalist vor ihren Füßen herumläuft und Angelegenheiten und Stimmen ins Rampenlicht zerrt, die alle lieber im Dunkeln belassen würden.

Als wir uns Nablus näherten, wurden die Schüsse real und schienen sehr nahe zu sein, als würde jemand mit Absicht in unsere Richtung schießen. Hier und dort war ein brennender Reifen an einer Straßenkreuzung zu sehen. Ich hielt mich an die detaillierte Anleitung, die mir übers Telefon gegeben wurde, und erreichte den Treffpunkt: den Friedhof der Schahids am Rand des Lagers.

Wie seltsam, sich ausgerechnet dort zu verabreden, dachte ich. Mein Herzschlag beschleunigte sich, als ich dem Ort näher kam. Ich hatte Angst. So vieles konnten schief gehen – ein Israeli, der sich von Menschen, die zur Fahndung ausgeschrieben waren, zu einem feindlichen Ort bestellen lässt, das Pfeifen der Kugeln im Hintergrund. Mir war nicht einmal klar, vor wem genau ich mich in Acht zu nehmen hatte.

Muhammad erwartete mich inmitten einer Schar von Bewaffneten, die mit jeder Minute größer wurde. Immer mehr junge Waffenträger tauchten wie Gespenster aus den Gassen auf. Es waren fast noch Knaben, zum Teil ohne Bartwuchs, die in diesen armseligen Verhältnissen zur Welt gekommen und aufgewachsen waren und sich für den naheliegenden, für sie vielleicht am ehesten verfügbaren Lebensweg entschieden hatten: sich mit Hilfe einer Waffe ihren Weg zu bahnen und ihre soziale Stellung aufzuwerten. Manche hatten ihre Gesichter mit Tüchern verhüllt, andere nicht. Bei ihnen war es, als würden sie die Hände heben und freiwillig darauf verzichten, ihre Identität zu verbergen.

»Die Autonomiebehörde weiß genau, wer wir sind, sie hat hier Denunzianten – also hat es keinen Sinn, sich hinter der Kafija [dem Palästinensertuch] zu verstecken.«

Die Hierarchie unter den Bewaffneten war allen klar: Zwei gaben Befehle, die anderen gehorchten. Der Rang jedes Einzelnen ließ sich auch an der Waffe ablesen, die er trug. Die »Oberen« hatten M-16-Gewehre, deren Preis auf dem Schwarzmarkt in den besetzten Gebieten sich auf bis zu 80 000 Schekel belaufen kann. Andere trugen Kalaschnikows, die vielleicht qualitativ nicht schlechter waren, aber insofern etwas problematisch, als die passende Munition schwerer aufzutreiben war. Ein Teil der Jüngeren oder der »einfachen Soldaten« begnügte sich mit improvisierten Maschinenpistolen wie der »Carlo«.

Am begehrtesten waren israelische Waffen wie die Jericho-Pistole, die mir einer mit vor Stolz leuchtenden Augen reichte, um mir die eingravierte Widmung in Hebräisch zu zeigen. Im Lauf der Jahre habe ich jede Menge israelische Armeeausrüstung in den Händen von bewaffneten Lagerbewohnern gesehen, angefangen von Waffen, Helmen und Waffengürteln, auf denen der Name der Einheit ihrer ehemaligen Besitzer eingestickt war, bis hin zu Uniformen und Militärstiefeln. Normalerweise gelangen diese Dinge in palästinensische Hände, indem sie aus israelischen Armeebasen gestohlen werden. Bei den neuen Besitzern herrscht jedes Mal große Aufregung, wenn sie mit dem Beutegut herumlaufen. Bei mir blieb immer der Eindruck zurück, dass dahinter eine Kombination steckte aus Begeisterung über die Qualität der israelischen Militärausrüstung und über den Coup, auf den durchtriebenen Feind ausgerechnet dessen eigene Waffe richten zu können.

Unter den Bewaffneten mit unverhüllten Gesichtern, die zu meiner Begrüßung kamen, war auch Ahmad Abu Hamada, bekannt unter dem Namen »Za'bur« und für viele junge Palästinenser schon zu seinen Lebzeiten eine Legende. Als ich ihn musterte, fiel es mir schwer, den jungen Mann mit dem knabenhaften Gesicht und dem verschmitzten Lächeln mit dem Mann unter einen Hut zu bringen, der 2017 auf der Fahndungsliste der Palästinensischen Autonomiebehörde ganz oben stand und gnadenlos gejagt wurde. Jeden Abend kamen die Sicherheitskräfte ins Lager, um ihn zu verhaften oder zu liquidieren. Der offizielle

Grund dafür war, dass man ihm Mord vorwarf, doch in Balata wurde erzählt, er werde wegen des Verdachts verfolgt, dass die bewaffnete Einheit, die er aufgebaut hatte, ein großes Arsenal an Waffen horte, mit dem sie auch Handel trieb, und darüber hinaus über große Geldsummen aus geheimnisvoller Quelle verfüge.

Die Anweisung, die ich bekommen hatte, war klar: Halte dich dicht bei uns, und zeig dich nicht den bewaffneten Truppen, der Einheit 101 der Autonomiebehörde. Sie nimmt jeden ins Visier, der bewaffnet zu sein scheint. Die Furcht, eine Kugel abzubekommen, begleitet mich natürlich bei allen solchen Ereignissen, doch in dem Fall war sie besonders stark. Mir war der Gedanke unerträglich, ich könnte von verirrten Schüssen oder einem Querschläger getroffen werden, die irgendeiner der Radikalen in einer Auseinandersetzung abgefeuert hatte, die nicht meine war.

Za'bur und seine Leute drehten mit mir eine Besichtigungsrunde durch das Zentrum des Lagers, das während der letzten Nächte zum Schauplatz eines heftigen Feuergefechts geworden war. Die Tausenden Einschusslöcher in den Mauern zeugten davon, mit welcher Hartnäckigkeit man versuchte, Za'bur zu liquidieren. Hunderte Angehörige der Sicherheitsorgane fielen jede Nacht in das Lager ein und eröffneten das Feuer auf die Bewaffneten, die in Häusern und Gassen auf sie warteten.

Ich hörte mir die Schilderungen von den erbitterten Schusswechseln an und dachte an die Tausenden Menschen, Männer wie Frauen, Kinder wie Alte, die in den Häusern wohnten und als unfreiwillige Statisten in einem blutigen Schauspiel dienten. Za'bur und seinen Gefährten waren die Müdigkeit und die blankliegenden Nerven anzusehen. Sie schliefen während des Vormittags, waren von Mittag an wach und ab dem Sonnenuntergang, der Nacht für Nacht vom Beginn einer neuen Überlebensschlacht kündete, in höchster Anspannung. Die irrsinnige Routine junger Männer, deren Zukunft, genau wie die des Flüchtlingslagers, in dem sie geboren waren, in der Vergangenheit lag. Ab und zu tauchte ein junger Mann auf, der als Späher fungierte, und hielt sie auf dem Laufenden über die Bewegungen der Sicherheitskräfte. Und die ganze Zeit über waren ziellose Schüsse zu hören.

Aber das war nicht Za'burs Geschichte. Was ich an jenem Tag sah, war ein Krieg um die Unabhängigkeit des Lagers. Zwei Parteien kämpften darum, wer hier das Sagen hatte.

»Früher war es Israel, heute sind es die Sicherheitskräfte der Autonomiebehörde«, sagte einer der Bewaffneten wütend zu mir. »Aus unserer Sicht ist es das Gleiche. Beide sind fremde Eroberer, die unser Lager beherrschen wollen. Das wird nie passieren. Das Lager gehört nur seinen Bewohnern. Das war schon immer so, und so wird es bleiben.«

Die Palästinensische Autonomiebehörde ihrerseits behauptete, dass es sich bei ihren Widersachern um nichts anderes als Verbrecher handele. Als wir in Richtung des Lagereingangs aufbrachen, erhitzten sich die Gemüter, und einige Hundert Bewohner, viele davon Jugendliche, scharten sich mit bewundernden Blicken um die Bewaffneten. Dabei schrien sie Parolen, für die sie an jedem anderen Ort sofort verhaftet worden wären. Der Zorn und der Hass auf die Palästinensische Autonomiebehörde schlugen einem aus allen Richtungen entgegen. »Das Volk fordert den Sturz des Regimes«, riefen sie die berühmte Parole vom Tahrir-Platz in Kairo. Sie sangen Schmählieder auf Mahmud Abbas, andere priesen Muhammad Dahlan.

Es war ein dramatisches Bild, losgelöst von Zeit und Raum, das beispielhaft für den Gencode der Flüchtlingslager steht. Eine Gemeinschaft von Unterdrückten, die sich primär über das Lager und den Flüchtlingsstatus definierten, kam den Bewaffneten zu Hilfe und feuerte sie an, weil sie ihre Vorhut und ihre verlässlichen Repräsentanten waren, auch gegenüber der palästinensischen Regierung. Ringsherum Dutzende von Waffen, zum Teil in Händen von Jugendlichen, die an jedem anderen Ort zu dieser Zeit auf der Schulbank gesessen hätten. Anarchie.

Sie baten mich, alles mit der Kamera zu dokumentieren. Ihre Botschaft war klar: Wir unterwerfen uns nicht. Als wir in eines der Häuser traten, nutzte ich den kurzen Moment der Stille und fragte Za'bur, wie sich ein Mensch fühle, der sein Schicksal kennt.

»Ich weiß, dass ich ein wandelnder Schahid bin«, sagte er. »Alles kommt von Allah. Der Mensch besitzt eines: Ehre, und die wird mir keiner nehmen.«

Einige Monate später, als ich mich ausgerechnet im nahegelegenen Nablus befand, wurde mir die Botschaft überbracht, dass Za'bur bei einem Festnahmeversuch von den palästinensischen Sicherheitskräften schwer verwundet worden war.

Ein Jahr später erlag er seinen Verletzungen.

Ein Leben zwischen zwei Welten: Kollaborateure

»Versuch es mal mit einem Gedankenexperiment. Stell dir deine nächste Umgebung vor: Eltern, Geschwister, die weitere Verwandtschaft, den Lebensmittelladenbesitzer im Viertel, die Nachbarn ringsherum, den Lehrer deines Kindes in der Schule oder den kranken Freund, der im Haus gegenüber wohnt und zu Behandlungen ins Nachbarland soll. Und jetzt versuch dir zu überlegen: Wer von ihnen arbeitet für den palästinensischen Geheimdienst? Laut Statistik muss jemand aus deinem Umfeld für ihn arbeiten, einfach deswegen, weil das sehr viele tun. Es wird wohl mehr als einer sein. Er bekommt Geld für Informationen – auch über dich. Wenn du sie interessierst, wird er anfangen, Erkundigungen über dich einzuholen, herumzufragen und dir nachzuspionieren. Aber er ist nicht allein. Hinter ihm steht ein gewaltiger Spionageapparat, einer der stärksten der Welt. Und jetzt vertrau mal der Gesellschaft, in der du lebst.«

Das war kein reines Gedankenexperiment. Es war der gelungene Versuch eines Freundes aus Hebron, das Lebensgefühl in einer Gesellschaft zu veranschaulichen, die unter ständiger Überwachung steht. Wo es Augen und Ohren gibt, die in einem fort offengehalten werden und an Informationen zu gelangen versuchen, um sie an die einschlägigen Instanzen weiterzugeben – die palästinensische Autonomiebehörde im Westjordanland, das Hamasregime in Gaza und in allererster Linie den israelischen Geheimdienst. Wie kann man den Lesern das Lebensgefühl in so einer beinahe dystopischen Welt vermitteln, in der man von Denunzianten umgeben ist?

Mich hat dieses Gefühl, gesehen zu werden und nicht zu sehen, schon viele Male beschlichen. Einmal interviewte ich gerade Hussam

Abdu, einen fünfzehnjährigen Palästinenser, der sich zu Anfang der Zweiten Intifada einen Sprengstoffgürtel umgelegt hatte und versuchte, sich in der Nähe von Soldaten am Kontrollposten Hawara vor Nablus in die Luft zu sprengen. Sein Bild wurde zu einer der Ikonen der Intifada. Als ich ihn nach eineinhalb Jahrzehnten wieder traf, in einem ruhigen Viertel von Nablus, war er schon ein gesetzter Mann und Vater eines Kindes. Vor der Kamera bedauerte er, einen Fehler gemacht zu haben. Nie werde ich den Telefonanruf vergessen, den er während des Interviews erhielt, eine knappe Stunde nachdem wir angefangen hatten.

»Was macht der israelische Journalist bei dir? Worüber wirst du interviewt?« fragte ein Mann vom palästinensischen Geheimdienst und fügte drohend hinzu: »Hüte deine Zunge!«

Ich war erschrocken. Wer hatte ihnen erzählt, dass ich da war? Wie konnten sie Hussam Abdu so schnell auf die Spur kommen? Mir wurde ein kleiner Geschmack von der Welt zuteil, die der Freund aus Hebron im Rahmen jenes Gedankenexperiments skizziert hatte. Und wenn sich schon bei einem Besucher in den besetzten Gebieten solche Gefühle einstellen, wie empfindet es dann jemand, der dort lebt? Kommt er sich wie ein gläserner Mensch vor?

Eine der effektivsten Maßnahmen, die Israel ergriffen hat, um es mit den äußeren Bedrohungen aufzunehmen, ist der massive Einsatz von Kollaborateuren. Nach den Eroberungen von 1967 oblag es dem Schabak, Terror aus den gerade besetzten Gebieten zu verhindern. Der Schabak ernannte in jeder Region örtliche Koordinatoren, rekrutierte und verteilte Hunderte Informanten.

Hier muss man zwischen den Agenten unterscheiden, die im Geheimen agierten und für wertvolle Informationen gut entlohnt wurden, und den Helfern, die bisweilen offen aktiv waren und denen es dank guter Beziehungen zur Militärverwaltung gelang, verschiedene Angelegenheiten wie Arbeits- und Ausreisegenehmigungen zu regeln. Wie viele Helfer und Agenten genau im Lauf der Jahre in den besetzten Gebieten beschäftigt wurden, weiß man nicht, doch es dürfte sich um Tausende handeln. Einen gewissen Anhaltspunkt bietet die Tatsache, dass bei der Übergabe der Herrschaft in Gaza und Jericho an die Palästinensische Autonomiebehörde im Jahr 1994 mindestens 1400 Familien von Helfern nach Israel evakuiert wurden. Sie wurden in Israel in gemischten Städten und arabischen Niederlassungen angesiedelt und integriert.

Es ist interessant, wie die palästinensische Seite auf dieses Phänomen blickt, das anscheinend überall von Rafah bis Dschenin verbreitet ist. Tatsächlich entstammt ihr Zorn auf Israel zum Teil der Frustration darüber, dass es Israel gelungen ist, die Gesellschaft zu spalten, die Trennung zwischen Gaza und dem Westjordanland zu vertiefen und die Solidarität der Palästinenser untereinander zu untergraben, indem man Menschen anwarb und sie zu Verrätern an ihrem eigenen Volk machte. Bereits in einem frühen Stadium der Beziehungen zwischen den beiden Gesellschaften wurde ein dramatisches Ungleichgewicht zugunsten Israels in Sachen Geheimdienste und Sicherheit hergestellt. Trotz palästinensischer Behauptungen, es habe diese oder jene Verbesserungen im geheimdienstlichen Wettbewerb mit Israel gegeben, besonders im Gazastreifen, fühlt sich die palästinensische Gesellschaft – größtenteils zu Recht – völlig offen und durchsichtig für Israel, und dabei spielen die palästinensischen Helfer eine große Rolle.

Nicht nur des Geldes wegen

Es gibt im Allgemeinen und auf dem palästinensischen Schauplatz im Besonderen die verschiedensten Methoden, um Informationen zu sammeln. Unsere zunehmende Abhängigkeit von moderner Technologie hat den israelischen Geheimdiensten sogar noch zusätzliche Mittel und Wege an die Hand gegeben. Am meisten wurde mit der Zeit auf *Sigint* zurückgegriffen (*Signal Intelligence,* Fernmelde- und elektronische Aufklärung): die Gewinnung nachrichtendienstlicher Erkenntnisse aus elektromagnetischen Ausstrahlungen mit Kommunikationsinhalt.

Bei den Palästinensern gibt es einiges an Versuchen, ein Bewusstsein für die digitale Welt zu wecken und entsprechendes Wissen zu vermitteln. Der militärische Flügel der Hamas in Gaza betreibt beispielsweise eine Internetseite namens *al-madschd* (»der Ruhm«; benannt nach dem legendären inneren Sicherheitsapparat der Hamas). Wenig überraschend besteht eines ihrer erklärten Ziele darin, Licht in die dunkle Welt der Kollaborateure zu werfen, sie und ihre Methoden aufzudecken und vor ihnen zu warnen. Darüber hinaus versucht die Seite, der palästinensischen Öffentlichkeit – und speziell den Bewaffneten der verschiedenen Organisationen – Werkzeuge an die Hand zu geben, um sich in einer höchst gefährlichen elektronischen Umwelt bewegen zu können. Die Nachverfolgung oder das Einschleusen von Viren sollen verhindert, der elektronische Fingerabdruck minimiert und generell der virtuellen Bedrohung mit Umsicht begegnet werden.

Das Bewusstsein für das Thema wurde durch einen gravierenden Zwischenfall geschärft, der sich im November 2018 in Chan Junis ereignete. Örtliche Hamasaktivisten entdeckten eine Sondereinheit der israelischen Armee, die hier, tief im Gazastreifen, operierte. Laut Hamas war deren Ziel, Abhörgeräte in das geschlossene Telefonnetz der Organisation einzupflanzen.

Viele meiner Gesprächspartner in Gaza und im Westjordanland, die fürchteten, abgehört zu werden – von der israelischen Armee und dem Schabak, von Mahmud Abbas' palästinensischen Sicherheitsorganen oder von denen der Hamas in Gaza –, achteten streng darauf, nur über Apps zu telefonieren, die in den besetzten Gebieten als einigermaßen sicher gelten, zum Beispiel Telegram. Im Lauf der Jahre hat die Technologie auf dem palästinensischen Schauplatz zunehmend an Bedeutung gewonnen. Das ging auf Kosten der bisher unangefochtenen Königin der Informationsgewinnung: der *humint* (*Human Intelligence,* menschliche Aufklärung). Gemeint sind menschliche Quellen, Agenten und Helfer, die angeworben und mit geheimen Methoden eingesetzt werden.

Doch trotz des relativen Bedeutungsschwunds der Kollaboration hat sich an der palästinensischen Obsession, die Gesellschaft von innen heraus zu säubern, nichts geändert. Meinem Verständnis nach entspringt sie sowohl praktischer Notwendigkeit als auch dem Bestreben, das eigene Selbstwertgefühl und den Widerstandsgeist aufzupolieren.

Zum Beispiel schlug die Hamas nach der Operation *Zuk eitan* Israel einen Handel vor: Sie würde Details über zwei vermisste israelische Soldaten liefern im Austausch für eine Liste der Helfer, die in Gaza und im Westjordanland aktiv waren. Es ist zu bezweifeln, dass irgendjemand in der Hamas glaubte, Israel würde in dieses Geschäft einwilligen. Vielmehr zielte die Botschaft ins eigene Haus.

Die Gründe für die Kollaboration sind höchst unterschiedlich und reichen von Verführung bis zu blankem Druck: angefangen von finanziellen Anreizen, über die Erteilung von Arbeits- und Einreisegenehmigungen für Israel oder die Ausreise ins Ausland bis hin zu ärztlicher Behandlung von Familienmitgliedern. Aus palästinensischer Sicht sind religiöse, moralische oder nationale Schwäche der Nährboden für Kollaboration, daneben ein Mangel an Bildung, Selbsthass und der Wunsch nach Rache an der Gesellschaft und den Menschen, die in ihr leben. Der wichtigste Auslöser ist offenbar eine schlechte sozioökonomische Lage, Armut und Arbeitslosigkeit.

»Sie nutzen die Tatsache aus, dass wir alle die Einreiseerlaubnis nach Israel brauchen, um zu überleben«, sagte mir M., ein Kollaborateur, der in den letzten Jahren durch ein Gespräch, das wir im Gefängnis geführt hatten, in die Schlagzeilen geriet. Er verbüßte wegen krimineller Vergehen ein lange Haftstrafe. »Die Leute würden alles tun, um diese Genehmigung zu kriegen, denn sie macht den Unterschied zwischen Leben und Tod aus.«

Einer der prominentesten Helfer, die in Israel leben, hat sich bereit erklärt, für mich eine gewisse Ordnung in die Typologie der Kollaboration zu bringen: Abu Akram Radschub aus der berühmten gleichnamigen Familie aus der Kleinstadt Dura bei Hebron. Seinen Worten nach gibt es fünf Kategorien von Helfern: Zur ersten zählen Menschen, die eine emotionale Nähe zu Israel empfinden und gern Israelis werden möchten. Sie sind ideologiegeleitet, wollen unter anderem zu einem souveränen, selbstbewussten Musterstaat gehören, dessen Verwaltung und Regierung als vorbildlich gelten. Unter die zweite Kategorie fallen Leute, die einen persönlichen Fehlschlag erlitten haben, dafür von der palästinensischen Gesellschaft an den Pranger gestellt wurden und für die Israel daher ein Neuanfang bedeutet. Die dritte Kategorie, in seinen Augen die problematischste, stellen die Profitgierigen dar, die von finanzieller Motivation getrieben sind – »Geld, Geld und nochmals Geld«.

Die vierte Kategorie enthält normale Menschen, darunter sogar Bannerträger der *scharaf* (»Ehre«) aus den Flüchtlingslagern sowie ehemalige Kämpfer etc., die sich eines schönen Tages von der puritanischen palästinensischen Gesellschaft ausgestoßen finden, meist wegen moralischer Verfehlungen, die sie oder ihre Kinder betreffen. Ihnen bleibt kaum eine andere Wahl als die Kollaboration. Die Kinder haben saure Trauben gegessen, und ihren Eltern sind die Zähne stumpf geworden [Jeremias 31.28, leicht abgewandelt], dachte ich, als er mir schilderte, wie Frauen, die vor der Heirat sexuelle Beziehungen hatten, ihre Ehemänner betrogen oder eine verbotene Beziehung unterhielten, einen harten gesellschaftlichen Preis dafür zahlen mussten, mitsamt der ganzen Großfamilie. Die Not und die Einsamkeit seien so groß, erzählte er, dass die Kollaboration häufig der einzige Ausweg war.

Die fünfte und letzte Kategorie ist nach seiner Darstellung die für Israel wichtigste. Israel investiere daher viel in Bemühungen, junge Leute aus der neuen Generation aufzuspüren und zu fördern, die in die palästinensischen Organisationen eingeschleust werden und im Inneren arbeiten.

Die Arten der Rekrutierung sind äußerst vielfältig. »Sie haben Kontakt übers Telefon hergestellt, Koordinatoren des Schabak besuchten einen zu Hause, man wurde im Lauf von Verhören angesprochen oder während einer Haftstrafe im Gefängnis. Wer versucht, aus den besetzten Gebieten hinauszukommen, trifft möglicherweise auf Leute vom Schabak, die versuchen, ihn anzuwerben – an der Allenby-Brücke, wenn er aus dem Westjordanland nach Jordanien ausreisen will, oder beim Erez-Übergang, wenn er aus Gaza kommt«, erzählte mir M. vom Gefängnis aus.

Mir fiel mein einer Freund aus Gaza ein, der vor Kurzem Gaza über den Erez-Kontrollposten verlassen wollte und einer Befragung unterzogen wurde, die sich über Stunden hinzog.

»Die Israelis wussten alles über mich«, sagte er zu mir. »Nannten die Vornamen aller meiner Kinder und fragten, wie es ihnen ginge. Sie wussten genau, wer was machte, interessierten sich für die Noten meiner Tochter, die studiert, und konnten mir von der Arbeit meines Sohnes erzählen. Ihr Ziel war zweifellos, mich zu beeindrucken, mir zu zeigen, dass sie alles über mich wussten. Es ist ihnen gelungen: Ich war beeindruckt. Aber dann kamen Fragen nach den Nachbarn, Verwandten und Bekannten, und da habe ich erklärt, dass ich nicht bereit bin, auch nur irgendein Stückchen Information über irgendjemanden herauszulassen – ich bin kein Kollaborateur.«

Nach palästinensischen Aussagen sind in den letzten Jahren auch die sozialen Netzwerke ein fruchtbares Rekrutierungsfeld für Israel geworden, und die palästinensischen Organisationen warnen häufig davor, auf verführerische Profile zu antworten, die sich als gefälscht herausstellen könnten. Die Sexualität gilt dabei aufgrund des konservativen Charakters der palästinensischen Gesellschaft und der Schwierigkeit, intime Beziehungen zu knüpfen, als besondere Achillesferse. Vor allem arme junge Leute können sich eine Heirat oft nicht leisten und suchen sexuelle Zuflucht im Netz.

Die Hamas zum Beispiel warnt vor der Sexplattform »Rotkäppchen«, da der Schabak die sexuellen Begegnungen dort dokumentiere und mit der Verbreitung der peinlichen Bilder drohe. Es gibt jede Menge Geschichten von Palästinensern, die wegen solcher Bilder, auf denen verewigt ist, wie sie Sex mit einer Frau – oder noch schlimmer: einem Homosexuellen – haben, zur Zusammenarbeit mit Israel gezwungen wurden. Ein berühmtes Beispiel ist in den besetzten Gebieten Allan Beni Uda aus dem Ort Tamun, der im Jahr 2000 bei der Liquidierung eines Verwandten mithalf, einem Mann vom militärischen Flügel der Hamas, Ibrahim Beni Uda. Seiner Aussage nach wurde er zur Kollaboration gezwungen, nachdem seine sexuellen Beziehungen mit einer Frau, mit der er über das Internet in Kontakt getreten war, dokumentiert worden waren und Israel die Bilder zu verbreiten drohte. Ein anderer Fall war Haidar Ranam aus Gaza, der von Israel angeworben wurde und als Journalist tätig war. Laut Erzählungen gelang es ihm mit Hilfe seiner Position, wertvolle geheime Informationen über seine Interviewpartner und andere zu sammeln. Er wurde 2009 in Gaza hingerichtet.

Die Bandbreite der Aktivitäten, die von Kollaborateuren verlangt werden, ist groß. Sie beinhaltet unter anderem Hilfe bei der Verhaftung und Liquidierung von Aktivisten, der Vereitelung von Anschlägen und der Rekrutierung anderer Kollaborateure. Manche Palästinenser behaupten, dass auch die öffentliche Verbreitung von Gerüchten, Lügen und Desinformationen zum Zwecke der Demoralisierung zu den Aufgaben der Helfer gehöre. Das Innenministerium der Hamas strahlte zum Beispiel einen Clip über einen Kollaborateur aus Gaza aus, der gestand, dass zu seinen diversen Aufgaben auch die Verbreitung von Gerüchten unter seinen Taxipassagieren in Gaza gehört habe, die Suha Arafat schlecht machen sollten, »die das Geld des palästinensischen Volkes gestohlen hat«. Er sei auch aufgefordert worden, die Behauptung zu streuen, dass der Grund für die Solaröl- und Stromkrise in Gaza die Entführung von Gilad Schalit durch die Hamas sei.

»Ich wurde zum Beispiel gebeten, auf Luftbildern, die mir vorgelegt wurden, Häuser zu identifizieren und zu spezifizieren, welche Leute dort wohnen«, erzählte mir M. vom Gefängnis aus. »Darüber hinaus hat man noch von mir verlangt, Informationen über meine Verwandten zu sammeln, hauptsächlich über die, die in der Hamas und bei der Volksfront aktiv waren. Man forderte mich auf, die Kontakte zu ihnen zu intensivieren, ihnen in die Moscheen zu folgen, allgemein herumzuschnüffeln und so viele Informationen wie nur möglich heranzuschaffen. Ein Teil meiner Verwandten bekleidete hohe Positionen in den palästinensischen Sicherheitsapparaten, und von ihnen erhielt ich wertvolle Informationen über das Geschehen in der *muqata'a.* Außerdem wurde mir aufgetragen, andere Personen anzuwerben oder bei ihnen wenigstens den emotionalen Boden für eine zukünftige Rekrutierung vorzubereiten.«

Als ich ihn fragte, was für ihn der beängstigendste Augenblick war, ein Moment, in dem er um sein Leben fürchtete, erzählte er mir, dass er während der Zweiten Intifada einen berühmten Autodieb angeworben hatte, der in seiner Stadt am Werk war, damit er für Israel arbeitete.

»Meine Hintermänner hatten die Absicht, eine Sprengladung in einem Wagen zu platzieren, den der Dieb in der Gegend von Nablus einem Mann übergeben sollte, der gesucht wurde. Als der Autodieb gefasst und verhört wurde, spürte ich, dass ich von geborgter Zeit lebte. Am Schluss wurde er von einem Standgericht zum Tod verurteilt. Nie habe ich eine solche Angst ausgestanden wie da.«

An den Rändern der Gesellschaft

Im Ramadanmonat 2019 rief ich Abu Akram Radschub an, um mit ihm ein Treffen bei ihm zu Hause in einer Kleinstadt im Süden Israels zu vereinbaren. Die Verbindung war gestört. »Ich bin in Hebron«, hörte ich ihn sagen. Ich war völlig verblüfft. Es fiel mir schwer zu glauben, dass jemand, dessen Ruf als Kollaborateur ihm weit vorauseilte, der jahrelang für Israel gearbeitet hatte, den Wagemut besaß, gerade in aller Ruhe in den besetzten Gebieten das *iftar* [Abendessen des Ramadan-Fastenbrechens] zu sich zu nehmen.

Als wir uns schließlich gegenüberstanden, hörte er nicht mehr auf zu grinsen angesichts meines Erstaunens, das nur noch größer wurde, als er berichtete, dass an jenem Abendessen in Hebron auch seine Verwandten teilgenommen hatten, die zum Teil hochrangige Persönlichkeiten im palästinensischen Herrschaftssystem und den Sicherheitsapparaten waren, bekannte Namen in jedem palästinensischen Haushalt. Andere Gäste waren Hamasleute par excellence.

»Manchmal informiere ich die Autonomiebehörde, bevor ich in die besetzten Gebiete komme, und manchmal auch gewisse Stellen in Israel, um sicherzustellen, dass mir nichts Schlimmes passiert«, sagte er.

Doch der Höhepunkt war, als er mir erzählte, dass er bisweilen, wenn er an öffentlichen Plätzen in Hebron herumspaziere, zum Beispiel auf dem Markt, unter dem lückenlosen Schutz bewaffneter palästinensischer Sicherheitskräften stehe, die ihn auf seinem Rückweg nach Israel bis zum Kontrollposten begleiten. Ich konnte es kaum glauben. Zur Hochzeit seiner Tochter in Hebron sei er zum Beispiel, wie er nebenbei bemerkte, mit einer koordinierten »Genehmigung von ganz oben« beider Seiten gekommen.

»Aber Sie sind ein Kollaborateur – das heißt, aus palästinensischer Sicht ein Verräter. Wie ist das möglich?«, fragte ich perplex.

»So ist das, wenn man zur Familie Radschub gehört, einer der mächtigsten Sippen in den besetzten Gebieten. Keiner würde es wagen, dich anzurühren. Sie sehen, wir Palästinenser verhalten uns wie Banden. Der Starke herrscht, und entscheidend ist die Familienzugehörigkeit. Wäre ich aus einer anderen Sippe, könnte ich nie einen Fuß in die besetzten Gebiete setzen.« Seine Kritik beschränkte sich jedoch nicht auf die Palästinenser. »Ihr Juden seid Rassisten«, stellte er fest. »Ihr mögt uns nicht, obwohl wir euch geholfen und damit unser Leben riskiert haben. In Wirklichkeit mögt ihr überhaupt niemanden von außerhalb, der kein Jude ist.«

In gewisser Hinsicht ist der Familienstammbaum von Abu Akram Radschub ein Mikrokosmos der palästinensischen Gesellschaft. Eine große Familie, in der Politik verwurzelt, die sich hauptsächlich auf Grund ihres Engagements bei der Fatah und den palästinensischen Sicherheitskräften ihren Weg gebahnt und einen Namen gemacht hat. Der ältere Bruder war ein Schahid, sein Bruder Junis saß in Israel im Gefängnis, zu viermal lebenslänglich verurteilt. Ein weiterer Bruder war hoher Offizier beim Geheimdienst in Hebron, ein anderer bei der PLO tätig. Und er – ein bekannter Kollaborateur.

»Wie sind Sie dazu gekommen, ein Helfer zu werden?«, fragte ich ihn, und erfuhr, wie er als Teenager mit seinem Vater nach Tel Aviv gekommen war, um dort als Koch zu arbeiten.

»Ich wurde von einer jüdischen Familie aufgenommen, die aus Syrien eingewandert war. Die gefühlsmäßige Bindung war unmittelbar da, und ich habe mich wie ein Neueinwanderer in Israel gefühlt. Ich wurde mit eurer Kultur vertraut gemacht, lernte Lesen und Schreiben auf Hebräisch, sogar die Thora. Ich wurde ein Israeli«, erzählte er. Dann lernte er einen Mann von den israelischen Sicherheitsbehörden kennen, der sein Leben veränderte.

»Nennen Sie ihn Abu Hassan«, forderte er mich auf.

Abu Hassan begann, bei dem jungen Mann systematisch die Fäden für eine Zusammenarbeit zu spinnen. »Er unterhielt sich immer lange mit mir. Normalerweise fing er mit einer Frage an: Ob ich an einen palästinensischen Sieg in unserem Konflikt glauben könne? Es gelang ihm, Zweifel in mir zu säen, und er baute die einfache Logik auf: Wenn ich nicht an den Sieg glaubte, weshalb sollte ich dann gegen Israel kämpfen statt mit ihm zusammenzuarbeiten? Wir studierten zusammen die Geschichte des Volkes Israel. Ich entdeckte, dass ihr ein älteres Volk als die Palästinenser seid und eine echte Motivation zum Überleben habt. Ihr werdet nie geschlagen werden. Für mich genügte das.«

Nachdem er überzeugt worden war, für Israel zu arbeiten, durchlief er eineinhalb Jahre ein Ausbildungstraining. Nach dessen Abschluss, 1978, als er einundzwanzig war, schickte man ihn nach Syrien, und er reihte sich in die Fatah in Halab [=Aleppo] ein.

»Ich stieg bis zum Kommandeur der Basis auf«, erzählte er. »Ich schickte viele Terroristen nach Israel, aber keiner davon hat jemals einen Anschlag verübt. Alle wurden dank der Information, die ich meinen Auftraggebern übermittelte, rechtzeitig gefasst.«

1986 kehrte er in die besetzten Gebiete zurück, acht Jahre später wurde er enttarnt und übersiedelte nach Israel. Ich versuchte nachzuvollziehen, warum er das tat. Wie es schien, hatte er sich für diesen Schritt mit den Jahren ein komplettes System von Antworten und Rechtfertigungen – auch vor sich selbst – zurechtgelegt.

»Ich wollte nicht, dass mein Sohn unter palästinensischer Herrschaft lebt«, erklärte er. »Es gibt viele Palästinenser, die unter Selbsthass leiden. Sie hassen ihr Volk, die Araber, und schämen sich für sie. Ich will keiner von ihnen sein.«

»Es klingt, als sei es nicht schwer für sie gewesen, Sie anzuwerben.«

»Wissen Sie, es ist ziemlich schwierig, das Feuer der Rebellion aus dem Nichts zu erschaffen. Es ist viel leichter, jemanden zu rekrutieren, in dem so ein Feuer gegen die Besatzung, also gegen euch, brennt, und ihn auf die andere Seite zu ziehen.«

»Nun, ich versuche, Ihre Motive zu verstehen. Letzten Endes kann man es nicht anders ausdrücken: Sie haben Ihr Volk verraten, Ihre Familie. Ich zum Beispiel würde so etwas niemals tun – ebenso keiner von meinen Bekannten. Also wo liegt der Unterschied zwischen uns beiden?«

»Ich musste Verrat begehen«, erwiderte er. »Sonst wären sie mir auf dem Kopf herumgetrampelt. Ich wollte zwei Dinge erreichen: dazugehören und stark sein. Und beides habe ich bekommen«, antwortete er. Damit lieferte er mir Stoff zum Nachdenken über die fundamentalen menschlichen Bedürfnisse und wie unterschiedlich sie sich je nach persönlichen und gesellschaftlichen Umständen ausdrücken.

»Und was geschieht mit den Helfern, nachdem sie in Israel aufgenommen worden sind?«

»Wenn die Helfer enttarnt worden sind und sich nach Israel geflüchtet haben, werden sie Teil einer besonders niedrigen Kaste. Die palästinensische Gesellschaft stellt sie an den Pranger, während die israelische, Juden wie Araber, sich weigert, sie zu integrieren. Der Großteil von ihnen landet am Rand der Gesellschaft, ohne Identität und ohne dazuzugehören. Sie dürfen nicht vergessen, dass viele von ihnen von vornherein aus einer niedrigen sozioökonomischen Schicht kommen. Stellen Sie sich einen Menschen vor, der sein ganzes Leben in einem Wald haust und eines Tages in die Großstadt zieht – genau das ist ihre Situation. Der Staat stellt Wohnraum zur Verfügung, meistens in schlechten Vierteln, im Hinterhof der Städte, und gewährt ihnen ein monatliches Gehalt von ein paar tausend Schekel. Bei einem Großteil von ihnen ist das der Hauptlebensunterhalt für die ganze Familie.«

Die ultimativen Opfer sind die Nachkommen, die zweite Generation der Helfer, die zwischen den Welten hängen. Wegen ihrer gesellschaftlichen Stellung ist es meist schwierig für sie, eine passende Partie zu finden. Viele von ihnen werden kriminell und / oder drogensüchtig.

»Lassen Sie uns mal in den Süden von Tel Aviv gehen. Jede zweite Prostituierte ist die Tochter eines Helfers«, erzählte Abu Akram. Vor zwei Jahren hatte er im Hatikva-Viertel Hischam getroffen. »Zuerst habe ich ihn gar nicht erkannt. Ich sah einen Junkie, der sich vor meinen Augen Drogen spritzt und seine Frau auf den Strich schickt, um Geld ranzuschaffen.«

Als ich ihn fragte, wer Hischam sei, lächelte er matt. »Er war ein Helfer aus Gaza, einer der ganz großen. Hat Israel bei einem Teil der wichtigsten Operationen geholfen, und heute vegetiert er dahin wie ein verstoßener Hund.«

Um mir zu verdeutlichen, wie geächtet ein Helfer in der Gesellschaft ist, aus der er kommt, erzählte mir Abu Akram, dass er nach dem Tod eines Bekannten, einem Helfer aus Chan Junis, den Leichnam in eine Moschee in Lod brachte und den dortigen Imam bat, für dessen Seele zu beten. Als der Imam und die Gläubigen erfuhren, welchen Hintergrund der Verstorbene hatte, änderten sie sofort ihre Meinung, weigerten sich nachdrücklich und bezeichneten ihn sogar als *murtadd* [Abtrünniger], was bedeutet: einer, der vom Islam abgefallen ist; ein Vergehen, auf das der Tod steht. Man sagte Abu Akram, wenn er den Leichnam in der Moschee begraben würde, würden sie ihn herausholen und vollständig verbrennen. Im weiteren Verlauf erhielt er auch in der Synagoge und der Kirche höfliche Ablehnungen. Schließlich ließ er seine Beziehungen spielen, und es gelang ihm, eine Grabparzelle in einem israelischen Kibbuz zu finden. Der Helfer wurde namenlos unter die Erde gebracht, und nur zwei Menschen auf der Welt kennen die Identität des Begrabenen. »Auch im Tod sind wir verstoßen«, schloss er.

F. hauste zusammen mit einigen anderen verlorenen Palästinensern, die sich wie er illegal in Israel aufhielten, in einem zerstörten Haus im Industriegebiet einer der Städte von Gusch Dan. Die Bedingungen waren erbärmlich. Aufgeplatzte, schimmelnde Matratzen auf dem Fußboden dienten zum Schlafen, überall Dreck und Müll, die Fenster waren zerbrochen und die Türen aus den Angeln gerissen. Als ich F. auf der Straße traf, war er in Panik, wie ein gefangener Vogel. Er zog mich hastig in den Schatten, und ich ließ mich führen. Er erzählte, dass er vor Kurzem einen Drohanruf vom palästinensischen *muchabarat* bekommen habe. »Du hast keine Chance, uns zu entkommen. Auch wenn du dich im Haus vom Ministerpräsidenten Netanjahu persönlich verstecken würdest, kriegen wir dich«, hatte jemand am anderen Ende der Leitung ihm gesagt. Es roch nach Rache. Aber F. fühlte sich aus zwei

Richtungen bedroht. Er hatte zwar als Helfer für die Israelis gearbeitet, doch seine Aufenthaltserlaubnis im Land war abgelaufen und nicht erneuert worden. Wenn er von der Polizei erwischt würde, brächte man ihn in die besetzten Gebiete zurück, und dort gab es, seinen Worten nach, nur ein einziges Urteil für ihn: den Tod.

Er war zweimal geschieden, die Kinder, die er mit den beiden Frauen hatte, waren von Sozialarbeiterinnen zur Adoption freigegeben worden, sein Vater war an gebrochenem Herzen gestorben und seine kranke Mutter konnte er nicht sehen. Mit einem solchen Lebenslauf konnte F. leicht beanspruchen, ein Antiheld zu sein Die Frage drängte sich auf, ob er bereue, dass er kollaboriert habe. Ja, antwortete er. Sehr sogar. Es schien, als sei der ganze Weg seines jungen Lebens auf diesen Punkt zugelaufen.

Viele der Helfer erzählen, dass sie von der palästinensischen Gesellschaft aufgrund von Gerüchten oder ihrer Verwandtschaft mit anderen Kollaborateuren in die Ecke gedrängt wurden und man ihnen im Prinzip gar keine andere Wahl ließ, als die Seiten zu wechseln. Bei der Ersten Intifada beispielsweise waren von den nahezu tausend Palästinensern, die wegen Kollaboration mit Israel liquidiert wurden, nur 35 bis 40 Prozent tatsächlich mit einer der einschlägigen israelischen Behörden in Kontakt gewesen.

»Seit ich mich erinnern kann, haben sie über mich und meinen Bruder behauptet, wir seien Kollaborateure«, sagte F. »Das lag daran, dass wir immer durch den Trennzaun sind, um ohne Genehmigung nach Israel reinzukommen und dort zu arbeiten. Wir haben viel Geld dabei verdient, und irgendjemand in unserem Dorf hatte uns auf dem Kieker. Als ich achtzehn war, sind welche von der Tanzim mit verhüllten Gesichtern zu uns nach Hause gekommen. Sie haben mich und meinen Bruder entführt, uns zu einem Hügel in der Nähe des Hauses gebracht und uns tierisch verprügelt. Sie verlangten, dass wir gestehen, Kollaborateure zu sein. Wir haben geschworen, dass wir keine sind – es hat nichts genützt.«

Sehr bald arbeitete er dann mit der Polizei zusammen: Er denunzierte Waffenhändler und zeigte illegale Waffen an, die im Dorf im Umlauf waren. Das Misstrauen um ihn herum wuchs. Als er Wind davon bekam, dass die Tanzim ihn ins Visier genommen hatte, beschloss er, seine Frau und seine Kinder zu verlassen und in Israel unterzutauchen. Doch hier fing sein Leidensweg erst an.

Die Begegnung, die sein Leben veränderte, geschah im Gefängnis, als er eine Haftstrafe wegen illegalem Aufenthalt in Israel verbüßte.

»Hinter Gittern habe ich N. getroffen, einen Palästinenser, der versprach, mir mit einem Sechser im Lotto zu helfen – einer Arbeitsgenehmigung in Israel.«

Einen Monat später, als er aus dem Gefängnis entlassen worden war, hatte er eine Verabredung mit seinem Bekannten am Damaskustor in Ostjerusalem, und dieser machte ihn mit einem Menschen bekannt, der sich als Agent des israelischen Schabak vorstellte.

Hier sollte erwähnt werden, dass es etliche Arten von Kollaboration gibt. Der größte Betreiber ist natürlich der Schabak, aber auch die Polizei stützt sich nicht wenig auf lokale Helfer. Eine andere, fast unbekannte Art der Zusammenarbeit besteht darin, dass Palästinenser rechten israelischen Organisationen dabei behilflich sind, Grundstücke in Ostjerusalem und im Westjordanland zu erwerben. Mit der Zeit fand sich F. in der Rolle eines Strohmanns wieder, der Kaufverträge über Grundstücke in den illegalen Siedlungen unterschrieb, auf seinen Namen eintragen ließ und sie dann an eine israelische Gesellschaft verkaufte. Acht Monate lang arbeiteten sie zusammen, schlossen insgesamt fünf Geschäfte ab.

»Ich hielt Koffer mit Millionen von Schekeln in der Hand«, erzählte er. »Mir wurde versprochen, dass sie mir mit Geld und Aufenthaltsgenehmigungen helfen würden.«

Doch dann riss der Kontakt ab, und F. stand allein da. Seitdem versteckt er sich in Israel und bangt um sein Leben. Einmal wurde er sogar gefasst, als er in ein Haus einbrach. Als ich ihn fragte, ob er Sehnsucht nach den besetzten Gebieten habe, lachte er traurig.

»Nach wem? Nach denen, die mir geschadet haben? Die mein Leben zerstört haben? Ich sehne mich nur nach meiner Mutter.«

Das letzte Mal hatte er sie vor etwa zwei Jahren gesehen, als er sich mitten in der Nacht in sein Haus im Dorf schlich, um sie zu umarmen. Dabei riskierte er sein Leben. Heute, so meinte er, sei er immer mehr davon überzeugt, dass Selbstmord der letzte Ausweg sei, der ihm bleibe.

Das berühmteste Telefon

Die Geschichte des Konflikts ist gepflastert mit wichtigen Ereignissen, in deren Zentrum Kollaborateure Israels stehen. So ist zum Beispiel in den besetzten Gebieten die herrschende Version vom Tod des Gründungsvaters Jassir Arafat, dass er durch vergiftetes Essen umgebracht wurde, da man in seinem Leichnam eine große Menge Polonium gefunden hat. Viele glauben, dass die Hände, die ihm das Essen brachten, die seiner engen Vertrauten waren, der planende Kopf dabei jedoch Israel war.

Der berühmteste Fall einer Kollaboration ist und bleibt die raffinierte Liquidation einer der größten Symbolfiguren der Hamas: der *muhandis,* der »Ingenieur«, Jahja Ajasch. Die Konsequenzen waren weitreichend: Die anschließenden Racheanschläge der Hamas Anfang 1996 trugen der israelischen Arbeiterpartei in jenem Jahr die Wahlniederlage ein und sorgten dafür, dass der Osloer Prozess in eine Sackgasse geriet.

Ich traf K., den Mann, der direkt für die Liquidation des »Ingenieurs« im Januar 1996 verantwortlich gewesen ist, zweiundzwanzig Jahre später in seinem Haus in Zentralisrael: ein älterer Herr, invalide und krank, der sich auf einen seiner Söhne stützte. Es schien, als versinnbildliche seine Geschichte die persönliche Tragödie und den hohen persönlichen Preis, den die Kollaborateure häufig zahlen müssen.

Er war ein bekannter Geschäftsmann in Gaza gewesen, einer der großen Bauunternehmer im Gazastreifen. Ein Mensch, der alles hatte. Seine erste Berührung mit den Sicherheitsorganen fand 1985 statt, als er von der Zivilverwaltung darum gebeten wurde, bei einem Modellprojekt zur Lösung des Flüchtlingsproblems mitzuwirken. Im ersten Stadium bekam er den Auftrag, fünf große Viertel im Gazastreifen zu bauen. Laut der Projektskizze, die er erhielt, würde Israel jedem Flüchtling 50 Prozent der Kosten eines Hauses finanzieren, die andere Hälfte müsste der Flüchtling selbst übernehmen. Das Ganze stand unter der Bedingung, dass er sein Haus im Flüchtlingslager zerstören ließ. Sollte das Gazaer Modell erfolgreich sein, wurde K. gesagt, würde es auf das Westjordanland und die Ringstaaten Jordanien, Syrien und Libanon ausgedehnt werden. Das geschah nicht. Was allerdings geschah, war, dass K. langsam und allmählich auch in Kontakte mit dem Schabak hineingezogen wurde, speziell mit einem Agentenwerber namens Abu Nabil. Später sollte sich herausstellen, dass sein echter Name Avi Dichter war.

Mitte der Achtzigerjahre studierte K.'s Neffe Osama Elektrotechnik an der Bir-Zajt-Universität im Norden von Ramallah. Als junger, überaus religiöser Mann fand er sofort Anschluss an einen Studienkollegen namens Jahja Ajasch. Einige Jahre danach war dieser bereits Mitgründer des militärischen Flügels der Hamas und einer der meistgesuchten Palästinenser. Seinen Beinamen *muhandis* erwarb er sich als oberster Sprengstoffingenieur der Organisation. In der Tat war Ajasch einer der Hauptverantwortlichen für die Einführung der Selbstmordattentate. Als er spürte, dass sich die Schlinge um seinen Hals zuzog, gelang es ihm, aus dem Westjordanland in den Gazastreifen zu entkommen, indem er sich in einem Gemüselaster versteckte, wie seine Frau behauptete, oder ausgerechnet in einem Fahrzeug der UN, wie K. aussagte.

In Gaza wanderte Ajasch von einem Versteck zum nächsten. Zuweilen verkleidete er sich als verschleierte Frau mit Namen Umm Hassan. Einer seiner Zufluchtsorte war das Zuhause seines Studienfreunds Osama, K.'s Neffe, der in Beit Lahija im Norden des Gazastreifens wohnte. Als ich K. fragte, ob er gewusst hatte, dass sich Ajasch im Haus seiner Schwester versteckte, lächelte er.

»Ich bin ein Fatahanhänger, die Familie meiner Schwester ist von der Hamas. Deswegen habe ich nie ihre Türschwelle überschritten. Ich hatte keine Ahnung.«

Wer allerdings durchaus eine Ahnung hatte, war der Schabak. Seine Leute waren es, die entdeckten, dass K.s Neffe Osama in enger

Verbindung mit Ajasch stand und dafür gesorgt hatte, dass er sich im Haus seiner Familie verstecken konnte.

»Es hat uns ein halbes Jahr gekostet, bis wir Osamas Vertrauen gewonnen und es geschafft haben, ihm das Telefon zu geben, das für Ajasch bestimmt war«, erzählte mir K. und verfiel dabei, vielleicht ohne es zu merken, in den Plural.

Ajasch hatte Bedenken, das Telefon zu nehmen, doch Osama beruhigte ihn und versprach ihm, dass alles gut gehen würde. Als das Telefon kaputtging, sorgte K. dafür, es über einen Vertreter der Firma Motorola zur Reparatur nach Israel bringen zu lassen, wo man es mit Sprengstoff füllte. Als ich K. fragte, ob er gewusst hatte, dass das Telefon präpariert war, verneinte er. Der Schabak habe ihn nie in die Absicht eingeweiht, Ajasch auf diese Art zu liquidieren.

Drei Tage vor der Liquidation wurde K. in ein Hotel in Israel gebracht. Die Einzelheiten der Aktion sollten ihm erst nachher bekannt werden. So erfuhr er später, dass Ajasch seinem Vater in dessen Dorf im Westjordanland die Geburt seines Sohnes in Gaza mitteilen wollte. Er versuchte, vom Telefon in Osamas Haus aus anzurufen, doch »jemand« hatte dafür gesorgt, dass es nicht funktionierte. Osama, der nichts von der Verbindung seines Onkels zum Schabak wusste, bot Ajasch das Mobiltelefon an, das von der Reparatur zurückgekommen war. Er hatte keine Ahnung, dass das Telefon präpariert war.

Als Ajasch das Angebot annahm, war sein Schicksal besiegelt. Es gelang ihm gerade noch, seinen Vater zu begrüßen, da explodierte das Telefon. Etwa zur selben Zeit wurde K. gesagt, er solle die Koffer packen, denn er und seine Frau würden nach Amerika fliegen, um dort ein neues Leben anzufangen. Einige Stunden später sah er in den Vereinigten Staaten, zitternd vor Kälte und Entsetzen, im Fernsehen seinen Neffen Osama, der ihm die direkte Verantwortung für die Liquidation anlastete und sich von ihm und seinen Taten distanzierte.

Unmittelbar nach dem Geschehnis wurde er von einem Gericht in Gaza zum Tode verurteilt, parallel dazu wurden seine Häuser und sein Besitz in Gaza beschlagnahmt. »Insgesamt habe ich einundzwanzig Millionen Dollar verloren«, erzählte mir K. Da auch der amerikanische Traum enttäuschend war, kehrte K. nach Israel zurück. Doch mit dem schmerzlichen Geldverlust allein war es nicht getan.

»Ich war bei euch ein König gewesen, ich konnte per Anruf direkt mit dem Sicherheitsminister sprechen, aber jetzt war ich völlig in Vergessenheit geraten. Sogar die Sekretärinnen taten mir einen Gefallen, wenn sie mir antworteten und versprachen, man werde mich zurückrufen – aber das passierte nie.«

Der gesellschaftliche Absturz war bei ihm nur ein Teil des Gesamtbildes, der größte Schaden war offenbar der psychische.

»Seit dem Ereignis, seit zweiundzwanzig Jahren, lebe ich in permanenter Angst, dass jemand kommt und mir etwas antut. Jedes kleinste Geräusch erschreckt mich. An einem bestimmten Punkt habe ich beschlossen: genug. Wenn Allah mich vernichten will, dann bitte, ich werde mich nicht dagegen wehren. Das ist das Schicksal.«

Interessant waren auch die Reaktionen auf das Interview. Ein Mann, der zur Hamas gezählt wird, setzte sich nach Ausstrahlung des Interviews mit mir in Verbindung. Zu Beginn des Gesprächs bat er ausdrücklich darum, dass ich ihm nicht verraten solle, in welcher Stadt in Israel der Kollaborateur lebe, damit niemand mit dem Finger auf ihn zeige und ihm nichts Schlimmes geschehe. Dann erzählte er mir, dass unter den Leuten der Organisation das Märchen kursiere, Israel hätte sofort nach der Liquidierung Ajaschs dafür gesorgt, dass sich der Kollaborateur einer plastischen Operation unterzog, um sein Aussehen völlig zu verändern, und dass er direkt danach das Land verlassen und sich unter falscher Identität an einem anderen Ort in der Welt niedergelassen hätte.

Als er nun entdecken musste, dass der Mann in Israel lebt und sein Aussehen gleich geblieben, allenfalls durch das Alter und die Sorgen faltiger geworden war, klang er enttäuscht. Es war der klassische Fall der Gleichung, nach der deine Gestalt im Spiegel des Gegners reflektiert wird. Das bedeutet, die Präventiv- und Vorsichtsmaßnahmen, für die Israel gerühmt wurde, steigerten sozusagen das Ansehen der Hamas als rächende Organisation mit beeindruckenden operativen Fähigkeiten. Wie bitter war es für meinen Gesprächspartner zu entdecken, dass nur kleinste Schritte unternommen worden waren, um die Identität des Mannes zu kaschieren, der für den Tod der Hamaslegende verantwortlich war.

Die Distanzierung Osamas von K. kam für das palästinensische Volk und die Hamaskreise nicht überraschend. Er musste befürchten, dass sich der Argwohn sonst gegen ihn selbst richten würde. Das Phänomen, dass sich die Familie eines Kollaborateurs öffentlich von ihm lossagt, ist wohlbekannt. Einer der berühmtesten Fälle war der bereits erwähnte »grüne Prinz«, Mos'ab Jussuf, Sohn des hohen Hamasmitglieds Scheich Hassan Jussuf im Westjordanland. Er hatte acht Jahre lang mit dem Schabak zusammengearbeitet. Nachdem die Sache aufgeflogen war, ließ sein Vater eine Mitteilung veröffentlichen, die er auf eine Heftseite geschrieben hatte und aus dem Gefängnis schmuggeln ließ, in dem er eine Haftstrafe verbüßte. Der gedemütigte Vater schrieb:

»Ich habe das Folgende als Ergebnis meiner prinzipiellen Haltung beschlossen, nachdem er Allah und seinen Gesandten verleugnet hat, sein Buch (den Koran) angezweifelt hat, die Muslime verraten und mit den Feinden Allahs kollaboriert hat ... Ich und die Angehörigen meines Hausstands geben hiermit bekannt, das wir uns mit absoluter Entschiedenheit von demjenigem distanzieren, der unser erstgeborener Sohn mit Namen Mos'ab war.«

Ein weiterer Fall ist der von Walid Hamadia. Er gehörte hochrangigen Hamaskreisen an und war einer von denen, die 1992 zusammen mit der Führung der Hamas und des Islamischen Dschihad in das Lager Mardsch az-Zuhur im Südlibanon ausgewiesen wurden. Nachdem Hamadia enttarnt worden war, sagte er aus, dass er siebzehn Jahre lang als Helfer des Schabak aktiv war und sogar bei der Liquidation von Imad Aql mitgeholfen habe, »der Mann mit den neun Leben«, der Anfang der Neunzigerjahre Kommandeur des militärischen Flügels der Hamas war. Die Palästinensische Autonomiebehörde verurteilte Hamadia im Jahr 2002 zum Tod durch Erschießen. Als sich das verzögerte, veröffentlichte seine Familie die Forderung, das Urteil zu vollstrecken und ihren Angehörigen, den Verräter, zu erschießen. Parallel dazu forderte die Hamas die Palästinensische Autonomiebehörde auf, ihn auszuliefern, damit sie mit ihm abrechnen könne. Im Jahr 2004, während er von den Sicherheitsorganen der Autonomiebehörde vom Gefängnis ins Krankenhaus Schifa in Gaza transportiert wurde, verübten die Mitglieder des militärischen Flügels der Hamas einen Anschlag auf ihn.

»Ich wittere Sie«

Nicht alle Fälle, in denen die Kollaborateure gefasst wurden, endeten mit ihrer sofortigen Tötung, der Vollstreckung eines Todesurteils oder langer Haft und Folter. Zudem ist die Haltung ihnen gegenüber in den besetzten Gebieten nicht einheitlich, sondern von Fall zu Fall verschieden. Dies liegt an der großen Anzahl von Kollaborateuren, der unterschiedlichen Qualität der Informationen, die sie übermittelt, und dem Schaden, den sie verursacht haben.

Zur Zeit der Ersten Intifada zum Beispiel pflegte man diejenigen, die als Helfer in Verdacht standen, und ihre Umgebung zu warnen, damit sie Abstand von ihnen hielt. Die Methode war eine Art öffentliches Teeren und Federn im Geist der Zeit: Man schrieb ihre Namen an die Wände, rief sie über die Lautsprecher der Moscheen aus und geißelte sie während des Gebets. Die Moscheen übernahmen eine weitere Aufgabe, indem sie eine Zeremonie abhielten, in deren Rahmen die Kollaborateure die Pistole in ihrem Besitz abgaben und sich einer Art Bekehrungsritual unterzogen.

Parallel dazu starteten die verschiedenen Organisationen öffentliche Aufklärungsaktionen mit Büchern, Broschüren und Volksliedern gegen die Kollaboration. So, wie es in der Sowjetunion eine Obsession für schriftliche Geständnisse von politischen Häftlingen gab, war man in den besetzten Gebieten versessen auf gefilmte Geständnisse, die von der Hamas und der Palästinensischen Autonomiebehörde in öffentlichen Kampagnen verbreitet wurden, bei denen man die anderen Kollaborateure dazu aufrief, ebenfalls zu gestehen und mit den Behörden zusammenzuarbeiten, meist gegen Strafminderung oder sogar Amnestie.

In den letzten Jahren hat das Innenministerium der Hamas in Gaza Helfern, die im Gazastreifen aktiv sind, den Vorschlag gemacht, ihre Taten zu sühnen, indem sie ein Geständnis ablegen und die persönlichen Daten von Agentenwerbern des Schabak an die Sicherheitsorgane der Organisation übermitteln. Seit jeher betrachten es die palästinensischen Organisationen als ganz besondere Errungenschaft, wenn es ihnen gelingt, einen Agentenwerber des Schabak zu fassen. Darüber hinaus hat man mir in Gaza erzählt, dass es in den letzten Jahren einige gescheiterte Versuche der Hamas gab, die Hintermänner der Helfer an die Grenze zu locken, um sie zu entführen.

Aus der Geschichte des Konflikts sind mehrere Anschläge auf Agentenwerber des Schabak in Erinnerung geblieben. Im Jahr 1993 wurde Chaim Nachmani in einer konspirativen Wohnung ermordet, die der Schabak im Jerusalemer Rechavia-Viertel für Treffen mit Helfern bereithielt. Sein Mörder, ein Helfer namens Hamza Abu Surur, den er selbst angeworben hatte, erwartete ihn zusammen mit zwei Verwandten in der Wohnung. Als Nachmani hereinkam, fielen die drei über ihn her und brachten ihn mit Messerstichen um.

Ein Jahr später ereignete sich ein weiterer Mord, der Israel erschütterte: Der Agentenkoordinator des Schabak, Noam Cohen, wurde in einem Hinterhalt in Beitunja bei Ramallah erschossen. Er war gerade mit zwei weiteren Mitgliedern des Schabak auf dem Weg zu einem Treffen mit einem Helfer. Kürzlich traf ich Nadschi Abu Hamid, den Bruder von Abd al-Mun'am Abu Hamid, dem Hamasmann, der Noam Cohen ermordet hat.

»Mein Bruder«, erzählte Nadschi Abu Hamid, »war ein stolzer, religiöser Mensch, der den Koran schon mit zehn Jahren auswendig gelernt hat und zweitausendfünfhundert Aussprüche kannte, die dem Propheten Muhammad zugeschrieben werden. Anfang der Neunzigerjahre versuchte der Schabak, eine Gazaer Hamaseinheit zu orten, die im Gebiet von Ramallah aktiv war. Ich erinnere mich, wie mein Bruder zu mir kam und mir erschüttert erzählte, dass ihm der Schabak eine Zusammenarbeit vorgeschlagen habe. Er nahm das Angebot gleichwohl an und bestand zwei Lügendetektortests. Zunächst erhielt er von seinem Agentenführer die Anweisung, sich in Moscheen herumzutreiben und zu versuchen, Informationen über Mitglieder der Einheit zu sammeln. Als Noam Cohen meinem Bruder vorschlug, sich in einer konspirativen Wohnung in Jerusalem oder bei ihm in der Gegend zu treffen, schloss mein Bruder die erste Möglichkeit aus. Er sagte, kein Mensch in Ramallah würde glauben, dass ein Angehöriger der Familie Abu Hamid eine Einreisegenehmigung nach Israel bekäme, und daher wähle er die zweite Option. Die beiden vereinbarten, sich bei den Büros des Roten Kreuzes in Beitunja zu treffen.

»Inzwischen war es meinem Bruder gelungen, den Anführer der Hamaseinheit ausfindig zu machen, die der Schabak suchte, ein Gazaer aus Chan Junis. Die beiden, er und der Anführer der Einheit, beschlossen, den Agentenführer zu ermorden, aber um etwas über die Vorgehensweise des Schabak zu erfahren, vereinbarten sie, dass der Anschlag nicht beim ersten Treffen stattfinden sollte. Und tatsächlich kam beim ersten Mal ein Wagen mit dem Agenten, Noam Cohen, und zwei als Araber verkleideten Sicherheitsmännern. Abd al-Mun'am stieg in den Wagen, und die vier fuhren zum Gefängnis Ofer. Bei diesem Treffen behauptete der zukünftige Mörder, dass er immer noch nach der Hamaseinheit suche und Geld brauche. Mit der Summe von tausend Schekeln, die er erhielt, erstand die Einheit Munition. Mitte Februar 1994, eine Woche später, legten sie dem Wagen des Schabak einen Hinterhalt.«

Noam Cohen starb an den Schüssen. Abd al-Mun'am gelang es noch drei Monate, der israelischen Armee zu entkommen, bevor er entdeckt und in ar-Ram, unweit von Ramallah, liquidiert wurde.

Arik Barbing, auch »Harris« genannt, zog die Augenbrauen hoch, als er diese Geschichte hörte. »Es fällt mir äußerst schwer, mir so etwas heute vorzustellen. Der Absicherungskordon, den der Schabak entwickelt hat, ist mittlerweile sehr viel ausgefeilter.«

Barbing hat beim Schabak Führungspositionen bekleidet, zuletzt war er Abteilungsleiter für den Großraum Jerusalem sowie für Judäa und Samaria. Doch vor seiner Bürotätigkeit war er im Gelände, einer, der »den Geruch nach Schweiß aus der Nähe kennt«, anfangs als örtlicher Koordinator und als Verantwortlicher für das Gebiet von Hebron und die umliegenden Dörfer.

»Ich möchte verstehen, wie diese Welt von Ihrer Seite aus aussieht. Wie gehen Sie überhaupt vor, wenn Sie einen Menschen rekrutieren möchten?«, fragte ich.

»Ich werfe Angelhaken aus«, antwortete er. »Und ich garantiere Ihnen, dass einer davon greift. Ich kenne Sie zwar nicht, Ohad, aber mir scheint, dass auch Sie sich gerne in den Unrat, in die Kanalisation begeben und sich im Schlamm wälzen.«

Als er die letzten Worte sagte, war er schon auf wenige Zentimeter an mich herangerückt, er drang in meinen Nahbereich ein, als gäbe es so etwas gar nicht. Unwillkürlich krampfte ich mich innerlich zusammen, ohne es zu zeigen. Und dann dachte ich daran, wie es einem Palästinenser ergehen würde, der auf meinem Stuhl säße: nicht geschützt wie ich, sondern in einer eindeutig unterlegenen Position gegenüber einem Menschen mit ultimativer Macht.

»Ich habe recht, oder? Ich durchschaue Sie, ich wittere Sie. Sie werden sehen, am Ende unseres Treffens sind Sie rekrutiert«, lachte er. »Nein, das war nur Spaß, aber so funktioniert das«, fügte er hinzu.

Ich hatte nur zu gut verstanden, wovon er sprach.

»Die wichtigste Eigenschaft für einen Koordinator ist eine ausgeprägte emotionale Intelligenz und daneben Selbstsicherheit und Charisma. Man muss manipulieren können, schauspielern, kontaktfreudig sein. Ein Koordinator ist eine ganz besondere Kreatur, ich nenne sie *janschul:* der Kopf einer Eule *[janschuf]* mit den Pfoten einer Katze *[chatul]* – ein kluger Kopf, der immer auf seine vier Pfoten zu fallen weiß. In jeder Lage.«

»Wenn Sie jemanden anwerben wollen, wen suchen Sie sich dann aus? Und an wen wollen Sie herankommen?«, fragte ich.

»An jemanden oben, jemanden an der Spitze. Die wirklich wichtigen Zielobjekte sind immer in der Hamas und im Islamischen Dschihad. Ich sage nicht, dass ich unbedingt versuchen würde, den Chef der Hamas in einem Dorf oder in einer bestimmten Gruppierung selbst anzuwerben, aber ich würde versuchen, über seine nächsten

Vertrauten an ihn heranzukommen. Dabei vergewissere ich mich natürlich zuerst, ob die Person, die ich für geeignet halte, auch tatsächlich eine Verbindung zum Zielobjekt hat, also ihm in irgendeiner Weise nahesteht, sei es physisch oder organisatorisch. Übrigens aktiviert man heute weniger menschliche Informationsquellen als in der Vergangenheit. Es kostet viel Geld und erfordert eine Menge Ressourcen, daher versuchen wir, effektiver vorzugehen.«

»Okay, Sie haben also diesen Menschen getroffen, einen Mann von der Hamas oder vom Islamischen Dschihad. Wahrscheinlich wird er religiös sein und Israel seit seiner Geburt hassen. Wie schaffen Sie es, durch diese harte Schale zu dringen und an ihn heranzukommen?«

»Das ist wirklich schwierig. Wenn Sie in ein Dorf kommen und fragen, wie viele mit uns zusammenarbeiten, werden sie sagen: alle außer sie selbst. Das ist ihr Gefühl, sie glauben, wir sind überall. Was natürlich nicht der Fall ist. Aber es ist tatsächlich eine komplexe Aufgabe. Haben Sie eine Vorstellung davon, wie viele wir rekrutieren? Auf mehr als hundert Versuche kommen nur etwa um die fünf Prozent, die bereit sind zuzuhören, und auch von denen wird der Großteil am Ende nicht mitmachen. Das größte Hindernis ist die Religion, schließlich verbieten es Koran und Islam, für den Feind zu arbeiten. Das Hindernis Religion ist fast unüberwindlich. Die wenigen, die darüber hinweg kommen, müssen anschließend gleich die nächste riesige Hürde nehmen – *watan,* die Heimat. Stellen Sie sich vor, wie schwierig es für einen Menschen ist, gegen seinen Staat zu handeln, ob aus Patriotismus oder einfach aus Angst, dass man ihn hinrichtet, wenn er gefasst wird. Für den Fall, dass er auch diese Hürde meistert, folgt prompt das dritte Hindernis: das unmittelbare Umfeld, die Gemeinde und die Sippe. Wie schwer wird es ihm fallen, die Familie und die Menschen zu verraten, die ihn vom Tag seiner Geburt an umgeben? Häufig wird von ihm verlangt werden, einen Nachbarn oder gar den eigenen Bruder zu verraten. Malen Sie sich aus, was das für jemanden bedeutet, der an einem geschlossenen Ort wie einem Flüchtlingslager lebt – wo der Ort mit seinen Menschen deine ganze Welt ist. Und wenn er auch das alles überwunden haben sollte, kommt er zur gravierendsten und problematischsten Hürde –

dem Selbstverrat. Jede Nacht, wenn du ins Bett gehst, klebt ein schlechter Geruch an dir und du ekelst dich vor dir selber.«

»Das hört sich derartig schwierig an, dass ich kaum begreife, wie jemand diesen Leidensweg überhaupt durchstehen kann«, sagte ich. »Und was entgegnen Sie jemandem, der denkt, die israelische Gesellschaft sei moralisch überlegen, deshalb könne so etwas dort nicht vorkommen?«

»Diese These akzeptiere ich nun wirklich nicht. Wenn die Situation umgekehrt wäre und wir wären die Besetzten – glauben Sie, wir würden weniger kollaborieren?«, fragte er rhetorisch. »Der Mensch ist nicht perfekt, nur Gott ist es – und auch das nur laut fremder Quellen«, lächelte er. »Man kann fast jeden Menschen anwerben, vor allem, wenn er Probleme hat und in Schwierigkeiten steckt. In jeder Gesellschaft gibt es Menschen, die bereit wären, ihr Volk zu verraten. Und unter einer Militärherrschaft, wie sie in den besetzten Gebieten besteht, ist die Bereitschaft dafür noch verbreiteter. Denn je mehr man in Bedrängnis ist, unter Repression, schlechten Lebensbedingungen und Rechtlosigkeit leidet, desto eher sind die emotionalen Voraussetzungen für eine Kollaboration gegeben.«

»Und was motiviert sie im Allgemeinen? Geld?«

»Ein weit verbreiteter Irrtum«, hielt er mir vor. »Geld ist nie der zentrale Beweggrund. Es kann eine Art Schmieröl sein und die wahren, tieferen Motive verstärken. Beim ersten Mal hat es übrigens einen schlechten Geruch, aber beim zweiten Mal gewöhnt man sich daran. Geld ist äußert wichtig, denn es definiert die Arbeitsbeziehung: Ab dem Augenblick, in dem ich Ihnen Geld gegeben habe, arbeiten Sie für mich. Aber wir achten immer strikt darauf, nicht zu viel zu geben – man muss sie hungrig halten, so kommt es nie zu einer Realisierung der wahren Motive. Und übrigens, am schlimmsten sind die, die kein Geld wollen, denn die wollen nachher dann Gold.«

»Das heißt?«

»Statt Geld wollen sie alle möglichen anderen fantastischen Dinge, zum Beispiel, dass wir jemanden für sie liquidieren. Wenn der Kollaborateur keine Bezahlung verlangt, ist das gefährlich. Es bedeutet, dass der Rekrutierungsprozess nicht abgeschlossen wurde.

Was die tieferen Beweggründe anbelangt – die sind verschieden. Es gibt niemanden, der das ohne Motiv macht. Jeder Mensch empfindet Liebe, Hass und Neid auf etwas oder gegenüber jemandem. Jeder will mehr, als er hat. Wir alle lügen, um etwas zu erreichen, oder umgekehrt, um etwas zu verbergen. Und jetzt trifft all das auf die intime Kenntnis, die ein Schabak-Koordinator von der palästinensischen Gesellschaft hat, von Religion, Familie, Tradition und Umfeld – da werden Sie begreifen, wie es uns am Ende gelingt, unsere Quellen anzuwerben.

Es empfiehlt sich übrigens, niemals auf jemanden zurückzugreifen, der mit echten Drohungen rekrutiert wurde. Eine angedeutete Drohung existiert zwar immer im Hintergrund, aber mit jemandem, der nur unter Androhung von etwas handelt, kann sich nichts entwickeln; abgesehen davon besteht die Gefahr, dass er seinen Agentenführer attackiert.«

»Trotzdem, was ist das am meisten verbreitete Motiv?«

»Im Hintergrund gibt es immer das übliche Gejammer: ›Mir geht's schlecht, ich habe kein Geld …‹ – was mich weniger interessiert. Beim Gespräch mit einem potenziellen Informanten suche ich nach tiefer liegenden Problemen. Ein wiederkehrendes Muster bei den Angeworbenen ist beispielsweise, dass sie in ihren Familien die schwarzen Schafe waren, man sich für sie schämte. Sehr starke Motive sind auch Erfolglosigkeit im Leben oder bei Frauen. Wir müssen an die schmerzhaften Themen des Menschen herankommen, an das, was ihn bewegt, und um dorthin zu gelangen, ist ›Mangel‹ äußerst wichtig: Der erste Grund, der jemanden in unsere Arme treibt, ist Mangel an Ehre oder Selbstwertgefühl. Oftmals handelt es sich um frustrierte Menschen, die über die Eltern, ihre Familie, ihre Umgebung verbittert sind.

Der zweite Grund ist Abenteuerlust und die Sehnsucht nach einem Kick, der Wunsch, James Bond zu sein. So einer kommt an und fragt ganz aufgeregt: Muss ich jemanden töten? Ich hatte Informanten, die ich in israelische Armeeuniformen gesteckt und ihnen Ränge verliehen habe als Zeichen der Wertschätzung und Würdigung ihrer Tätigkeit, um ihr Abenteuergefühl zu befriedigen. Fünf Mal habe ich das bei einem gemacht, doch das hat ihn nur ermutigt weiterzugehen. Beim sechsten Mal haben wir dem Kollaborateur den Rang eines Oberstleutnant verliehen. Sofort danach verlautete aus unseren Quellen, dass er einen Selbstmordanschlag gegen uns verüben wollte. Damit sind wir reingefallen.«

»Und ich nehme an, es gibt noch einen Faktor, der sie in Ihre Richtung treibt – dass die Palästinenser unter israelischer Herrschaft stehen. Allein dadurch gibt es genügend Motive, um mit Ihnen zusammenzuarbeiten.«

»Ganz sicher. Denn ihre grundlegende Situation ist schlecht, und ich bin eine Quelle von Macht und Stärke. Sehen Sie, neben den guten Dingen, die wir der palästinensischen Gesellschaft gebracht haben, haben wir sie auch korrumpiert. Als Nebenprodukt der Besatzung hat sich ein ganzes System von Vergünstigungen entwickelt, und das ist keine Frage der politischen Bewertung, sondern eine Tatsache. Dort ist eine Gettokultur entstanden, mit Korruption und allerlei Gefälligkeiten. Eine gesunde Gesellschaft ist eine selbstständige Gesellschaft, aber ihre ist nicht gesund. Letztendlich muss man sich daran erinnern, dass auf der anderen Seite Menschen sind wie wir, und die meisten wollen einfach leben. Wie sagte ein hochrangiger Vertreter der palästinensischen Sicherheitsorgane einmal zu mir? Diese Besatzung ist zwar de luxe, aber es reicht – wir wollen sie nicht.«

»Ich denke an Menschen, mit denen ich seit vielen Jahren in Verbindung stehe. Es fällt mir oft schwer, eine künstliche Trennlinie zu ziehen, denn aus einer journalistischen Informationsquelle wird irgendwann auch ein Freund. Wie ist das bei Ihnen? Entsteht bei Ihnen eine Beziehung zu Ihren Informanten?«, fragte ich.

»Natürlich. Am Ende ist da ein Mensch, und man entwickelt ein enges Verhältnis zu ihm. Aber die Wahrheit ist, dass die Beziehung grundsätzlich einen manipulativen Charakter hat. Letztlich vergisst man nicht, dass man eine übergeordnete Aufgabe hat – den Mord an Israelis zu verhindern. Deshalb gibt es im Schabak ein hochentwickeltes Supervisionssystem. Man hat eine eigene Instanz eingerichtet, die sich aus Personen zusammensetzt, die nie den Geschmack des Kaffees gekostet haben, den du mit deiner Quelle getrunken hast, und nie die

Wasserpfeife gerochen haben, die ihr zusammen geraucht habt. Sie hatten keine Berührung mit dem Menschen, haben keine physische und emotionale Bindung an ihn. Sie urteilen von einer übergeordneten Warte aus, völlig nüchtern und kühl, und ihr Kriterium sind allein die Berichte und das geheimdienstliche Material. Am Ende musst du dich besonders vor dir selbst in Acht nehmen.«

»Das klingt so, als wäre es äußerst schwierig für mich«, sagte ich, »dieses Gefühl der Manipulation von Menschen. Wenn es einem Helfer schwerfällt, nachts ruhig zu schlafen, wie fühlen dann Sie sich?«

»Stimmt, das ist schwierig. Wer keine Gefühle hat, kann kein Koordinator sein. Wenn jemand zu mir sagt, dass seine Tochter krebskrank ist, und ich benutze das zur Manipulation – das tut mir weh. Im Endeffekt spüre auch ich, dass ich zu viel Macht in Händen habe, eine ungute Macht. Was einen wirklich stört, ist die Tatsache, dass man einen Menschen hernimmt und ihn so durcheinanderbringt, dass er völlig transparent für dich wird.«

»Was machen Sie an einem Ort, an dem ihr euch nicht ohne Weiteres aufhalten und ungehindert agieren könnt, wie zum Beispiel in Gaza?«

»Gaza ist tatsächlich ein Problem. Der Schabak kann nicht mit voller Kraft operieren, ohne im Gelände zu leben. Wir haben keinen Zugang zu den Leuten in Gaza. Sie werden mir sagen, dass es doch Übergänge gibt, an denen sie aus Gaza nach Israel gehen. Das Problem ist nur, dass die Leute, die das tun, uns nicht immer interessieren; und dazu kommt, dass sie bei der anderen Seite registriert sind. Also ist unsere Methode, viel über das Internet zu kommunizieren. Aber auch da gibt es ein Problem: Wer kann mir versprechen, dass keine Hamasleute neben der Person sitzen, die ich angeworben habe, und ihn selbst benutzen? Es ist nicht leicht, Menschen zu rekrutieren, die Angst vor der Hamas haben.«

Gegen Ende versuchte ich herauszubekommen, wie er sich den Einstellungswandel gegenüber Kollaborateuren erklärt, der in den letzten Jahren in den besetzten Gebieten eingetreten ist. Während man in Gaza immer noch sehr damit beschäftigt ist, Helfer aufzuspüren und zu bestrafen, verwendet man im Westjordanland inzwischen wesentlich weniger Mühe darauf. Die Tage der Hinrichtungen am Manara-Platz in Ramallah oder der Lynchungen am helllichten Tag in Dörfern und Flüchtlingslagern sind vorüber. Es scheint, dass die Kollaboration nicht mehr im Mittelpunkt der öffentlichen Aufmerksamkeit in den besetzten Gebieten steht. Harris schrieb das der Tatsache zu, dass das allgemeine Gewaltniveau im Westjordanland geringer ist und die Palästinensische Autonomiebehörde mit den Helfern nach Recht und Gesetz verfährt, vor allem aber ihre Energie auf den Hass gegen die Hamas konzentriert.

Ich stimmte ihm zu, doch meinem Verständnis nach gibt es noch einen anderen, tieferen Grund: Die Definition von Kollaboration ist mit den Jahren dehnbarer geworden, ihre Grenzen haben sich dementsprechend verwischt. Als ich Harris verlassen hatte, fiel mir ein Gespräch ein, das ich mit einem palästinensischen Geschäftsmann geführt hatte, der aus verständlichen Gründen anonym bleiben wollte.

»Anders als in der Vergangenheit arbeiten wir heute alle mit euch zusammen. Abu Mazen trifft sich mit Israelis und erklärt bei jeder Gelegenheit seinen Willen, die Gespräche und die Versöhnung voranzutreiben; die Sicherheitsorgane der Palästinensischen Autonomiebehörde achten streng darauf, die Sicherheitskoordinierung einzuhalten, die der israelischen Armee ermöglicht, der wahre Herrscher vor Ort zu sein – sie verschwinden jedes Mal in ihre Basen, wenn die israelische Armee ankündigt, Aktionen und Verhaftungen in den palästinensischen Gebieten durchzuführen. Und nicht zu vergessen die Zehntausenden Arbeiter, die jeden Tag zur Arbeit bei euch durch die Absperrung gehen und den Staat weiter für euch aufbauen. Sogar in den illegalen Siedlungen zu arbeiten, ist akzeptabel geworden, zieht bei uns keine Kritik mehr auf sich, einfach weil man begreift, dass die Leute von etwas leben müssen. Nehmen Sie noch die Wirtschaft dazu: israelische Firmen, die weiter in den besetzten Gebieten tätig sind, besonders nach dem Scheitern der Boykottkampagne gegen israelische Produkte. Wir benützen weiterhin eure Währung, den Schekel. Es gibt nur wenige bei uns, die nicht in Israel wohnen oder arbeiten wollen – außer in den ersten Wochen von Corona, als ihr zu Aussätzigen geworden seid.« Er lächelte und fuhr fort: »Ich zum Beispiel sehe mich so gut wie in allem als Israeli. Ich bin zwar ein Bürger der Autonomiegebiete und immer noch ohne blauen Ausweis, ein Bürger zweiter Klasse mit Betonung auf noch, aber ein Israeli in jeder Hinsicht. Und wissen Sie, was? Der Tag ist nicht mehr weit, an dem ich einen Ausweis wie den Ihren erhalten werde, was spielt es also für eine Rolle, ob ich jetzt oder nachher kooperiere?«

Auch wenn ihm die Bedeutung seiner Worte bewusst war, verriet sein Gesicht keine Regung. Ich verstand jedoch, dass sich der Begriff der Kollaboration so ausgeweitet hat, dass er nicht mehr nur wie im klassischen Sinne die Übermittlung geheimer Informationen meint. Es ist eine anfangs von oben oktroyierte Kollaboration zweier Gesellschaften, die einander nun an der Gurgel gepackt halten und deren Schicksale fast zu einem gordischen Knoten verknüpft wurden.

Rückkehr zu 1987:
Resümee einer Reise

In meiner persönlichen Bilderwelt, die ich im Lauf der Jahre aufgebaut habe, hat jede Stadt, jede Kleinstadt und jedes Flüchtlingslager etwas Einzigartiges. Hebron ist unabhängig und unkonventionell, das verführerische Nablus ist am schönsten und gefährlichsten von allen, und Ramallah ist überheblich und unnahbar. Und Bethlehem? Bethlehem ist einfach besonders kalt.

Man braucht nicht nach irgendeiner Analogie zu suchen, denn man wird keine finden. Wer dort um drei Uhr morgens mitten im Winter aus dem Auto steigt, wird genau verstehen, was ich meine. Das analytische Denken bleibt im Warmen zurück, draußen wird man von ungläubigem Staunen überwältigt, das mit jedem zufällig herausragenden Körperteil, das man in der Dunkelheit erspäht, zunimmt. Hier ein eingewickelter Fuß, dort ein bloßer Kopf. Wenn man die einzelnen Punkte zusammensetzt, entsteht ein erschreckendes Bild – es sind schlafende Menschen, die in dieser unvergleichlichen Kälte auf dem Boden liegen, sich einen Karton oder ein Stück Stoff teilen.

In aller Früh sind sie aufgestanden und hergekommen, bevor sich die Tore öffnen, um einen Platz zu ergattern und sicherzugehen, dass sie einigermaßen zügig über die Grenze gelangen. Andere stehen um brennende Tonnen herum und wärmen sich die Hände an diesen improvisierten Öfen. In dem dichten Nebel, der alles einhüllt, sind die Gesichter der Tausenden namen- und identitätslosen Schatten nicht zu sehen. Das liegt nicht nur an der Dunkelheit, nicht nur an den Schals, die vor die Gesichter gezogen sind – es liegt hauptsächlich daran, dass man zu solcher Stunde in sich selbst zurückgezogen ist, vielleicht angestrengt versucht, in den Traum zurückzufinden, aus dem man gewaltsam um zwei Uhr nachts gerissen wurde, als man das warme Bett verlassen musste, um sich auf den dornigen Weg zur Arbeit in Israel zu machen.

Sie stehen zwischen eins und vier, spätestens um fünf Uhr morgens auf, steigen sofort ins Taxi zum Übergang. Für einen Teil der Arbeiter um mich herum, vor allem für die, die in der entfernten Peripherie von Hebron wohnen, bedeutet das eine lange, teure nächtliche Fahrt, die bis zu eineinhalb Stunden dauern kann.

Am Eingang zum belebten Übergang empfangen mich mattgelb erleuchtete Buden. Neben Ständen mit Falafel, Konserven und viel Kaffee werden auch Büchsen mit Humus der israelischen Marke Ahla verkauft, die hier, im Widerspruch zu allen israelischen Klischees über Humus und Araber, sehr populär ist. Und die ganze Zeit kommen immer noch mehr Menschen an, steigen aus Privatautos, aus den gelben Taxis des Westjordanlands, weißen Mini-Vans und allen sonstigen Fahrzeugen, die sie von ihrem Zuhause in den Städten, Dörfern und Orten südlich von Jerusalem zu dieser namenlosen Stadt transportieren können, die jede Nacht zum Leben erwacht und im Lauf des Tages erstirbt – bis zum nächsten frühen Morgen.

»Rachel-Übergang« heißt der Kontrollposten in beiden Teilen des Landes, nach Rachels nahegelegenem Grab, und »Checkpoint 300« im Militärjargon. Jahrelang galt er als einer der berüchtigtsten Grenzübergänge zwischen Israel und dem Westjordanland. Jedes Mal, wenn ich mich in den frühen Morgenstunden dort einfand, um die Notlage der Arbeiter zu dokumentieren, überkamen mich dieselben Empfindungen: erschreckend, beängstigend und beschämend. Jeden Morgen bietet sich derselbe Anblick – Tausende Menschen, unmenschlich dicht in einem engen Schlauch zusammengequetscht, eingehaust mit Eisengittern. Die erste Assoziation, die man hat, ist eine Viehherde. Alle versuchen, die winzige Pforte zu erreichen, die, ungemein symbolisch, zur israelischen Seite führt.

Manche, meist jüngere Männer, klettern über die Köpfe der Umstehenden, klammern sich an den Gitterstäben des Korridors fest und versuchen, die menschliche Masse unter sich zu umgehen. Alles, was man von der Seite aus sehen kann, sind Köpfe und Beine. Wer sind die Kletterer? Sind sie verzweifelt, dreist? Niemand hier macht sich darüber sonderlich Gedanken. Was jede andere Gruppe von Menschen auf die Barrikaden treiben würde, wird schweigend, fast stoisch hingenommen.

In solchen Momenten ist es schwer, sich hinter einer objektiven und emotional distanzierten journalistischen Fassade zu verstecken. Ich merke, wie ich mich plötzlich unglaublich ohnmächtig fühle. In meiner privilegierten Welt lässt sich fast alles ändern, umso entsetzter bin ich von dem, was ich da sehe; lehne mich auf dagegen, wie mein Land mit diesen Menschen umgeht, die sich nichts anderes haben zuschulden kommen lassen, als auf der falschen Seite der Mauer geboren worden zu sein.

Gleichzeitig bin ich wütend auf den scheinbaren Gleichmut, mit dem sich die Arbeiter gegenüber dieser hässlichen Realität verhalten. »Wie können sie solche Bedingungen akzeptieren? Weshalb schreien sie nicht so laut, dass es notfalls bis zum Mond zu hören ist?«, denke ich.

»Wen sollen wir denn anschreien? Wer wird uns schon zuhören? Wer interessiert sich für uns?«, lautet die Antwort, die ich jedes Mal aufs Neue erhalte, wenn ich einen der Arbeiter darauf anspreche.

Immer wenn ich diese Situation erlebe, die sich kaum mit einem passenden Adjektiv beschreiben lässt, muss ich mir eine Unterhaltung zwischen Vater und Sohn vorstellen. Es ist immer die gleiche, die mit der unschuldigsten Frage überhaupt beginnt: »Wie war's bei der Arbeit, Papa?«

Jedes Mal versuche ich, mich in die Lage des Vaters zu versetzen. Was würde ich über den Weg zur Arbeit erzählen? Wie sehr würde ich ins Detail gehen? Wo ist Ehrlichkeit nicht mehr angebracht, weil sie die Würde des Menschen in tausend Stückchen zertrampelt? Und was sagt der imaginäre Vater zu seiner Frau? Und warum kommt er überhaupt weiter hierher und setzt sich dieser elenden Geduldsprobe aus, für die er einen so hohen persönlichen Preis zahlt?

Wenn ich den Arbeitern diese Fragen stelle, bekomme ich die Antwort, dass manchmal die Realität mit der Fantasie durcheinandergerät, denn auch die Träume in dem kurzen Schlaf in der Nacht drehen sich um den Checkpoint und das Gedränge: Wie voll wird es heute dort sein, und werde ich das Glück haben hineinzukommen, oder werde ich meine Zeit in der zusammengepferchten Menge vergeuden und nach Hause zurückkehren müssen, ohne es geschafft zu haben? Manchmal richtet sich auch ein Teil des Zorns gegen mich, den Israeli, der mit seiner Kamera daherkommt und ärgerliche Fragen stellt.

»Womit haben wir das verdient, dass man uns so behandelt? Und warum fragst du, ob wir gefährlich sind? Und von welchen Anschlägen redest du? Es gibt keinen Grund, uns zu verdächtigen. Schau dir unsere Tüten an«, sagen sie immer mit den gleichen Worten und öffnen die Tüten vor der Kamera mit der immer gleichen Bewegung. »Siehst du da Sprengstoff?«, fragen sie zornig. »Komm, schau's dir selber an. Da ist Labane, Pita, Essen. Wir kommen, um unseren Lebensunterhalt zu verdienen, nicht um Anschläge zu machen – wir sind die Ersten, die etwas gegen Terroranschläge haben. Wer euch verletzt, trifft auch uns.«

»Ihr Juden behandelt uns wie Tiere«, das habe ich unzählige Male an diesen Übergängen gehört. Und immer wendet sich das Gespräch nahezu zwangsläufig dem Thema zu, wie diese unsichtbaren Menschen leben. Wie ihr Alltag aussieht, der vor dem Morgengrauen beginnt, mit der Arbeit in Israel weitergeht und am Abend damit endet, dass sie zerschlagen nach Hause zurückkehren, zu Abend essen und ins Bett gehen, bis zum nächsten Morgengrauen. Und immer wieder von vorn. Wann schaffen sie es, ihre Kinder zu sehen? Sich an den Enkeln zu freuen, sofern sie welche haben? Wie sehen die Ehen oder das gesellschaftliche Leben dieser Arbeiter aus?

Ein nächtliches Gespräch vor einigen Jahren mit einem verhärmten, namenlosen Arbeiter am Kontrollposten Qalandija an der Ausfahrt von Ramallah ist mir gut im Gedächtnis geblieben.

»Für euch sind wir schmutzige Araber. Ihr sorgt dafür, uns dieses Gefühl zu geben, wenn wir am Checkpoint ankommen und vor allem von dem Moment an, wo wir ihn passiert haben und in Israel sind. Aus eurer Sicht seid ihr das auserwählte Volk, und ihr meint wirklich, wir sind Untermenschen.«

Ich muss tatsächlich immer daran denken, mit welchen Gefühlen ein palästinensischer Arbeiter wohl nach Israel zum Arbeiten kommt. Was sind wir für sie? Wie sehen sie uns und den Staat, den wir uns aufgebaut haben und den sie uns zu bauen helfen? Was meinen umgekehrt sie, wie wir sie sehen? Diese Fragen sind mir in den Jahren immer wieder durch den Kopf gegangen, bei den vielen Begegnungen mit all den »Repräsentanten«, die in Israel ihren Lebensunterhalt verdienen und mit ihrer eigenen Hände Arbeit die relative Stabilität im Westjordanland aufrechterhalten.

»Auch zu den schlimmsten Zeiten der Intifada ist so gut wie nie ein Terroranschlag von einem Arbeiter mit *tasrih* (›Arbeitserlaubnis‹) verübt worden, also warum behandelt ihr uns so?«, fragte der namenlose Arbeiter bei Qalandija und traf damit einen der heikelsten Punkte des symbiotischen Beziehungsgeflechts zwischen Israel und seinen Nachbarn.

»Und was ist mit Arbeit im Westjordanland?«, fragte ich.

»Um Himmels willen – da ist die Lage noch schlimmer, und sie zahlen ein Drittel von dem Lohn in Israel, wenn es hoch kommt«, lautete die Antwort. Ein Leben, wo man nur die Wahl zwischen Pest und Cholera hat.

2019 wurden die beiden extremsten Übergänge des sogenannten Jerusalemer Gürtels – Checkpoint 300 und Qalandija – wiedereröffnet. Die grauenhafte Überfüllung und unmenschlichen Bedingungen dort wurden durch würdigere Anlagen ersetzt, die den Grenzgängern eine gewisse Menschlichkeit bewahren. Für mich war das ein Ende der Geschichte, das mir auch persönlich eine gewisse Befriedigung verschaffte: In den letzten Jahren hatte ich den Schwerpunkt meiner journalistischen Arbeit auf das Thema der Übergänge gelegt. Immer wieder brachte ich ungeschönte Dokumentationen der harten Realität an manchen Übergängen, speziell im Jerusalemer Gürtel, auf den Fernsehbildschirm. Hochrangige Beamte im Sicherheits- und Finanzministerium erzählten mir, dass einer der wichtigsten Auslöser für die Neugestaltung der Checkpoints, die 300 Millionen Schekel kostete, diese Serie von Reportagen war, die das Thema aufs Tapet brachte und auf großes öffentliches Interesse stieß. Dafür lohnt es sich wirklich, Journalist zu sein.

Eintritt verboten: die Illegalen

Es ist allerdings, wie in jeder menschlichen Gesellschaft, fast immer möglich, eine noch niedrigere Kaste zu finden. Ein ungeübtes Auge wird sie nicht erkennen oder nur schwer einen Unterschied feststellen, doch wer sich auskennt wird die Geister der Geister identifizieren können: die illegalen Arbeiter, die keine Aufenthaltsgenehmigung für Israel haben, kurz: die *schabachim* [Kurzwort aus den hebräischen Initialen].

Die *schabachim* sind Palästinenser, denen der Eintritt nach Israel verwehrt wurde, die aber dennoch zum Arbeiten hinübergehen, auch auf die Gefahr hin, verhaftet zu werden und sogar ins Gefängnis zu kommen. Ihre Anzahl wurde gegen Ende des letzten Jahrzehnts auf etwa dreißig- bis vierzigtausend geschätzt. Warum verweigert Israel Einreise- und Arbeitsgenehmigungen? Die Gründe sind vielfältig. Einem Teil der Palästinenser wird die Einreiseerlaubnis wegen ihres Familienstands (Junggesellen unter zweiundzwanzig) verwehrt, weil darin ein Sicherheitsrisiko gesehen wird. Andere erhalten keine Genehmigung wegen dieser oder jener »Indikation auf Involvierung in feindliche terroristische Aktivität« (Teilnahme an einem feindlichen terroristischen Akt, gegenwärtige oder vergangene Verbindung zu einer Terrororganisation, Verwandtschaft ersten Grades mit Ausführenden von Terroranschlägen). Eine weitere Gruppe sind Personen, die kriminelle Straftaten begangen haben.

Ich war mit Baschar unterwegs, einem Schleuser aus Jata, einer Stadt nahe Hebron im Süden des Westjordanlands, die bekannt dafür ist, dass eine Menge Arbeiter aus ihr kommen. Es hatte Wochen gedauert, bis ich ihn überreden konnte, mich in seinem Mini-Van auf die nächtliche Tour mitzunehmen. Trotz seiner verständlichen Bedenken willigte er schließlich ein. An einem Sonntag im Morgengrauen waren wir auf der palästinensischen Seite des Übergangs Meitar im Süden verabredet. Als ich um vier Uhr morgens eintraf, wimmelte es dort schon vor legalen Arbeitern auf dem Weg nach Israel. Unter ihnen waren, wie ich entdeckte, auch die *schabachim,* die auf Baschar und seine

Komplizen von den Schleusernetzen warteten, die sie über die Grenze bringen sollten – eine traurige Reise, für die der Ausdruck »Sonntagsblues« [statt Montag, da im israelisch-palästinsischen Kontext Sonntag der erste Wochenarbeitstag ist] exakt zutrifft. Zusammen mit drei anderen Arbeitern stiegen wir in den Wagen und brachen zu einer etwa zwanzigminütigen Fahrt auf.

»Ich lebe schon seit sechzehn Jahren vom Transport der illegalen Arbeiter«, sagte Baschar auf Hebräisch zu mir. »Jeder zahlt mir 300 Schekel für die Passage. Ich habe Kinder großzuziehen. Ich bin nicht stolz auf diesen Job, aber ich habe auch kein Problem damit – er ist völlig legitim.«

»Und woher weißt du, dass dich keiner von ihnen benutzt, um nach Israel hineinzukommen und einen Anschlag zu verüben?«, fragte ich.

»Ich kenne jeden, den ich mitnehme, persönlich. Keiner will euch etwas antun. Wer seinen Wecker auf drei Uhr morgens stellt, will seinen Lebensunterhalt verdienen, kein Chaos anrichten. Wenn ich von einem wissen würde, dass er einen Anschlag machen will, würde ich ihn selbst unseren Sicherheitskräften übergeben.«

Alle Passagiere im Wagen nickten zustimmend. Einer von ihnen, mit Namen Fadi, beschwerte sich ununterbrochen, dass ihn Israel dazu treibe, sich wie ein Dieb zu fühlen.

»Laut Schabak bin ich eine Sicherheitsgefährdung. Allah weiß, warum. Ich werde es nie schaffen, ihre Kriterien zu begreifen. Ich habe nie auch nur das Geringste gegen den Staat Israel unternommen. Ich habe mich an einen Rechtsanwalt gewandt, damit er mir hilft. Ich habe ein Vermögen dafür ausgegeben – völlig umsonst. Und nun stehe ich da, schleiche mich rein wie eine Maus, um für meine Kinder Essen heimzubringen.«

»Wohin willst du?«

»Nach Aschkelon.«

»Und wann kommst du wieder nach Hause zurück?«

»Am Donnerstag oder Freitag. Während der ganzen Woche arbeite ich tagsüber auf einer Baustelle und schlafe nachts unter Bäumen oder in verlassenen Gebäuden. Das ist kein Leben, eigentlich ist es eher wie tot sein. Am meisten Angst habe ich nicht jetzt, beim Überqueren des Zauns, sondern unter der Woche bei euch. Ich erschrecke vor jedem Polizisten oder Soldaten, den ich sehe, bin den ganzen Tag damit beschäftigt, mich zu verstecken.«

In seiner Tasche hatte er die Essensration und Kleidung, die für die ganze Woche reichen musste. Er gab mir seine Telefonnummer und flehte mich an, ich solle versuchen, ihm zu helfen, eine Einreisegenehmigung nach Israel zu bekommen.

»Und wie kann ich wissen, dass du kein Terrorist bist?«, fragte ich auch ihn.

»Wer einen Anschlag machen will, den halten auch keine hundert Zäune auf«, erwiderte er.

Wir fuhren auf der Seite des Westjordanlands durch die Dunkelheit, schweigend. Zu der erdrückenden frühmorgendlichen Müdigkeit kam nun auch die angespannte Wachsamkeit hinzu, die sich auf den Gesichtern der Passagiere abzeichnete. Auf dem Weg zum Grenzzaun fuhren wir durch ein palästinensisches Dorf. Ringsherum gelbe Wüstenerde.

»Das kommt einem vor wie an der Grenze zwischen den Vereinigten Staaten und Mexiko«, bemerkte ich zu meinem Kameramann.

»Nur schießen sie hier auf niemanden«, antwortete er.

Das entsprach zu der Zeit der Wahrheit. Ende 2019 und Anfang 2020 wurde dagegen auf einige Dutzend junge Palästinenser geschossen, hauptsächlich auf die Beine, als sie versuchten, durch Lücken im Trennzaun nach Israel hinüberzukommen.

Ohne jede Vorwarnung hielt der Wagen an einer exponierten, windigen Stelle, von der aus man den Trennzaun überblicken konnte. Die Passagiere stiegen aus und rauchten wortlos, während sie in Richtung irgendeiner Stelle im Zaun Ausschau hielten. Später fand ich heraus, dass dieser Ort auch der israelischen Armee und Polizei bekannt ist und nur eine von mehreren ähnlichen Lücken ringsherum war.

Der Morgen begann langsam zu grauen, als das Telefon des Schleusers klingelte. Das war das Zeichen von der anderen Seite der Grenze.

»Sie sind in der Nähe«, stieß er hervor.

Das Warten war beendet. Alle beeilten sich, wieder in den Wagen einzusteigen, der sofort anfuhr und eine große Staubwolke hinter sich ließ. Innerhalb von Sekunden waren wir am Zaun angelangt. Sie wussten alle, was sie zu tun hatten, öffneten die Tür und stürzten auf die Lücke zu. Fadi, dem ich wieder einfiel, warf einen Blick zurück und nickte mir zum Abschied flüchtig zu.

Was auf der israelischen Seite passierte, sah ich paradoxerweise vom Westjordanland aus: Der israelische Partner des Schleusernetzes traf mit perfektem Timing fast zur gleichen Sekunde ein. Sein Wagen stoppte, nahm die drei Arbeiter auf und fuhr sie zu ihren Arbeitsplätzen in Aschkelon und Be'er Scheva. Diese heimlichen Grenzübertritte sind, so viel fand ich heraus, eine komplette Industrie, eine gut geölte Maschinerie, in der alle genau wissen, welche Rolle sie spielen.

Doch sie bringt für alle Nachteile mit sich, vor allem für die Arbeiter selbst. Im Gegensatz zu den Arbeitern, die Israel mit einer Genehmigung betreten, haben die *schabachim* keine soziale Absicherung, sind völlig ungeschützt. Sie erhalten oft nicht einmal einen Mindestlohn, sind den Launen ihrer israelischen Arbeitgeber ausgeliefert und leben in permanenter Furcht davor, ertappt und ausgewiesen zu werden, manchmal sogar ins Gefängnis zu kommen. Auch die Palästinensische Autonomiebehörde wird geschädigt, da ihr die Lohnsteuereinnahmen entgehen. Jeder Arbeiter, der ohne Genehmigung nach Israel geht, bedeutet einen Verlust von mindestens einigen hundert Schekeln für die ohnehin schon klamme Kasse. Und schließlich ist diese Schattenwelt natürlich auch für Israel nicht gut, das das Geschehen nicht unter Kontrolle hat, wenn Zehntausende Menschen, deren Identität man nicht kennt, auf seinem Territorium herumlaufen.

Doch für Fadi war das alles egal. Ich hatte einen völlig normalen Menschen kennengelernt, der bereit war, Haft zu riskieren, in Obstplantagen zu schlafen, sich am Rand der Gesellschaft zu bewegen – und das alles, um seine Familie zu ernähren.

An einem Tag im Dezember 2019 traf ich im Morgengrauen an einer Lücke im Grenzzaun nahe dem Kibbuz Metzer ein, um für Kanal 12 eine Dokumentation über die jungen Arbeiter zu drehen, die aus dem ganzen Norden des Westjordanlands unterwegs waren, um in Haris zu arbeiten. Zum Teil wirkten sie jünger, als sie waren, und mit ihren schicken Rucksäcken glichen sie eher gepflegten Studenten auf einem Universitätscampus. Nur die Tränengaswolke, die von der israelischen Armee in ihre Richtung geschossen wurde, um sie vom Zaun fernzuhalten und daran zu hindern, nach Israel einzudringen, erinnerte daran, dass es sich hier nicht um Studenten, sondern um Tagelöhner handelte. Um ein paar hundert Schekel zu verdienen, wollten sie in eine Stadt, die direkt hinter der Grenze erbaut wurde.

Im ersten Tageslicht traf eine israelische Militärpatrouille ein, und zwei Soldaten stellten sich dicht an den Zaun, um die fernzuhalten, die es noch nicht geschafft hatten, durch die Lücke zu schlüpfen. Ich stand neben den Soldaten, als sich plötzlich deutlich vernehmbar eine Stimme vom Hügel uns gegenüber auf der palästinensischen Seite des Zauns erhob. Es waren keine Flüche, wie es oft beim Aufeinandertreffen junger Palästinenser und israelischer Soldaten der Fall ist. Auch keine Provokationen. Alles, was der gesichts- und namenlose Sprecher seinen israelischen Altersgenossen, die mit kugelsicheren Westen und Waffen dastanden, in ihrer Sprache zurief, war:

»Soldat, lass mich bitte rein. Ich möchte arbeiten, von irgendetwas muss ich doch leben.«

Er wiederholte das mehrere Male, und als er keine Antwort erhielt, ging er mit seinen Kameraden weg. Möglicherweise kehrten sie auch nach Hause zurück, nachdem klar war, dass dieser Tag verloren war, dass es ihnen nicht mehr gelingen würde, ans Ziel ihrer Wünsche zu kommen.

Diese Rufe hallten noch lange in mir nach.

Das Land der unbegrenzten Möglichkeiten

Was verbindet die Zehntausenden Arbeiter, die um drei Uhr morgens aufstehen, um einen Checkpoint zu passieren, mit den Zehntausenden *schabachim,* die Gefängnishaft riskieren? Warum klammern sich so viele Menschen an das Statussymbol einer Arbeitserlaubnis und Einreisegenehmigung nach Israel, obwohl damit bisweilen solche erniedrigenden Geduldsproben verbunden sind? Warum wird jemand, der die ersehnte Einreisegenehmigung besitzt, von so vielen beneidet? Geht es nur um die Gelegenheit, seinen Lebensunterhalt zu verdienen, oder ist da noch etwas anderes im Spiel, zum Beispiel die Sehnsucht nach einem besseren Leben?

Auch wenn viele Palästinenser das nicht offen zugeben würden, habe ich das Gefühl, dass Israel für nicht wenige von ihnen schon seit Langem fast zu einer Art Idealvorstellung geworden ist. Mit der Zeit haben sich die Sehnsüchte auf eine physische Erscheinung gerichtet: den Trennzaun, der den Gazastreifen und den Großteil des Westjordanlands umgibt. In manchen Gegenden, wie im Jerusalemer Gürtel, bei Qalqilija oder an der Grenze zu Gaza, ist es eine Mauer aus grauen Betonplatten, die eine Höhe von acht Metern erreicht. An anderen Stellen ist es ein Stacheldrahtzaun mit einer breiten Pufferzone. Auch wenn das Aussehen unterschiedlich ist, bleibt der Sinn im Wesentlichen derselbe: Der Zaun markiert die Grenzlinie, die das Westjordanland wie eine Gebärmutter umschließt – und das materielle Leben dort vom Gelobten Land trennt.

Man mag diesen eher literarischen Begriff belächeln oder für einen Ausdruck von Paternalismus halten, wäre da nicht die Tatsache, dass das Wort »Paradies« in direktem Zusammenhang mit Israel in so vielen Gesprächen gefallen ist, die ich mit Palästinensern geführt habe, darunter viele Arbeiter, die in Israel herumkommen und das Land gut kennen. Der erste und wesentlichste Grund für die Bezeichnung »Paradies« ist sehr irdisch: der wirtschaftliche Wohlstand Israels, an dem als Begleiterscheinung auch die meisten Glücklichen teilhaben, die ins Land hineinkommen. Als jemand, der in den Achtzigerjahren in Israel aufgewachsen ist, erinnert mich diese Sehnsucht, hierherzukommen und zu arbeiten, ein wenig an die Vorstellung von den Vereinigten Staaten als Land der unbegrenzten Möglichkeiten und an die Geschichten von den Israelis, die das Glück hatten, dort hinzudürfen und groß herauszukommen.

Den nackten Zahlen nach waren Israel und die Israelis Anfang 2020 die zweitgrößten Arbeitgeber des Westjordanlands (nach der Palästinensischen Autonomiebehörde): Circa 140 000 Arbeiter kommen ins Land oder arbeiten in den jüdischen Siedlungen im Westjordanland (einschließlich der geschätzten 30- bis 40 000 illegalen palästinensischen Arbeiter). Einer groben Schätzung nach sind fast eine Million Menschen wirtschaftlich von Israel abhängig, über 25 Jahre nach dem Osloer Vertrag und der Gründung der Palästinensischen Autonomiebehörde.

In den besetzten Gebieten ist es nicht nur schwer, Arbeit zu finden (die Arbeitslosenrate im Westjordanland belief sich 2019 auf 17 Prozent, in Gaza auf nahezu 50 Prozent), sondern die Löhne sind auch relativ niedrig. 2019 lag der Mindestlohn in den besetzten Gebieten bei 2400 Schekel [circa 600 Euro], während der Durchschnittslohn eines Arbeiters in Israel um die 7000 Schekel [circa 1750 Euro] betrug, also nahezu das Dreifache. Auf der Makroebene kann man von einer Symbiose zwischen beiden Gesellschaften sprechen, die palästinensische Wirtschaft stützt sich immer noch fast zur Gänze auf Israel. Nicht weniger als 85 Prozent des palästinensischen Exports geht nach Israel, während 60 Prozent des Imports von dort kommt.

Das Lohngefälle zwischen Israel und den Autonomiegebieten erreichte seinen Höhepunkt während der Gehälterkrise 2019, als Israel forderte, die Zahlungen an Gefangene und Schahids mit den Steuereinnahmen zu verrechnen, die man an die Palästinensische Autonomiebehörde weiterleitete. Die Forderung wurde zwar abgelehnt, aber der Konflikt führte dazu, dass die Gehälter im öffentlichen Dienst in den besetzten Gebieten um Dutzende Prozent sanken. Es kam zu einem neuen Phänomen: Regierungsangestellte und, in selteneren Fällen, sogar Mitglieder der Sicherheitsorgane kündigten ihre Stellung bei der Autonomiebehörde und versuchten, nach Israel zu gelangen, um dort eine einträglichere Arbeit zu finden.

»Komm mal zu uns ins Dorf, da siehst du junge Leute, fast noch Kinder, die wie die Kings herumlaufen, die sich Villen gebaut haben und Luxusautos fahren. Alles von der Arbeit bei euch. Alle, die bei euch arbeiten, auch die einfachen Arbeiter, sind zu einer Art Aristokratie geworden«, sagte kürzlich ein palästinensischer Freund verbittert zu mir.

Laut einem Bericht der Weltbank vom April 2020 tragen die hohen Verdienste dieser Arbeiter circa ein Drittel zum privaten Konsum in der palästinensischen Wirtschaft bei. Um bei den relativ niedrigen Löhnen in den besetzten Gebieten die teuren Lebenshaltungskosten aufbringen zu können, haben viele Angestellte im öffentlichen Dienst noch einen Zweitjob, der am Nachmittag anfängt und oft bis in die Nacht hinein dauert. Eine gängige Beschäftigung im Kreis der Gehaltsaufbesserer ist zum Beispiel Taxifahren.

Seit einiger Zeit gibt es noch einen weiteren Nebenjob, der sich großer Beliebtheit erfreut: die Bewachung von Hochzeiten. Nachdem die Palästinensische Autonomiebehörde verboten hat, bei Hochzeiten zu schießen, heuern die Familien der Brautpaare häufig Mitglieder der palästinensischen Sicherheitsdienste an, um zu gewährleisten, dass das Gesetz auch eingehalten wird und tatsächlich keiner schießt.

Das hätte mal jemand dem Paar sagen sollen, das kürzlich im Flüchtlingslager Ein Beit al-Ma' bei Nablus Hochzeit feierte. Als ich zufällig daran vorbeikam, erschrak ich: Es sah aus wie eine Schießerei aus einem Tarantino-Film und hörte sich auch so an. Mein besorgt fragender Blick wurde mit einem Lächeln beantwortet.

»Eine Hochzeit«, bemerkte mein Begleiter. »Sie haben die ganzen Waffen aus der Erde rausgeholt.«

»Und was ist mit den palästinensischen Sicherheitskräften?«, fragte ich. »Hindern die sie nicht am Schießen?«

Er lächelte. »Ein großer Teil der Schützen sind palästinensische Sicherheitsleute, die als Gäste da sind und mit ihren legalen Waffen schießen.«

Doch es sind nicht nur die Löhne. Viele der Arbeiter und der Menschen mit Einreisegenehmigung für Israel beschreiben fast neidisch, wie gern sie in einem Land leben würden, in dem es ungefähr so aussieht wie in Israel, mit ordentlichen Straßen und gepflegten, baumbestandenen Alleen, wo es eine funktionierende Infrastruktur gibt und wo vor allem Ordnung herrscht. Als ich zum Beispiel vor Kurzem einen Händler aus Gaza fragte, ob die Demonstranten der Rückkehrmärsche wirklich glaubten, dass sie nach *falastin* zurückkehren werden, gab er mir zur Antwort:

»Israel hat einen wunderschönen Staat aufgebaut, mit schönen Gebäuden, Blumen und Rasen, und achtet darauf, ihn zu bewahren. Wenn *falastin* der Hamas gehören würde, hätten sie es schon längst in eine Müllhalde verwandelt.«

Nur Awad, ein junger Mann aus Bethlehem, der in der Organisation *Schoraschim* [Wurzeln] aktiv ist, die sich für eine gewaltfreie Lösung des Konflikts einsetzt, lieferte für diese Haltung eine Erklärung, die eine neue Dimension des palästinensischen Minderwertigkeitskomplexes offenbart.

»Unsere Arbeiter sind davon überzeugt, dass die Juden klüger sind als wir«, sagte er zu mir. »Sie kommen nach Hause zurück, nachdem sie in Israel eine andere Welt erlebt haben, eine, wo Recht und vor allem Ordnung herrschen. Du kannst sicher sein, dass sich jeder von ihnen insgeheim fragt, warum die Lebensqualität in Israel so viel besser ist, und die schlichte und einfache Antwort lautet für sie, dass die Juden selbst besser sind. Das ist natürlich bequem, sie müssten sich ja sonst mit der Frage auseinandersetzen, an welchen Stellen wir Palästinenser versagt haben. Also schieben sie die Angelegenheit beiseite, indem sie glauben, die Juden seien klüger und erfolgreicher, und gehen am nächsten Tag wieder zur Arbeit.«

Die Sehnsucht, nach Israel hineinzukommen, um »andere Luft zu atmen« und sich »im Ausland« zu fühlen, kann man natürlich auch während der muslimischen Feiertage spüren, wenn Massen von Palästinensern Israels Städte und Strände überfluten. Für viele ist das die seltene Gelegenheit, einen Ausflug auf die andere Seite der Mauer zu machen, die al-Aqsa-Moschee zu besichtigen und dort zu beten, sich mit Verwandten zu treffen, »Ausland« zu schnuppern und das Meer zu sehen, das während der Jahre der Intifada für eine ganze Generation zu einem fernen Traum und Symbol wurde, weil sie es nicht zu Gesicht bekam. Manche nutzen die Gelegenheit, um die Dörfer zu besuchen, aus denen sie oder ihre Eltern im Krieg von 1948 geflohen sind oder vertrieben wurden.

Und es gibt etwas, das fast alle Besucher tun möchten: »shoppen«. Als ich direkt nach *'eid al-fitr* [Fest des Fastenbrechens nach dem Ramadan] über den Gemüsemarkt von Ramallah schlenderte, fiel mir das magere Rinnsal von Käufern auf. Als ich einen Händler auf dem Markt fragte, was das zu bedeuten habe, erhielt ich eine lehrreiche Erklärung, die einen Hagel aus Beschimpfungen und Flüchen gegen Israel enthielt, das seine Tore an den Feiertagen öffnete, und gegen die Palästinenser, die dort hineinströmten. Offensichtlich sparen viele in den besetzten Gebieten das ganze Jahr über für den Besuch in Israel.

»Sie lassen Millionen bei euch für Einkäufe, kaufen alles, was ihnen in die Hände fällt, und jetzt haben sie kein Geld, um bei uns was zu kaufen«, beklagte er sich bitter und erteilte mir eine Lektion – jede Medaille hat zwei Seiten.

Ein Sechser im Lotto namens Israel

»Wir leben in einem großen Gefängnis« – diesen Satz bekommt man unweigerlich zu hören, wenn man sich mit Palästinensern, ob in Gaza oder im Westjordanland, unterhält. Und wie in jedem Gefängnis gibt es auch hier Insassen, die zu fliehen versuchen, vor allem wenn Israel in Reichweite ist. So auch ein Mann, der seit Ende 2000 das Westjordanland nicht verlassen hatte und der fast ständig von der israelischen Armee und vom Schabak verfolgt wurde.

»Sie wissen doch, dass ich hier ersticke. Fast zwanzig Jahre bin ich nicht aus dem Westjordanland herausgekommen, und die meiste Zeit war eure Armee hinter mir her. Heute habe ich sie, Gott sei Dank, vom Hals, aber ich bin eine Gefahr für die Sicherheit, kann also nirgendwohin raus. Ich musste Luft schnappen, sonst wäre ich durchgedreht.« Damit begann er seinen überraschenden Monolog, als wir kürzlich am Telefon miteinander sprachen. »Also habe ich mein Aussehen verändert – ich habe meinen Bart abrasiert und nur einen Schnurrbart stehen gelassen und eine Brille aufgesetzt. Ich habe mich selbst kaum wiedererkannt. Ich konnte den Trennzaun problemlos passieren, und schon war ich in Israel. Vier Tage bin ich bei euch herumspaziert. Ich habe Familie getroffen, bin herumgereist. Habe Einkäufe gemacht.«

»Nun?«, fragte ich erwartungsvoll. »Und was sagen Sie zu Israel?«

»Es ist entsetzlich teuer bei euch. Wie könnt ihr so leben?«, antwortete er und lachte.

Neulich fragte ich einen Freund aus Qalqilija, der schon seit Jahren verzweifelt versucht, eine Einreiseerlaubnis nach Israel zu erhalten, weshalb ihm das denn so wichtig sei.

»Ich möchte ein Teil des Staates Israel sein. Das Wesentlichste bei euch ist, dass ihr ein Rechtsstaat seid, und das ist eure große Stärke. Die Institutionen stehen über den Menschen, im Gegensatz zu uns, wo die Identität einer Person wichtiger ist als die Institution«, stellte er fest und legte damit seinen Finger in eine der offenen Wunden in den besetzten Gebieten: die institutionalisierte Korruption und die Unfähigkeit, die Verursacher zur Rechenschaft zu ziehen.

»Es geht natürlich nicht nur um Geld und darum, sein Auskommen zu finden«, sagte Dr. Chalil Schaqaqi zu mir. »Unsere jungen Leute sind mit der Korruption innerhalb der palästinensischen Nationalbewegung groß geworden, besonders mit der in der Palästinensischen Autonomiebehörde. Die ist für sie wirklich von Grund auf korrupt und nicht in der Lage, fundamentale Rechte einzuräumen. Tatsächlich sind sie auch gar nicht so begeistert, dass es die Behörde überhaupt gibt. Im Gegensatz zur Generation ihrer Eltern kennen sie es nicht anderes, und sie haben keine Erinnerung an die glorreiche Vergangenheit der Nationalbewegung, speziell der Fatah. Sie interessiert der palästinensische Kampf um die Unabhängigkeit und einen eigenen Staat viel weniger. Von ihrer Identität her sind sie natürlich Palästinenser, aber es fehlt ihnen etwas ganz Grundsätzliches.«

«Und was wollen dann sie?«, fragte ich.

»Zuallererst Freiheit – grundlegende Menschenrechte, die in den besetzten Gebieten nicht existieren. Im nächsten Schritt wollen sie Arbeit und ihren Lebensunterhalt verdienen können, und das gibt es hauptsächlich bei euch. Das Dritte sind Stabilität und eine Perspektive. Das alles finden sie weder im Westjordanland noch in Gaza. Wissen Sie, was sie am meisten fasziniert? Eure Demokratie. Sie sehen, wie ein Regierungsoberhaupt, ein Präsident, und mehrere Minister ins Gefängnis wandern. Es gibt niemanden, der über dem Gesetz steht. Was diese jungen Leute mehr als alles andere möchten, ist ein Feldzug gegen die Korruption wie in Israel. Bei uns steht die Korruption unter staatlichem Schutz. Bei Ihnen kämpft der Staat dagegen – das ist der ganze Unterschied.«

Was macht die wuchernde Korruption in der Palästinensischen Autonomiebehörde aus, die so viele Palästinenser abstößt? Am unverhülltesten drückt sie sich in der Vetternwirtschaft aus, und daneben im unerklärlichen Reichtum von Funktionären und Politikern der Autonomiebehörde und der Fatah.

»Wenn du nach der Korruption bei uns suchst, sticht sie dir ganz offensichtlich hauptsächlich bei uns in Ramallah ins Auge«, sagte ein palästinensischer Freund, der dort wohnt, zu mir. «Und das deprimiert einen am meisten – sie schämen sich nicht einmal, mit ihrem Geld vor aller Augen herumzuwedeln.«

Tatsächlich sieht man bei einem Spaziergang durch die reichen Viertel Ramallahs große Anwesen und luxuriöse Villen, in denen größtenteils Angehörige der Palästinensischen Autonomiebehörde mit guten Beziehungen wohnen. So ist es im Stadtviertel al-Masjun und auch im Diplomatenquartier, das in den letzten Jahren unweit des Dorfes Surda nördlich von Ramallah entstanden ist.

»Es sieht aus, als ob du im Ausland wärest: feudale Anwesen, Luxuswagen«, sagte er. »Ein Großteil der Leute, meist von der Autonomiebehörde, ist fast die ganze Zeit im Ausland. In der kurzen Zeit, die sie hier sind, sitzen sie in Nobelrestaurants, fahren Autos für drei- oder vierhunderttausend Schekel. Ihre Kinder studieren im Ausland oder bekommen lukrative Posten bei uns hier. Schau dir nur mal an, was beispielsweise bei der Generalstaatsanwaltschaft passiert. Viele, die dort arbeiten, sind die Kinder von Höhergestellten. Sie haben an den Universitäten hier Jura studiert, zum Teil sogar mit ganz schlechtem Abschluss, aber draußen wartet eine hohe Position auf sie. Sie reden den ganzen Tag von *falastin* hin und *falastin* her, aber sie haben keinerlei Verbindung zur wirklichen Welt außerhalb ihrer eingezäunten Viertel.«

Die Sehnsucht nach Demokratie ist verständlich angesichts der willkürlichen Verhaftungen, Folterungen und der Unterdrückung von Kritik, die sowohl in Gaza wie auch im Westjordanland alltäglich sind. Oft genügt die Zugehörigkeit zu irgendeinem politischen Lager, um verhaftet zu werden. Auch die Meinungsfreiheit in den besetzten Gebieten ist nicht von der Art, wie ein John Locke sie sich vorgestellt hätte, denn öffentliche Kritik an der Palästinensischen Autonomiebehörde, oder gar am Hamasregime in Gaza, endet in vielen Fällen im Gefängnis.

Zu den umstrittensten Gesetzen der Autonomiebehörde gehört das Gesetz gegen Internetkriminalität, das Mitte 2017 per Präsidentenerlass verabschiedet wurde. Es soll Protest unterdrücken, die Meinungsfreiheit einschränken und die Gegner von Mahmud Abbas sowie ganz besonders die Anhänger von Muhammad Dahlan und der Hamas mundtot machen. Laut diesem Erlass kann die Palästinensische Autonomiebehörde jeden Blogger oder Journalisten verhaften, der verdächtigt wird, die öffentliche Sicherheit, das Sozialgefüge und religiöse Gefühle zu verletzen, oder der zur Störung der öffentlichen Ordnung aufruft.

Dieses Gesetz ist natürlich nur der Höhepunkt der Entwicklung in den besetzten Gebieten, die Meinungsfreiheit einzuschränken und die Menschen zum Schweigen zu bringen. Demgegenüber stellen Israel und die Meinungsfreiheit, die es dort noch gibt, für viele in den besetzten Gebieten ein Objekt der Sehnsucht dar. Mit einer Einschränkung: Sowohl die Palästinenser in den besetzten Gebieten als auch die Palästinenser, die israelische Staatsbürger sind, sehen Israels Demokratie und die Bürgerrechte als Privilegien der jüdischen Mehrheit. Als ich vor Kurzem einen sehr bekannten Fatahmann nach den Menschenrechten in den besetzten Gebieten fragte, spielte er den Ball zurück.

»Ich verfolge, was bei euch los ist, und finde es erschreckend. Sehen Sie sich die Radikalisierung in Israel an, den rassistischen und hasserfüllten Diskurs, den ihr euch angewöhnt habt. Israel wird langsam zu einem ganz normalen Land im Nahen Osten – korrupt, aber nationalistisch. Und je korrupter ihr seid«, lachte er, »desto stärker übertüncht ihr es mit nationalistischen Debatten, und dann regelt sich das schon.«

Hebräisch ist eine schwere Sprache

Das wichtigste Instrument, um sich mit Israelis »zu mischen«, ist die Sprache. Die Unterschiede zwischen Hebräisch und Arabisch scheinen sich durch die Mauer, die hochgezogen wurde, erhöht und die Trennung zwischen den zwei hier lebenden Bevölkerungen vertieft zu haben. Bis zum Jahr 2000 eigneten sich Hunderttausende Palästinenser, die jeden Tag zum Arbeiten nach Israel gingen, durch den unmittelbaren Umgang mit den Menschen hier hebräische Sprachkenntnisse an. Doch seit dem Ausbruch der Zweiten Intifada, dem Bau der Trennmauer und seitdem Israel die Politik verfolgt, allen unter Fünfzigjährigen die Einreise zu verwehren, ist auf beiden Seiten der Grünen Linie eine verlorene Generation herangewachsen, die keine andere Realität als die gegenwärtige kennenlernen konnte, sie sich auch kaum vorstellen kann.

Immer seltener trifft man Palästinenser, die Hebräisch sprechen. Sogar in Teilen Ostjerusalems, speziell in den Vierteln jenseits der Mauer, verlieren sich die Spuren des Hebräischen. Manche der jungen Leute in den besetzten Gebieten sind damit aufgewachsen, in Hebräisch die Sprache des Feindes zu sehen, und lehnen es daher aus ideologischem Grund ab, sie zu lernen. Mir scheint, ein spiegelbildlicher Befund lässt sich für die israelische Seite feststellen, wo die Popularität des Arabischen auf einen Tiefpunkt gesunken ist und das Studium dieser Sprache zunehmend seltener wird.

Bei eingehender Prüfung zeigt sich jedoch, dass die hebräische Sprache in den letzten Jahren in manchen Städten des Westjordanlands eine Art Renaissance erlebt. Wer sich zum Beispiel im Zentrum von Hebron der Altstadt nähert, wird kaum die Schilder übersehen können, die in weißen hebräischen Riesenlettern, fast mit Stolz, verkünden: »Hebräische Sprachschule«.

Ein Teil der Lehrer sind Ex-Häftlinge – Hamasmitglieder und sogar Veteranen der al-Qassam-Brigaden –, die Hebräisch im Gefängnis gelernt haben und nun eine zweite Karriere starten. In einigen dieser Kurse wird ein Hochhebräisch gelehrt, das nicht unbedingt aktuell ist, sondern eher der Sprache in einem Literatursalon Anfang bis Mitte des vergangenen Jahrhunderts entspricht als dem israelischen Straßenjargon Anfang des dritten Jahrzehnts des 21. Jahrhunderts. Das liegt daran, dass die Lehrer, vor allem die ehemaligen Hamashäftlinge, ihr Hebräisch oft aus alten Büchern gelernt haben, die auf einem hochsprachlichen Niveau geschrieben sind. Die meisten Hebräischkurse haben zwanzig Unterrichtseinheiten und vermitteln den Studenten die Grundlagen der Sprache. Die Nachfrage ist groß, die Klassen sind voll.

Zu so einer Unterrichtsstunde wurde ich von Hischam eingeladen, einem Lehrer, der nahezu perfekt Hebräisch spricht. Er hat es in seiner Jugend gelernt, als er in Israel arbeitete. Die Schüler beäugten mich überaus neugierig, schließlich kam nicht jeden Tag ein Israeli ins Zentrum von Hebron und saß mit im Unterricht. Das Alter der Schüler war sehr unterschiedlich, überraschenderweise war auch eine Reihe von jungen, religiösen Frauen unter ihnen, die einen Hidschab trugen.

Es stellte sich heraus, dass die Geografie eine wichtige Rolle spielt, vor allem wenn es sich um eine Stadt wie Hebron handelt, übersät von Kontrollposten und mit tagtäglichen Reibereien zwischen Juden und Palästinensern. Als ich die Studenten fragte, was sie dazu veranlasste, Hebräisch zu lernen, antworteten einige, dass sie in Israel arbeiten, mit Israelis Geschäfte machen wollten. Daneben gab es allerdings auch viele, besonders Frauen, die erklärten, dass sie Hebräisch »aus Angst« lernten, vor allem wegen der Checkpoints.

»Wir wollen den Soldaten am Kontrollposten verstehen und ihm in seiner Sprache antworten können, hauptsächlich, um Missverständnisse zu vermeiden«, sagte mir eine von ihnen. »Womöglich schießen sie irrtümlich auf mich, nur weil sie mich nicht verstehen.« Sie erntete zustimmendes Nicken von allen in der Klasse.

An dieser Stelle muss man an die gehäuften Messerangriffe seit 2015 an den Checkpoints erinnern, die mit der Erschießung des Angreifers endeten – in den besetzten Gebieten ist man sich immer noch weitgehend einig, dass der Großteil der Fälle auf einem Missverständnis und Kommunikationsproblem zwischen unschuldigen palästinensischen Zivilisten und schießwütigen Soldaten beruhte und zu vermeiden gewesen wäre, wenn man nur die Sprache der Soldaten gekonnt hätte.

Ich habe im Lauf der Jahre die Erfahrung gemacht, dass die meisten Palästinenser, die fließend Hebräisch sprechen, normalerweise zu einer von zwei Gruppen gehören: ehemalige Häftlinge, die es im Gefängnis gelernt haben, oder Arbeiter und Geschäftsleute, die durchgehend Umgang mit Israelis haben. Einer der letzteren ist Chalid, ein sehr wohlhabender Geschäftsmann aus Gaza, der fließend Hebräisch spricht und Hunderte Arbeiter in seiner Fabrik beschäftigt. Ich fragte ihn, wie er die wechselseitigen Beziehungen zwischen Israel und den Palästinensern sieht. Seine Antwort war unvergesslich:

»Allah hat den Golfstaaten Minerale, Öl und Gas gegeben und sie reich und groß gemacht. Aber uns hat er eine viel größere Ressource gegeben – die Juden.«

Er erzählte mir, dass er diesen Satz von seinem Vater gehört habe. Er gehört zur zweiten Generation vermögender Geschäftsleute, die in engem Kontakt mit Israel steht und auf den israelischen Markt exportiert, was für viele Menschen in Gaza einen Job und ein Einkommen bedeutet.

Einen Satz wie den von Chalid konnte man lange nur an den zwei entgegengesetzten Enden des sozialen Spektrums in den besetzten Gebieten hören – von Finanzmagnaten und Geschäftsleuten am einen und von den Arbeitern, die hier geschildert wurden, am anderen Ende. Doch die Enttäuschung nach Oslo, die Entfremdung von der Palästinensischen Autonomiebehörde und der tote Punkt, an dem die Errichtung eines palästinensischen Staates angelangt ist, zusammen mit der wirtschaftlichen Lage und dem Empfinden, dass »alles bleibt, wie es war«, haben mit den Jahren eine neue Schicht entstehen lassen, die in den »warmen Schoß« Israels zurückkehren möchte, zu der verhältnismäßigen Normalität, die die Region bis zum Ausbruch der Ersten Intifada im Dezember 1987 charakterisierte. Ich bezeichne sie als »die Enttäuschten«. Im Lauf der Zeit habe ich beobachtet, wie sie mehr wurden. Was in der Vergangenheit fast wie etwas Häretisches nur geflüstert wurde, wird heute von vielen laut ausgesprochen: »Wir wollen uns mit Israel vereinigen, die Trennmauer beseitigen und wieder mit euch leben – mit den gleichen Rechten und Pflichten.«

»Gerechtigkeit«

Betrachtet man die palästinensische Geschichte der letzten hundert Jahre, so wiederholt sich in etwa alle sieben oder acht Jahre ein Aufstand unter dem Codenamen »Intifada«. Als Ausgangspunkt werden üblicherweise die Ausschreitungen von 1921 angeführt. Mir kam es zunächst selbst komisch vor, als mir die Periodizität auffiel. Ich begann zu rechnen: Acht Jahre später kamen die Unruhen von 1929, danach brach 1936 der große arabische Aufstand aus, der drei Jahre später endete und dessen Scheitern manche als den Beginn der palästinensischen Katastrophe sehen – der *nakba.* Nach der verbreitetsten palästinensischen Version ist die *nakba* Resultat einer Kette von Ereignissen, die mit der Deklaration des UN-Teilungsplans im November 1947 und den folgenden Auseinandersetzungen, der neuen Intifada, begannen. Der letzte gezählte Aufstand war die »Lone Wolf Intifada«, die Intifada der Einzelgänger, die im September 2015 begann und einige Monate dauerte.

An dieser Periodizität hat sich vielleicht nichts geändert, doch bei der Einstellung gegenüber Israel hat es in den letzten Jahrzehnten eine interessante Entwicklung gegeben. Mein Eindruck ist, dass die totale Ablehnung Israels bei den meisten Palästinensern einer – wenn auch mitunter widerstrebenden – Akzeptanz gewichen ist.

Ein bekannter Spruch besagt, dass die Sieger die Geschichte schreiben, und so sehr ich mir den Kopf zerbreche, mir fällt so gut wie kein Palästinenser ein, der meint, die Geschichte des Konflikts sei auf Arabisch geschrieben worden. Im palästinensischen Narrativ wird es die erste von palästinensischer Hand geschriebene Seite der Geschichte erst geben, wenn historische Gerechtigkeit hergestellt worden ist.

Seit dem Tag, an dem ich zum ersten Mal die Grüne Linie überquert habe, hat mich die palästinensische Suche nach der verlorenen Gerechtigkeit begleitet, wohin ich auch kam. Ich stieß auf ein nahezu obsessives Verlangen nach einer Korrektur des historischen Unrechts, die sich nur durch die Rückkehr zu den zerstörten Dörfern, zur verlorenen Heimat erreichen lässt. Sollte diese historische Gerechtigkeit früher allerdings auf Kosten des Staates Israel realisiert werden, so hoffen, das ist mein Eindruck, heute viele, dass sie mit und in Israel verwirklicht werden wird.

Nicht weit von der *muqata'a* in Ramallah kletterte ich auf den Elfenbeinturm – das Heim von Dr. Sa'id Zeidani, ein Palästinenser aus Israel, der schon seit zwanzig Jahren in Ramallah lebt, ein Intellektueller und ehemaliger Dozent für Philosophie an der Bir-Zajt- und der offenen al-Quds Universität. Während der ersten vier Jahre der Zweiten Intifada war er Vorsitzender des »Palästinensischen Nationalverbands für Menschenrechte«, der 1993 per Präsidentenerlass von Arafat geschaffen wurde, eine Art Kombination aus Staatskontrollstelle, Ombudsmann und Vereinigung für Bürgerrechte.

Zu Beginn sprachen wir über die zunehmende Schwierigkeit für israelische Journalisten, in den besetzten Gebieten zu arbeiten, und die wachsende Feindseligkeit uns gegenüber.

»Und Sie wissen ja«, merkte ich an, »dass wir Journalisten eine der letzten noch übriggebliebenen Brücken sind, die die beiden Gesellschaften verbinden.«

Er blickte aus seinem Fenster auf Ramallahs Stadtviertel at-Tira und wandte sich dann mir zu. »Sie wissen doch, dass Brücken das Erste sind, was im Krieg in die Luft gesprengt wird«, lächelte er.

»Ja und? Sind wir an der Front?«

»Selbstverständlich«, sagte er, als verrate er ein offenes Geheimnis. »Die Ära der klassischen Zwei-Staaten-Lösung ist an ein Ende gekommen. So wie die Palästinenser und die internationale Gemeinschaft das sehen, gibt es diese Lösung nicht mehr«, stellte er fest.

»Und was wird aus den Ruinen auferstehen?«

»Sie meinen, wer wird auferstehen? Schauen Sie, die Palästinenser sehen im historischen *falastin* ihre Heimat. Sie haben eine besondere Beziehung zu jedem Teil dieses Landes auf beiden Seiten der Grünen Linie: zu Ramallah und Haifa, Nablus und Jaffa. Und derzeit sind die meisten zur ursprünglichen Lösung der PLO zurückgekehrt, die sie vielleicht nie aufgegeben haben – ein Staat.«

»Aber es ist doch nicht der gleiche ›eine Staat‹, von dem die PLO in den Sechzigerjahren gesprochen hat, das Konzept hat sich geändert«, wandte ich ein.

»Natürlich. In den Sechzigern redete man hier von einem Staat mit einer klaren palästinensischen Hegemonie. Heute reden sie von einem Staat, dessen Bürger, Israelis und Palästinenser, absolut gleichberechtigt sind. Die Sprache bei uns hat sich geändert. Außerdem, auch als das Zwei-Staaten-Konzept in den besetzten Gebieten noch relevant war, lag die Präferenz bei der Idee von einem Staat. Aus palästinensischer Sicht war das immer das Ideal.«

Als ich diese Worte hörte, dachte ich daran, wie wenig wir Israelis doch die andere Seite, ihre Hoffnungen und Bestrebungen, in Wahrheit verstehen.

»Und wer bei Ihnen redet von *einem* Staat?«, fragte ich.

»Drei Gruppen. Die erste sind die religiösen Islamisten, die, die den Gedanken an einen palästinensischen Staat auf dem gesamten Gebiet des historischen Palästinas nie aufgegeben haben, aber sie fantasieren von einem *falastin* frei von Juden. Die zweite Gruppe setzt sich aus denen zusammen, die von der Idee der Zwei-Staaten-Lösung enttäuscht sind. Ich zähle zur dritten Gruppe: demokratisch, liberal und pluralistisch. Wir haben von Anfang an nicht auf die Idee der zwei Staaten gesetzt, sondern wir glaubten an den *einen* Staat.«

»Damit haben Sie gerade fast alle Einwohner in den besetzten Gebieten aufgezählt«, lachte ich.

Diese Analyse des ehemaligen palästinensischen Staatsaufsehers gibt Aufschluss über die Entwicklung, die die palästinensische politische Philosophie durchlaufen hat. Viel Wasser ist Hebrons und Beit

Hanuns Flüsse hinuntergeflossen seit den Beschlüssen arabischer Staaten auf der Konferenz von Khartum im Jahre 1967 (keine Anerkennung Israels, keine Verhandlungen, kein Frieden). Israel ist mit den Jahren schlicht eine Tatsache geworden, nicht nur für die Palästinenser in den besetzten Gebieten, sondern auch für die Führung in Tunis. In Anbetracht der Machtverhältnisse hat die palästinensische Führung der Etablierung eines palästinensischen Staats in den Grenzen von 1967 zugestimmt. Doch die Sache hat einen Haken. So wie ich es sehe, hat sich am Wesentlichen nichts geändert.

»Die Palästinenser haben nie auf das Rückkehrrecht verzichtet«, sagte Dr. Zeidani zu mir. »Sie haben nur geredet, aber nie verzichtet. Auch wenn es eine stillschweigende Einsicht gab, dass sie bei der Rückkehr einige Kompromisse schließen müssten im Austausch für einen palästinensischen Staat, wurde das niemals deutlich ausgesprochen. Als zum Beispiel Sari Nusseibeh von der Notwendigkeit redete, solche Konzessionen zu machen, wurde er von Arafat persönlich gerügt. Übrigens hat der Rückkehrtraum mit Ausbruch der Zweiten Intifada einen ernsthaften Auftrieb erhalten und ist erneut zum Leben erwacht.«

Hier kommen wir zum wesentlichen Kern der Angelegenheit. Wenn ich versuche, das palästinensische Narrativ aufzuschlüsseln, so scheint mir die Zukunft in der Vergangenheit zu liegen. In vielen palästinensischen Häusern blickten mir Stücke aus der Vergangenheit entgegen: bestickte Kleider von Dorffrauen an den Wänden, alte Ackerbaugeräte, traditionelle feine Stickereien, normalerweise in Rot und Grün. All dieses symbolisiert, so mein Eindruck, nicht nur die nostalgische Sehnsucht nach einer fernen, entschwundenen Vergangenheit, sondern eine sehr gegenwärtige Beziehung zu dieser Vergangenheit. Die feinen Stickereifäden verbinden die harte Realität der Gegenwart mit dem verlorenen Paradies des Dorfes – eine Vorstellung, die auch über siebzig Jahre nach Gründung des Staates Israel lebendig geblieben ist. Alles Streben gilt letztlich nicht den alten palästinensischen Städten, nicht der neuen Stadt Rawabi, die vor nicht allzu langer Zeit entstanden ist, nicht den Kleinstädten und nicht der Palästinensischen Autonomiebehörde als unabhängigem souveränem Gebilde – nein, man will das

Dorf wieder aufbauen. Es ist das Symbol schlechthin für alles, was zerstört wurde. Doch wenn Israel eine bestehende Tatsache ist, lebendig und stark – wie lässt sich das beides dennoch unter einen Hut bringen?

»Euer Traum von einer Rückkehr zur Situation 1987, am Vorabend der Ersten Intifada, ist wiederauferstanden. Es fällt einem schwer, eure nostalgische Sehnsucht nach einer Welt nicht zu spüren, in der die Grüne Linie praktisch ausradiert ist«, sagte ich zu Zeidani.

Das regte den Philosophen in ihm an. »Man möchte einer bestimmten Situation entfliehen und wünscht sich zurück in vergangene Zeiten, so sieht es aus bei uns. Die Menschen hier sehnen sich hauptsächlich nach zwei Dingen: erstens nach der Bewegungsfreiheit, die sie einmal hatten; sie möchten sich uneingeschränkt überall in dem Land bewegen, das früher eins war, ohne Zäune, Mauern und Kontrollposten. Zweitens sehnen sie sich nach Arbeit und einem Lebensunterhalt, beides gab es hier im Überfluss. Aber verwechseln Sie das nicht – das ist keine literarische oder poetische Nostalgie, sondern hier herrscht eine tiefe Enttäuschung und der Wunsch, die Realität zu ändern.«

»Ich verstehe den Wunsch, die Realität zu verändern, aber wovon oder von wem sind sie enttäuscht?«, fragte ich

»Von Israel natürlich. Von der fortdauernden Besatzung, die tief in alle Lebensbereiche eingedrungen ist. Aber daneben gibt es in der Öffentlichkeit eine schreckliche Enttäuschung über die Palästinensische Autonomiebehörde, die sich offenkundig Demokratie und Menschenrechten in keiner Weise verpflichtet fühlt. Sie steht stellvertretend für Negativerscheinungen wie Vetternwirtschaft und eingefleischte Korruption. Und es gibt auch einen politischen Grund: Die Autonomiebehörde hat die Idee, für die sie gegründet wurde, keinen Schritt weitergebracht – die Zwei-Staaten-Lösung, an deren Ende ein palästinensischer Staat gestanden hätte.

Diese Entfremdung von der Autonomiebehörde unterstreicht die tiefe Sehnsucht nach dem Leben, wie es vorher hier war: die Solidarität und der gesellschaftliche Zusammenhalt, die gegenseitige Hilfe, die es überall gab. Die palästinensische Gesellschaft agierte wie ein einziger Körper, man stand sich bei und hielt zusammen gegen die Besatzung.

Diese Enttäuschung findet man hauptsächlich bei den Linken, unseren Kommunisten, deren Welt untergegangen ist«, lächelte er.

»Aber wonach sehnen sie sich denn?«, fragte ich. »Danach, für Israel Wasser zu pumpen und Holz zu hacken, wie es bis 1987 war? Ist das ihre Wunschvorstellung geworden, wieder in die Schuhe von Ahmad, dem Zementmischer, zu schlüpfen?«

»Natürlich nicht. Aber meiner Meinung nach ist die Mehrheit der Leute hier der Ansicht, dass die Lage damals besser war als heute. Wir fühlen uns wie festgefahren. Es herrscht das Gefühl, dass die Palästinensische Autonomiebehörde kein einziges Problem gelöst hat, und wenn sie etwas gelöst hat, dann höchstens Israels Probleme. Verstehen Sie, die Leute sehen in der Autonomiebehörde heute nur noch einen Subunternehmer, der hauptsächlich damit beschäftigt ist, Israels Sicherheit zu gewährleisten. Nehmen Sie beispielsweise Gaza: Die Besatzung und Belagerung dort dauern an. Also wollen die Gazaer natürlich zu 1987 zurückkehren: Die israelische Besatzung war angenehmer, das Land war für alle offen, die Unterdrückung durch die Hamas existierte nicht. Also haben sie Sehnsucht bekommen.«

Ich erzählte Nur Awad aus Bethlehem von diesem Gespräch. »Es ist hauptsächlich Nostalgie«, sagte er mir. »Die Lage war 1987 zwar tatsächlich viel besser, aber man vergisst, dass es auch jede Menge Schwierigkeiten gab. Verstehen Sie, ein einziger Staat ist eigentlich die Rückkehr zum klassischen Traum, zum Ideal, nach den Enttäuschungen der letzten fünfundzwanzig Jahre. Außerdem haben viele die echte Befürchtung, dass der palästinensische Staat genauso ein *failed state* wäre wie alle arabischen Staaten um uns herum. Manche behaupten, wir könnten zu einem Irak oder Afghanistan werden, wenn wir die Unabhängigkeit erhalten. Also ist ihre Folgerung: Nur eine Vereinigung mit Israel kann uns davor retten.«

Die Rückkehr zu 1987

Vor fast zwanzig Jahren bis ich zu dieser Reise aufgebrochen. Ausgerüstet mit einer Kamera und großer Neugier versuchte ich, etwas über die Welt nebenan zu erfahren und die untergründigen Prozesse zu entschlüsseln, die in ihr abliefen. Mit diesem Buch habe ich diese Reise zum zweiten Mal gemacht – es war für mich die Gelegenheit, mir alles noch mal anzuschauen, frei von vorgefassten Meinungen und Vorurteilen. Ich hörte sehr aufmerksam zu, was gesagt wurde – und was nicht. Und die Melodie in den besetzten Gebieten, soweit ich es erkenne, hat sich verändert.

»Die Armen sind mit dem Überleben beschäftigt und nicht in der Lage, den Kopf zu heben, und die Reichen werden immer den Status quo bewahren wollen. Wenn man verstehen möchte, wer hinter der nächsten Revolution stehen wird – gehen Sie zum Mittelstand«, lautete der Rat, den mir ein kluger Mensch gab. Das tat ich, und ausgerechnet in diesem, im Allgemeinen eher konservativen Milieu bekam ich immer wieder revolutionäre – oder je nach Perspektive: reaktionäre – Dinge zu hören. Vieles davon wurde aus Furcht nur flüsternd ausgesprochen, manchmal nur in den eigenen vier Wänden, doch es lässt sich nicht leugnen, dass Israel in der Welt der Menschen jenseits der Mauer weiterhin den wichtigsten Platz einnimmt. Wer die Übergänge aufsucht, durch die Industriegebiete in den besetzten Gebieten geht, wer die alternative Realität sieht, die in den Dörfern entstanden ist, in denen Israelis wieder willkommen sind, und wer zuhört, was dort geredet wird, der entdeckt, dass die Nabelschnur noch nicht durchschnitten und der Versuch, daran etwas zu ändern, misslungen ist.

Die Vision von den zwei Staaten, die für ein Vierteljahrhundert im Vordergrund stand, ist von der Bühne abgetreten und hat Platz für Menschen wie Jassir, meinen Bekannten aus Hebron, gemacht. Beim letzten Mal trafen wir uns auf seinem Feld.

»Sie müssen wissen, ich liebe diese Erde mit ganzem Herzen«, sagte er, hob etwas theatralisch einen Erdklumpen auf und zerkrümelte ihn vor meinen Augen. »Ich bin ein echter Patriot, der an seinem Land und an seinem Volk hängt, aber ich hasse meine Herrscher. Jedes Mal wenn ein rechter israelischer Politiker von einer Annexion der Gebiete redet, jubeln viele bei uns. Wir beten, dass Israel uns annektiert und wir wieder ein Staat werden, so wie es früher war. Frei.«

Das Ideal des Lebens in *falastin* bis 1948 ist, meines Erachtens, bei einem Teil der Palästinenser durch das Ideal des Lebens in Israel bis 1987 ersetzt worden. Die »Rückkehr zum Dorf« ist mit der relativen Freiheit verschmolzen, die hier in den Tagen vor Oslo bestand, als kein Zaun, keine Mauer das Westjordanland oder Gaza umschloss, als jeder Palästinenser mit einer einfachen Fahrt an jeden Ort gelangen und seinen Lebensunterhalt bestreiten konnte, als es mehr persönliche Sicherheit gab.

Ich möchte selbstverständlich nicht behaupten, dies sei überall und bei allen so. Natürlich sind viele noch gegen eine Annexion und fordern Souveränität und Unabhängigkeit – ob in den Grenzen von 1967 oder darüber hinaus. Doch meiner bescheidenen Meinung nach ist dieser Trend die große Neuerung. Die Vision der zwei Staaten verwischt sich zunehmend, hat mit der Zeit viel von ihrer Attraktivität verloren. Noch vor einem Jahrzehnt unterstützten 70 Prozent der Palästinenser diese Vision, mit anderen Worten: fast jeder, der kein Hamasanhänger war. Doch durch die Stagnation der Beziehungen, die beiderseitige Abschottung und die schwindende Hoffnung auf eine bessere Zukunft ist der Anteil auf bloße 40 Prozent gesunken. Über die Hälfte der Befürworter der Zwei-Staaten-Lösung haben die fünfzig schon überschritten. Für sie ist die palästinensische Unabhängigkeit mit allem, was dazu gehört – Fahne, Pass, Staat – das Allerwichtigste.

Die palästinensische Generation der Zukunft spricht jedoch bereits eine andere Sprache. 40 Prozent der jungen Leute unterstützen einen einzigen, gemeinsamen Staat gegenüber zu den nur 35 Prozent, die die Zwei-Staaten-Lösung präferieren, und die Tendenz verstärkt sich zunehmend. Ein Teil dieses Trends ist die direkte Folge der israelischen Politik, die Palästinenser zu trennen und aufzusplittern, Gaza, das Westjordanland und Ostjerusalem voneinander abzuschneiden.

Nur sehr wenige in Gaza erhalten die Erlaubnis, ins Westjordanland auszureisen. Ähnliche Schwierigkeiten haben Personen aus dem Westjordanland, die nach Ostjerusalem wollen. Millionen Palästinensern in der Diaspora dürfte es schwerfallen, überhaupt einen dieser Orte zu betreten. Diese Aufspaltung hat zusammen mit dem Gefühl, dass es an Fortschritten fehlt, und dem Scheitern der Intifada auch dazu geführt, den Nimbus der palästinensischen nationalen Idee zu verringern. Es genügt, sich das Geschehen in den besetzten Gebieten in den letzten Jahren anzusehen, um die Passivität zu spüren. Das Ungleichgewicht der Kräfte zwischen Israel und den Palästinensern ist so immens, dass viele Palästinenser in politischem Aktivismus kaum mehr einen Faktor sehen, der sie weiter in Richtung Unabhängigkeit bringen könnte.

Die Welt um uns ist in schneller Veränderung begriffen. Der Nahe Osten ist nicht mehr, was er noch vor einem Jahrzehnt war. Die arabische Welt ist müde, mit sich selbst beschäftigt, mit Bürgerkriegen, heftigen Auseinandersetzungen zwischen der sunnitischen Mehrheit und der schi'itischen Minderheit, mit dem radikalen Islam und zurzeit auch mit der Corona-Pandemie. Die Welt hat das Interesse am palästinensischen Problem verloren. Und auch auf der Mikroebene verändern sich die Dinge in schwindelerregendem Tempo.

»Wissen Sie, warum ich nicht an den Demonstrationen gegen Israel teilnehme, Steine werfe oder Reifen anzünde?«, fragte mich Nur Awad, als wir von Beit Dschala aus auf seine Heimatstadt blickten. »Weil das der Umwelt schadet. Der Erde und der Luft. Mein Protest muss sauber sein – er darf nicht die Umwelt schädigen. Wir müssen von den Libanesen lernen, die demonstrieren am Abend und machen in der Früh sauber.«

In einer solchen Welt, in der sich Anschauungen ändern, Grundsatzprinzipien nicht mehr so heilig sind wie in der Vergangenheit und in der die Sprache viel universaler geworden ist, spüre ich ständig die Enttäuschung über die bestehende Realität und das Bestreben, zur Zukunft zurückzukehren. Israel ist allerdings weit entfernt von einem Ideal. Es war und ist eine fremde Besatzungsmacht mit all ihren Übeln. Doch für viele – und ihre Anzahl wächst stetig – ist Israel nahe, man kann dort gut sein Geld verdienen, und es ist vor allem sicher. Langfristig gesehen stellt es das Beispiel für eine Demokratie dar, die Korruption bekämpft und bisweilen gerechter ist als die Palästinensische Autonomiebehörde.

Zudem würde Palästina unter Israels Schirmherrschaft die Gesamtheit des Landes bewahren und die Grenzen und Mauern beseitigen. Das alles und mehr ist das Leben an sich. Und auch wenn im Umkreis der *muqata'a* in Ramallah, bei den Intellektuellen der an-Nadschah-Universität oder den Moscheebesuchern in Hebron solche Dinge Ketzerei sind, bleibt es eine Tatsache, dass viele Palästinenser zu 1987 zurückkehren wollen, zu einer Realität, in der die besetzten Gebiete mit Israel verschmelzen, bis beide Teile des Landes wieder eins werden.

Glossar

Hinweis: Aufgenommen wurden i. d. R. nur Begriffe, die mehr als einmal auftauchen.

Abu Ammar: Beiname Jassir Arafats
Abu Mazen: Beiname von Mahmud Abbas
al-Aqsa-Brigaden: siehe al-Aqsa-Märtyrerbrigaden
al-Aqsa-Märtyrerbrigaden: gelten als bewaffneter Arm der Fatah und führen auch Terroranschläge durch.
al-Asifa: ehemaliger bewaffneter Arm der Fatah; wurde von Jassir Arafat und Chalil al-Wazir (Abu Dschihad) angeführt.
al-kutla al-islamija: »islamischer Block«, Studentenorganisation der Hamas
al-Qassam-Brigaden: siehe Izz ad-Din al-Qassam
amalija/amalijat: »Aktion«, gemeint ist in den Gesprächen im Buch zumeist ein Terroranschlag.
aschgar/aschgarim: »Zettelchen«; im Buch sind Kassiber gemeint, die mit winzig kleiner Handschrift beschrieben, in Plastik verpackt und aus dem Gefängnis geschmuggelt werden.
Autonomiebehörde, Palästinensische: im Zuge der Osloer Abkommen 1994 eingerichtete Selbstverwaltungseinrichtung mit Sitz in Ramallah, die in den Palästinensischen Autonomiegebieten im Westjordanland und dem Gazastreifen nominell Regierungsfunktionen ausübt. Seit dem gewaltsamen Konflikt zwischen Hamas und PLO wird der Gazastreifen faktisch von der Hamas verwaltet, das Westjordanland von der PLO. Präsident der Behörde ist seit 2005 Mahmud Abbas.

Chomat magen: »Schutzschild«, israelische Militäroperation 2002 während der Zweiten Intifada; in ihrem Verlauf wurden zahlreiche Städte im Westjordanland und der Sitz der Palästinensischen Autonomiebehörde im Westjordanland eingenommen und später wieder geräumt.

da'awa: »Ruf, Aufruf, Einladung, Werbung«, im Buch ist die missionarische Tätigkeit für den Islam, i. d. R. durch die Muslimbruderschaft, gemeint.

Dschihad, Islamischer: *harakat al-dschihad al-islami* – »Islamischer Dschihad in Palästina«, islamistische Terrororganisation mit Sitz in Damaskus, die aus dem Ableger der Muslimbruderschaft in Gaza hervorgegangen ist und von der revolutionären Ideologie Irans inspiriert wurde.

Dunam: in Vorderasien gebräuchliches Flächenmaß, das seinen Ursprung im Osmanischen Reich hat. In Israel und den Palästinensergebieten gilt das metrische Dunam von 1000 m^2 (0,1 ha).

falastin: »Palästina«

Fatah: Akronym von *harakat at-tahrir al-watani al-falastini* – »Bewegung zur nationalen Befreiung Palästinas«, wurde 1959 von Jassir Arafat und anderen als Guerillaorganisation gegründet, heute eine politische Partei in den Palästinensischen Autonomiegebieten; sie ist die stärkste Fraktion innerhalb der PLO und Mitglied der Sozialistischen Internationale; Vorsitzender ist Mahmud Abbas.

Fatah-Falken: Name zweier militanter palästinensischer Gruppierungen; die eine war eine Jugendbewegung im Westjordanland und im Gazastreifen in den Achtzigerjahren, die andere ist ein Ableger der al-Aqsa-Märtyrerbrigaden.

Gusch Dan: die Agglomeration der israelischen Stadt Tel Aviv-Jaffa.

Hadith: die Überlieferung der Aussprüche, Anordnungen und Handlungen des Propheten Muhammad. Im weiteren Sinne gehören dazu auch Berichte über die Gefährten des Propheten sowie über frühe Muslime der nächsten Generation. Die Hadithe gelten als zweitwichtigste Quelle für die religiösen und rechtlichen Normen des Islam neben dem Koran.

Hamas: Akronym für *harakat al-muqawama al-islamija* – »die islamische Widerstandsbewegung«; radikalislamische Organisation, die 1987 von Ahmad Jassin als Ableger der Muslimbruderschaft gegründet wurde. Sie besteht aus einem Hilfswerk, einem militärischen Flügel und einer politischen Partei; diese stellt seit 2006 die Regierung im Gazastreifen. Zahlreiche Staaten stufen sie als Terrororganisation ein. Vorsitzender des Politischen Büros der Hamas ist Isma'il Hanija.

haram: bezeichnet im Islam alles, was nach der Scharia verboten ist.

Hidschab: unterschiedliche Formen der Abtrennung von Frauen im Islam, besonders durch Verschleierung oder die Bedeckung des Kopfes; im Deutschen meist synonym für das Kopftuch oder ein den ganzen Körper verhüllendes Kleidungsstück gebraucht.

hudna: »Waffenstillstand«.

Huri: schöne Jungfrau im Paradies des Islam.

Inschallah: »so Gott will«

Intifada: »Erhebung, Abschüttelung«; die Erste Intifada (»Krieg der Steine«) bezeichnet eine Protestwelle der Palästinenser gegen die israelische Besatzung von Dezember 1987 bis zum Abschluss der Oslo-Abkommen 1993; die Proteste umfassten sowohl zivile Formen als auch gewalttätige Auseinandersetzungen mit der israelischen Armee. Die Zweite Intifada (»al-Aqsa-Intifada«) bezeichnet gewaltsame Konflikte zwischen Palästinensern und Israelis vom September 2000 bis zum Februar 2005; Hintergrund war das Scheitern des Osloer Friedensprozesses. Anders als während der Ersten Intifada wurden auch Terroranschläge in Israel verübt, u. a. Selbstmordattentate; zu den Folgen gehörte, dass Israel eine Sperrmauer um das Westjordanland baute.

Izz-ad-Din-al-Qassam-Brigaden (al-Qassam-Brigaden): militärischer Flügel der Hamas.

Kafija: arabisches Kopftuch; Palästinensertuch.

Mapai: Akronym für *mifleget poalei erez jisrael* – »Partei der Arbeiter von Eretz Israel«, Vorgängerpartei der heutigen Israelischen Arbeitspartei Awoda (*mifleget ha-awoda ha-jisraelit* – »Israelische Arbeitspartei«).

min dschuwwa: »von drinnen«, im Buch gemeint: aus dem Gefängnis.

Mossad: *ha-mosad le-modi'in wa le-tafkidim mejuchadim* – »Institut für Aufklärung und besondere Aufgaben«, israelischer Auslandsgeheimdienst.

muchabarat: »Nachrichtendienst«, im Buch ist i. d. R. der Nachrichtendienst der Palästinensischen Autonomiebehörde gemeint.

mudschahid: religiöser Kämpfer.

muhandis: »Ingenieur«, Beiname für Jahja Ajasch.

muqata'a: »Bezirk, Hauptquartier«, Amtssitz des Präsidenten der Palästinensischen Autonomiebehörde in Ramallah; meint aber auch den Sitz der Verwaltung in anderen Städten.

muqawama: »Widerstand«, gemeint: gegen Israel.

murtadd: abtrünniger Muslim, dessen Urteil im Islam der Tod ist.

Muslimbruderschaft: sunnitisch-islamistische Bewegung, die 1928 in Ägypten gegründet wurde und sich seitdem in weitere Länder verbreitet hat. Ihrem Islamverständnis nach ist die Religion den menschengemachten Gesetzen übergeordnet; eine Trennung von Staat und Religion lehnt sie ab.

nahsa: Bezeichnung für die Niederlage der arabischen Staaten Ägypten, Jordanien und Syrien im Sechs-Tage-Krieg gegen Israel. Im Verlauf des Krieges eroberte Israel den Gazastreifen, die Sinai-Halbinsel, die Golanhöhen, das Westjordanland und Ostjerusalem.

nakba: »Katastrophe«; Bezeichnung für die Flucht und Vertreibung von etwa 700 000 Palästinensern aus dem früheren britischen Mandatsgebiet Palästina, die sich zwischen dem UN-Teilungsplan für Palästina von 1947 und dem Waffenstillstand von 1949 abspielte, der den Krieg von sechs arabische Staaten gegen den 1948 gegründeten Staat Israel beendete.

Oferet jezuka: »Gegossenes Blei«, israelische Militäraktion gegen Einrichtungen und Mitglieder der Hamas im Gazastreifen von Dezember 2008 bis Januar 2009.

Osloer Abkommen: Bezeichnung für eine Reihe von Abkommen zwischen Israel und der PLO, die den Nahostkonflikt beilegen sollten; die Verhandlungen dazu hatten in Oslo begonnen. In einem

Grundsatzabkommen vom September 1993 einigten sich beide Seiten auf eine friedliche Koexistenz und die gegenseitige Anerkennung einschließlich des Existenzrechts Israels. Zugrunde lag das Prinzip »Land für Frieden«: Die Palästinenser sollten sich in einer Interimsphase im Gazastreifen und im Westjordanland selbst verwalten und Israel sich von dort zurückziehen; Ziel war die schrittweise Umsetzung einer Zwei-Staaten-Lösung, an deren Ende ein souveräner palästinensischer Staat stehen sollte.

PLO: *Palestine Liberation Organization* – »Palästinensische Befreiungsorganisation«, 1964 gegründete Dachorganisation für verschiedene palästinensische Gruppierungen; die mit Abstand stärkste ist die Fatah. Seit 1974 gilt die PLO als offizielle Vertretung des palästinensischen Volkes und erhielt sogar einen Beobachterstatus in der UN-Vollversammlung. Vorsitzender ist Mahmud Abbas.

Rückkehrmärsche: von der Hamas initiierte Demonstrationen am Grenzzaun zu Israel, mit denen der Anspruch auf das Rückkehrrecht unterstrichen werden sollte.

Salafija-Dschihadija: terroristische Strömung im Salafismus.

salam aleikum: »Frieden sei mit dir«; Begrüßungsformel.

schabachim: Arbeiter, die keine Aufenthaltsgenehmigung für Israel haben.

Schabak: Akronym für *scherut bitachon klali* – »Allgemeiner Nachrichtendienst«, israelischer Inlandsnachrichtendienst, auch Schin Bet genannt.

Schahid: islamische Märtyrer für den Heiligen Glaubenskrieg.

Schi'a: siehe Schiiten.

Schi'iten: die zweite große Glaubensrichtung im Islam neben den Sunniten; zur Spaltung zwischen Sunniten und Schi'iten kam es über die Frage, wer rechtmäßiger Nachfolger des Propheten Muhammad war – dessen Schwiegervater Abu Bakr oder der Vetter und Schwiegersohn Ali ben Abi Talib, wie die Schi'iten glauben (deshalb *schi'at Ali* – »Alis Unterstützung«).

Sunniten: die bei weitem dominante Glaubensrichtung im Islam; sehen sich als Vertreter des wahren Islam, den nach sunnitischer

Auffassung die ersten drei Generationen von Muslimen bilden, also die Gefährten des Propheten Muhammad und die folgenden beiden Generationen. Von dieser ursprünglichen Gemeinschaft hätten sich dann Häresien abgespalten. Wichtig ist für die Sunniten auch, die ersten vier Kalifen als rechtmäßige Kalifen zu betrachten.

Tanzim: wurde 1983 als operativer Flügel der Fatah in den besetzten Gebieten gegründet und führte deren Aktivitäten während der Ersten Intifada an.

UNRWA: Abkürzung für *United Nations Relief and Works Agency for Palestine Refugees in the Near East* – »Hilfswerk der Vereinten Nationen für Palästina-Flüchtlinge im Nahen Osten«; 1949 gegründetes Hilfsprogramm der Vereinten Nationen.

waqf: fromme Stiftung.

Zuk eitan: »Starker Fels«, israelische Militäroperation im Juli/August 2014 gegen Ziele im Gazastreifen als Reaktion auf Raketenbeschuss von dort.

Westjordanland
A-Gebiete – Palästinensische Selbstverwaltung und Verantwortung für innere Ordnung und Sicherheit; 17% des Westjordanlandes
B-Gebiete – Palästinensische Selbstverwaltung und Verantwortung für innere Ordnung; 23% des Westjordanlandes
C-Gebiete – eingeschränkte palästinensische Selbstverwaltung, israelische Verantwortung für innere Ordnung, Raumplanung und Sicherheit; 60% des Westjordanlandes
Sperranlagen, fertiggestellt
Sperranlagen, in Bau oder genehmigt
Kontrollpunkt
»Grüne Linie«
»Grüne-Linie«-Kontrollpunkt
Stadtgebiet von Jerusalem
Größere israel. Siedlung
Flüchtlingslager
Dschenin
Dschenin
Nur asch-Schams
Tulkarm
Tubas
Ein Beit al-Ma'
Nablus
Balata
Qalqiliya
Salfit
WESTJORDANLAND
JORDANIEN
Ramallah
al-Amari
Qalandija
Jericho
Jordan
Schu'afat
Jerusalem
ISRAEL
al-Aida
Bethlehem
Dheischeh
Hebron
Totes Meer
0 5 10 15 km

Gazastreifen
Bebautes Gebiet
Palästinensische Flüchtlingslager (UNRWA)
von Israel gebaute Zufluchtsstätten
Jüdische Siedlungen
Israelische militärische Einrichtungen
Grenzübergang
Grenzübergang geschlossen
Mittelmeer
Ele Sinai
Dugit
Nisanit
(Bait Hanun)
Erez
Shaykh Radwan
Beit Lahia
al-Sbatti
Beit Lahia
Beit Hanun
Dschabalija
Gaza
Netzarim
Nahal Oz
GAZASTREIFEN
Karni
Nuseirat
al-Boureij
Doppelter Draht-/Betonzaun
Deir al-Balah
Shaykh al Megbazi
Dir al-Balah
Kfar Darom
ISRAEL
Nezer Hazan
Waffenstillstandslinie von 1950
Katif
Kissufim
Kfar Yam
Al Amal
Neve Dekalim
Khan Younis
Gadid
Khan Younis
Bedolah
Abasan
Tel Sultan
Moraq
Rafah
Salah Ad Din Gate
Rafah
Flughafen nicht nutzbar
Sufa
Rafah (Al 'Awda)
Sufa
Kerem Shalom (Karm abu Salem)
ÄGYPTEN
0 1 2 3 4 5 km
Unter Selbstverwaltung der Palästinenser zu stellende Gebiete (Autonomiebehörde)
Westjordanland
Gaza-Streifen
Besetzte Gebiete
Golan-Höhen
Von UN-Truppen kontroll. Gebiete
LIBANON
Sur
SYRIEN
Safad
Akko
Haifa
See Genezareth
Nazareth
Afula
Irbid
Mittelmeer
Jenin
Tulkarem
Waffenstillstandslinie von 1967
Nablus
Kalkiliya
WEST-JORDANLAND
Tel Aviv-Jaffa
Ramallah
ISRAEL
Amman
Jericho
Ashdod
Jerusalem
Bethlehem
Ashkelon
Hebron
GAZA-STREIFEN
Gaza
Totes Meer
JORDANIEN
Beersheba
Waffenstillstandslinie von 1949
Rafah
Waffenstillstandslinie von 1950
Sedom
ÄGYPTEN
0 50 km

Alexander Osang
Das letzte Einhorn
Menschen eines Jahrzehnts

2. Auflage
336 Seiten, Festeinband
mit Schutzumschlag
ISBN 978-3-96289-144-2
22,00 € (D) · 22,70 € (A)

Alexander Osangs Reportagen der Jahre 2010 bis 2020 sind Befragung und Selbstbefragung – und entwerfen wie nebenbei das Porträt eines ganzen Jahrzehnts. Am Beginn steht die Finanzkrise, am Ende die Corona-Pandemie, dazwischen Afghanistan, Fukushima, Terrorismus, die Flüchtlingskrise 2015 und der Aufstieg rechtspopulistischer Parteien. Alexander Osang erzählt von Menschen und Orten, in deren Geschichten die großen Zeitläufe eingeschrieben sind. Ob Politiker, Sportler, Menschen aus der Finanz- und Medienbranche, Unbekannte, die plötzlich im Licht der Öffentlichkeit stehen – seine Texte treffen immer ins Schwarze, und doch vermeiden sie das Fertige, Unumstößliche, um Objektivität Bemühte. Auf diese Weise gelingt ihm beides: berührende menschliche Porträts und eine Erzählung gesellschaftlicher Umbrüche, die uns in Zukunft beschäftigen werden.

www.christoph-links-verlag.de

Ch.Links